BLV Verlagsgesellschaft
München Wien Zürich

Inhalt

Herzlichen Glückwunsch, ich freue mich, daß Du es geschafft hast. Viel darüber zu reden, erübrigt sich, ich weiß, was es heißt, sich immer wieder in diese Höhen zu wagen. Kein Außenstehender kann beurteilen, wie es einem da oben ergeht!

Marcus Schmuck

Seite 1:
Reinhold Messner und Hans Kammerlander auf dem Gipfel des Cho Oyu (5. Mai 1983).

Seite 2/3:
Tiefblick vom Nordostgrat des Kangchendzönga. Links der Gipfel des Yalung Kang (Nebengipfel). Friedl Mutschlechner (blauer Anzug) folgt dem Sherpa Ang Dorje (roter Anzug), der eine Gebetsfahne auf seinen Rucksack gesteckt hat (6. Mai 1982).

Seite 4/5:
Reinhold Messner fotografiert sich am Gipfel des Nanga Parbat mit Selbstauslöser. Blick nach Südwesten mit dem Mazeno-Kamm rechts der Bildmitte (9. August 1978).

Seite 6/7:
Der Mount Everest von Norden im Monsun (Sommer 1980).

Lhagyelo –
Die Götter
haben gesiegt *11*

1 Nanga Parbat, 8125 m *16*
Nanga Parbat – Himmel, Hölle, Himalaja *25*

2 Manaslu, 8163 m *32*
Manaslu – Zwei kamen nicht zurück *41*

3 Gasherbrum I, 8068 m *48*
Hidden Peak – Ein alter Stil als neue Idee *57*

4 Mount Everest, 8848 m *64*
Chomolungma – Der letzte Schritt *73*

5 K 2, 8611 m *80*
Chogori – Der einsame Gipfel des Ruhms *89*

6 Shisha Pangma, 8046 m *96*
Shisha Pangma – Keine Aussicht im Nebel *105*

7 Kangchendzönga, 8586 m *112*
Kangchendzönga – Vom Sturm festgenagelt *121*

8 Gasherbrum II, 8035 m *128*
Gasherbrum II – Begegnung mit dem Tod *137*

9 Broad Peak, 8047 m *144*
Falchen Kangri – Meßbar ist höchstens die Höhe *153*

10 Cho Oyu, 8201 m *160*
Cho Oyu – Grenzgänger zwischen zwei Welten *169*

11 Annapurna, 8091 m *176*
Annapurna – Die »Hürden« sind im Bauch *185*

12 Dhaulagiri, 8167 m *192*
Dhaulagiri – Rekord als Spiel *201*

13 Makalu, 8463 m *208*
Makalu – Ruhigen Fußes zum Ziel *217*

14 Lhotse, 8516 m *224*
Lhotse – Gezwungen, frei zu sein *233*

Anhang *240*

Liste aller Bergsteiger mit vier oder mehr Achttausendern *240*

Erfolg und Tod an den Achttausendern *242*

Register *246*

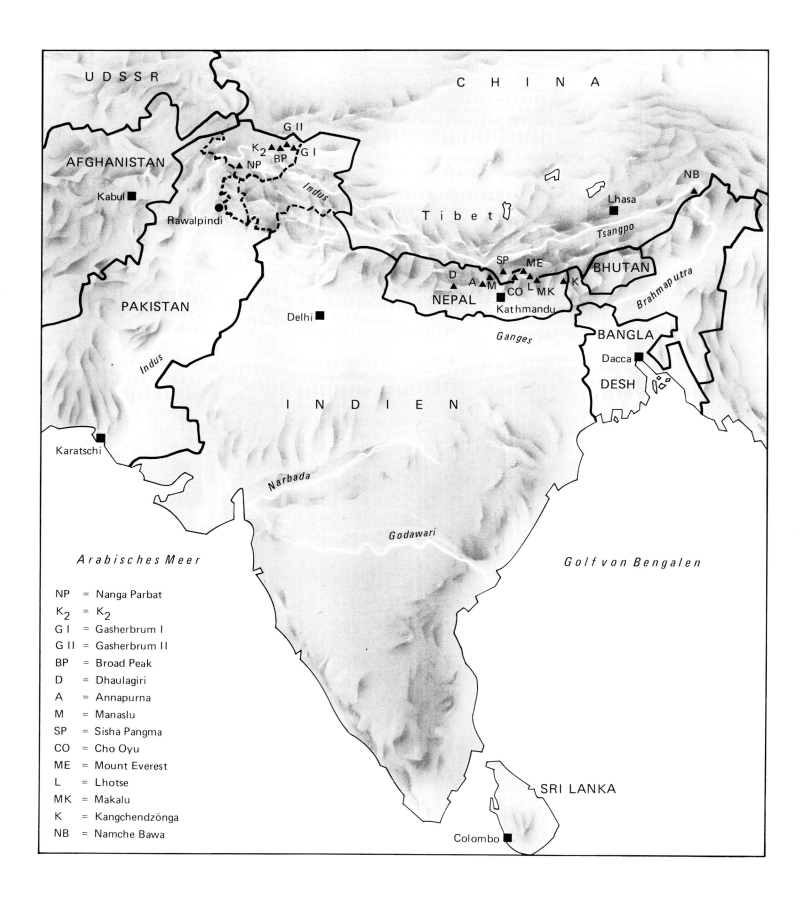

1970–1986

Lhagyelo
Die Götter haben gesiegt

*Der unwiderstehlichste Mensch
auf Erden ist der Träumer, dessen
Träume wahr geworden sind.*

Tania Blixen

*Je mehr wir uns fühlen, desto kleiner
erscheint, was zuvor unüberwindlich
dünkte. Und was ist unsere List,
Klugheit, Mut, Trotz? Was sonst als –
Geist?*

Max Stirner

Berg	Land	Höhe	
		Meter	Fuß
Everest	Nepal/Tibet	8848	29028
K2	Pakistan/China	8611	28250
Kangchendzönga	Indien/Nepal	8586	28169
Lhotse	Nepal/Tibet	8516	27940
Makalu	Nepal/Tibet	8463	27766
Dhaulagiri	Nepal	8167	26795
Manaslu	Nepal	8163	26781
Cho Oyu	Nepal/Tibet	8201	26906
Nanga Parbat	Pakistan	8125	26660
Annapurna	Nepal	8091	26545
Gasherbrum I	Pakistan/China	8068	26470
Broad Peak	Pakistan/China	8047	26400
Shisha Pangma	Tibet	8046	26397
Gasherbrum II	Pakistan/China	8035	26360

Die »Achttausender« sind eine Zufallserscheinung,
durch die Länge des Metermaßes bedingt. In Fuß
gemessen gibt es sie als solche nicht. Hier die neue-
sten Höhenangaben aus Nepal und Pakistan.

Am 17. Oktober 1986 kamen Hans Kammerlander und ich zurück ins Basislager
am Lhotse. Ich war ruhig, ausgeglichen.
Die Emotionen der letzten Tage waren
abgeklungen. Im unteren Teil des Eis-
bruchs eilten uns die anderen entgegen:
Friedl Mutschlechner, Renato Moro und
seine Helfer von »Trekking International«, die Sherpas, die Küchenmann-
schaft: »Hallo!« Glückwünsche. Jemand
reichte uns heißen Tee. Brigitte und
Sabine umarmten uns. Alle atmeten
sichtlich auf.

Mich packte eine riesige Freude,
auch weil sich alle anderen freuten.
Aber da war kein Stolz. Ich fühlte mich
nicht als Held, weil ich nun alle 14 Achttausender bestiegen hatte. Auch nicht
als Ausnahmebergsteiger. Ich hatte etwas zu Ende geführt, was ich mir vier
Jahre vorher vorgenommen hatte. Ich
war zufrieden, weil es nun hinter mir lag.
Auch weil ich der erste war in diesem
»Wettlauf«, den andere auf meinem
Rücken verkauften. Das sollte endlich
vorbei sein; das Morgen, die Nach-Acht-
tausender-Zeit konnte beginnen. Ich
fühlte mich leicht und frei, weil die
ganze Welt vor mir lag.

16 Jahre lang habe ich gebraucht, um
alle 14 Achttausender zu besteigen.
Doch dabei war das Endziel anfangs
nicht existent, später unausgesprochen
da und in den letzten Jahren zweitrangig
geworden. Das andere, immer noch
schwierigere Routen zu klettern, immer
wieder neue Ziele zu suchen, war mir
viel wichtiger gewesen. Ständig habe ich
nach neuen Wegen Ausschau gehalten,
war ich bemüht, die Grenzen, die des
Bergsteigens und meine eigenen, weiter
und weiter hinauszuschieben.

Die wahre Kunst des Bergsteigens ist
das Überleben, und schwierig wird es
dort, wo wir das bisher Geleistete beherrschen und noch einen Schritt darüber hinausgehen wollen. Dorthin, wo
noch niemand war; dorthin, wo einem
kaum noch jemand folgt und versteht.
Dort aber, wo noch niemand war, beginnen Empfindungen und Erfahrungen,

die intensiver sind als im »abgegrasten«
Gelände.

Die Geschichte der Achttausender-
Besteigungen ist nun bald 100 Jahre alt.
1895 schon hat Albert Frederic Mummery am Nanga Parbat einen ersten Versuch gemacht. Einen Versuch in einem
Stil, der heute noch als beispielgebend
gelten kann. Mummery ist am Nanga
Parbat verschollen geblieben. In der
Zeitspanne zwischen 1921 und 1924 haben englische Expeditionen dreimal hintereinander den Everest versucht. Sie
kamen, teilweise sogar ohne Sauerstoffmasken, bis knapp an den Gipfel heran.
Es folgten die erfolglosen Versuche am
Kangchendzönga, am Nanga Parbat, am
K2. In den dreißiger Jahren gab es genügend Alpinisten, die die Kraft, Erfahrung
und Ausdauer gehabt hätten, die Achttausender zu erklettern. Trotzdem
scheiterten sie alle an den 14 höchsten
Gipfeln. Die Zeit war noch nicht reif für
die höchsten Berge der Welt.

Erst knapp nach dem Zweiten Weltkrieg, zwischen 1950 und 1964, wurden
alle 14 Achttausender bestiegen. Man
kann auch sagen »besiegt«, denn damals
ging es vornehmlich darum, seine Fahne
auf den Gipfel zu pflanzen, als erster den
Fuß auf die Spitze dieser großen Berge
zu setzen, in geographischer und sport-
licher Hinsicht, ein Stück Welt zu
erobern.

In dieser Eroberungsphase des Achttausender-Bergsteigens waren nationale Interessen im Spiel. Die meisten
Expeditionen wurden von nationalen
Körperschaften getragen, sie wurden
von den Staaten, von lokalen Alpenver-
einen finanziert und die besten Bergsteiger zu diesen Unternehmen eingeladen.
Eingeladen, ohne daß sie selbst einen
größeren Beitrag in die Expeditionskasse zu zahlen brauchten.

Um die Gipfel zu erreichen, setzte
man nahezu alle nur erdenklichen Hilfsmittel ein. Hilfsmittel, die damals allerdings noch bescheiden und sogar fehler-
haft waren. Acht Achttausender wurden
mit Sauerstoffgeräten, sechs ohne diese

erstmals bestiegen. Wenn immer wieder behauptet wird, ich sei der erste gewesen, der ohne Maske auf einen Achttausender geklettert sei, so ist das falsch. Bereits 1950 haben die Franzosen Lachenal und Herzog, die mit der Annapurna den ersten Achttausender bestiegen, ohne Sauerstoffgeräte operiert. Und Hermann Buhl, der grandiose Alleingänger am Nanga Parbat, kam auch ohne den Flaschensauerstoff aus. Nur an den großen Achttausendern war es damals üblich, die Maske einzusetzen, weil Bergsteiger und Mediziner gemeinsam der Meinung waren, daß es physiologisch unmöglich sei, ohne künstlichen Sauerstoff über 8600 Meter Meereshöhe hinaufzugehen.

Nach der Besteigung aller 14 Achttausender schien es, als ob das Interesse an den höchsten Bergen der Welt nachlassen würde. Zwar gelang es amerikanischen Bergsteigern unter der Leitung von Norman Dyhrenfurth 1963, den Mount Everest zu überschreiten – Aufstieg aus dem Western Cwm über den Westgrat, Abstieg über den Südostgrat, der Route, über die Hillary und Tensing am 29. Mai 1953 als erste den Gipfel betreten hatten –, sonst aber blieb die Entwicklung stehen.

Ein »eroberter« Achttausender hat nichts von seiner Anziehungskraft verloren. Das war nur mehr für aktive Bergsteiger nachvollziehbar. 1962 hatten Toni Kinshofer, Anderl Mannhardt und Siegi Löw die Spitze des Nanga Parbat erreicht, wobei sie beim Aufstieg eine neue, direkte Route aus dem Diamir-Tal, vom Westen her, genommen hatten. Auch dies eine Pioniertat, wenn man bedenkt, daß es damals noch nicht üblich war, Zweitrouten an diesen riesigen Bergen zu erschließen. Die große Masse beachtete diese neuen Wege am Everest und Nanga Parbat kaum.

Die eigentliche Phase der Zweitrouten, der schwierigeren Wege an den Achttausendern, begann 1970. Damals gelang es einer englischen Mannschaft unter der Leitung von Chris Bonington, die gewaltige Südwand der Annapurna erstmals zu durchsteigen. Dougal Haston und Don Whillans waren es, die die Spitze erreichten, nachdem eine Handvoll Bergsteiger einen Monat lang an den schwierigen Fels- und steilen, zum Teil überhängenden Eispassagen Seile fixiert, Material geschleppt hatten. Man fand einen Weg durch eine Wand, die zweimal so groß ist wie die Eiger-Nordwand.

Im gleichen Jahr gelang es uns im Rahmen einer internationalen Expedition, bestehend aus Deutschen, Österreichern und Südtirolern, die Rupal-Wand am Nanga Parbat erstmals zu durchsteigen. Mein Bruder Günther und ich sind zu dieser Erstbegehung eingeladen worden. An Ort und Stelle aber verschrieben wir uns mit Haut und Haaren dieser Riesenwand, unserem »Problem«. Dies war meine erste Begegnung mit den großen Bergen des Himalaja. Und damit begann für mich ein neuer Lebensabschnitt.

Der Himalaja ist nicht nur größer als die Alpen – er war damals für mich voller Geheimnisse. Auf mehr als 2500 Kilometern Länge dehnt er sich vom Indus-Knie im Westen bis zum Brahmaputra-Knie im Osten aus, zwischen dem Nanga Parbat und dem Namche Barwa, der bis heute unbestiegen ist. Die Alpen waren mir zu klein geworden. Im Himalaja beginnen die Berge dort, wo sie in den Alpen aufhören. So hoch wie das Matterhorn nämlich, etwa 4500 Meter, liegen im Himalaja in der Regel die Basislager. Und gerade weil die Achttausender fast in die Stratosphäre hineinreichen, in jenen Bereich, wo der Partialdruck der Luft so gering ist, daß der Mensch kaum überleben kann,

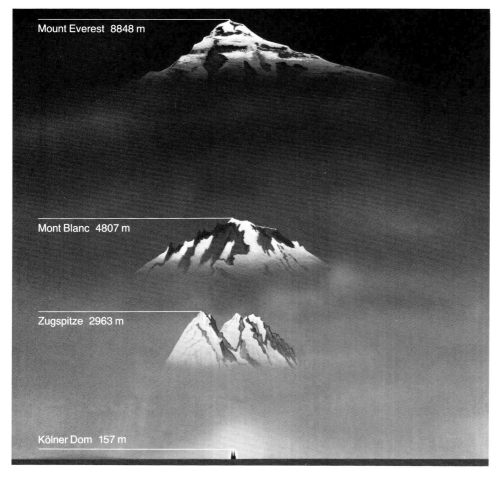

bieten sie bergsteigerisch eine besondere Problematik.

Bevor ich in den Himalaja kam, hatte ich viele der großen Alpenwände durchklettert. Dabei war es mir nicht um die Gipfel gegangen, sondern darum, in möglichst kurzer Zeit mit möglichst wenigen technischen Hilfsmitteln die schwierigsten Routen kennenzulernen, da und dort »Neuland« zu erschließen, das heißt Routen zu klettern, die vorher niemand hatte klettern können. Es ging mir nie um geographische Eroberungen, sondern um die Erweiterung meiner Fähigkeiten. Die gleiche Idee wollte ich nun in den Himalaja tragen. Der Mensch sollte wachsen können an diesen Bergen mit ihren Wänden, Graten und Gefahren. Nicht Idealismus oder Heroismus waren meine Triebfedern, sondern der Wunsch, mich auszudrücken. Ein Aufstieg über den leichtesten Weg, der Gipfel selbst, reizte mich nicht so sehr.

Damals waren die Achttausender für mich eine Art Mythos, etwas Unzugängliches, nicht Begreifbares, etwas Gewaltiges, das man nicht am Maßstab der Alpen messen kann. Als ich aber dort stand, am Fuße des Nanga Parbat, merkte ich, daß die Unterschiede in den Dimensionen gar nicht allzu groß sind. Optisch wirken die Himalaja-Berge kleiner, als sie in Wirklichkeit sein mögen. Denn sie beginnen ja dort, wo die Alpengipfel aufhören, also sind sie höchstens zweimal, maximal dreimal so hoch, wie ein Alpenberg vom Wandfuß bis zum Gipfel mißt.

Zudem sind die Achttausender ein reiner Zufall. Das war mir allerdings damals noch nicht klar. Die Engländer und Amerikaner messen nicht in Metern, sondern in Fuß, und die meisten Achttausender sind für sie mehr als 26 000 Fuß hoch. Ein »27000er«. Keine so einprägsame Zahl wie der Achttausender-Begriff. Hätte Napoleon das Metermaß ein bißchen länger gemacht, gäbe es weniger als 14 Achttausender; hätte er es ein bißchen kürzer gemacht, gäbe es vielleicht sogar Neuntausender.

Im übrigen bin ich nicht so sicher, ob es tatsächlich genau 14 Achttausender sind. Doch dies ist eine Sache der Geographen. Sie haben 14 Achttausender gezählt. Sie haben dabei nur selbständige Bergstöcke als Achttausender gelten lassen. Nicht die ungezählten, zum Teil noch unbestiegenen Nebengipfel, die es am Kangchendzönga, am Broad Peak, ja, wenn man es genau nimmt, an den meisten Achttausendern gibt. Wer den Kangchendzönga von weit weg sieht, auf den wirkt er wie ein einziger, massiver, mächtiger Bergstock. Seine Nebengipfel sind kaum auszumachen. Es ist richtig, daß sie als solche und nicht als eigene, selbständige Achttausender-Gipfel gezählt werden. Dasselbe gilt allerdings nicht für den Lhotse. Er ist der Südgipfel des Mount Everest, wie der Name sagt. Vielleicht sollte er nicht als eigenständiger Achttausender aufgeführt werden. So war es ursprünglich in der Geographie vorgesehen.

Die meisten Achttausender wurden in der Mitte des letzten Jahrhunderts, als Indien englische Kolonie war, vom Survey of India vermessen. Man widmete dem damaligen Chef dieses Amts, Sir George Everest, den höchsten Berg der Welt, jenen Berg, den die Nepalesen vorher Sagarmatha und die Tibeter Chomolungma genannt hatten und den sie heute noch so nennen. Ich bin jedoch der Ansicht, daß man sich wieder auf die ursprünglichen Bergnamen besinnen sollte. So auch beim K 2, dem zweithöchsten Berg der Welt. K 2, das bedeutet nichts anderes als einen Vermessungspunkt, nämlich: der zweite Gipfel des Karakorum von links. Die Einheimischen dagegen nennen ihn Chogori, den großen Berg.

Es erhebt sich auch die Frage, inwieweit die Vermessungsangaben von damals tatsächlich stimmen. Der Himalaja wächst noch, und die Schneewächten am Gipfel sind bedingt durch die Jahreszeiten verschieden hoch. Sollten in Zukunft genaue Vermessungen der Himalaja-Region durchgeführt werden können, bin ich sicher, daß es Korrekturen geben wird. Vielleicht sogar so starke Korrekturen, daß ein hoher Siebentausender unter die Achttausender fällt, oder, was ebenfalls denkbar ist, daß einer der heutigen 14 Achttausender aus dieser Kategorie herausgenommen werden muß.

Um einen dieser Achttausender erklettern zu können, braucht man eine Genehmigung. Man kann in Nepal, Pakistan oder China, wo diese 14 höchsten Gipfel der Welt stehen, nicht ohne Erlaubnis bergsteigen. In Nepal wurden früher die Genehmigungen vom Außenministerium vergeben, heute ist es das Ministerium für Tourismus, an das man sein Ansuchen zu richten hat. Das gleiche gilt für Pakistan; eine ähnliche Organisation, der CMA (Chinesischer Bergsteigerverband) erteilt die Permits in China.

Diese Permits kosten mehr oder weniger viel Geld, auf jeden Fall einige tausend Dollar. Das war für uns das Problem. Als ich und all die anderen, die sich dieser Idee verschrieben hatten, in den siebziger Jahren mit der Erschließung der schwierigsten Wände an den Achttausendern des Himalaja-Gebirges begannen, hatten wir viele neue Ideen. Aber kein Geld, keine Beziehungen, keinen national orientierten Idealismus.

Damals war es schwierig, eine Genehmigung zu bekommen. Viele Bergflanken waren von den Regierungen gesperrt, für Expeditionen unzugänglich. Einige Berge galten als heilig und waren deshalb aus der Liste der zu genehmigenden Gipfel gestrichen worden; wieder andere waren schon ausgebucht. Verglichen mit heute standen 1975 die Chancen, ein Permit für einen Achttausender zu bekommen, in etwa 100:1.

Das war ein Grund, warum damals nur selten Expeditionen aufbrachen. Einen weiteren Grund bildeten die Finanzierungsschwierigkeiten. In der ersten Phase der »Gipfelsiege«, zwischen 1950 und 1964, hatte ein nationales Interesse bestanden, diese höchsten Berge der

Welt für Frankreich, für Italien, für England zu »erobern«. Ganze Nationen waren darauf aus, sie von ihren Bergsteigern als erste bestiegen zu sehen. Amerikaner, Japaner, Italiener, Deutsche, Franzosen, Engländer hatten sozusagen stellvertretend für das ganze Volk all ihr Können, all ihre starken Männer eingesetzt, um einen Achttausender zu »bezwingen«.

Mit dieser Ideologie war es nun vorbei. Aber gleichzeitig war auch kein Geld mehr für solche Expeditionen flüssig. Wir mußten neue Wege finden, um unsere Träume zu finanzieren. Glücklicherweise waren inzwischen Industrie und Presse an diesen Bergbesteigungen interessiert. Mit viel Geschick und Ausdauer war es möglich, eine Expedition durch die freie Wirtschaft zu finanzieren. Dies erschien mir auch sinnvoller, als öffentliche Mittel in Anspruch zu nehmen.

Der Anmarsch zum Berg war für uns so etwas wie eine lange Wanderung in den Alpen. Wir benützten diese Wochen, um uns zu akklimatisieren, und in dieser Hinsicht hat sich bis heute kaum etwas verändert. Zwar fliegt der eine oder andere das erste Stück von der Hauptstadt bis zum letzten größeren Dorf vor dem Basislager mit dem Hubschrauber, aber die meisten gehen nach wie vor zu Fuß. Den Sprung ins Basislager per Hubschrauber oder Flugzeug zu machen, ist riskant. Gerade diese erste, langsame, gleichmäßige Akklimatisation ist für den Körper notwendig und wichtig, für Aufstiege in große Höhen sogar überlebenswichtig. Ich habe in meinem Anmarsch-Verhalten von 1970 bis heute nichts geändert, nicht in der Taktik, nicht im Gehrhythmus, nicht im Verhältnis zu den einheimischen Trägern, die uns helfen, die Ausrüstung bis an den Fuß des Berges zu schleppen und die mir im Laufe von 16 Jahren mehr und mehr ans Herz gewachsen sind.

1970 übernahm ich die eingeführte Methode. Am Nanga Parbat arbeiteten wir in einem schwerfälligen Expeditionsstil. Wir hängten Seile in die Wand, erkundeten sie Stück für Stück in mehreren Auf- und Abstiegen. Dann bauten wir die Lager auf, versorgten diese mit Nahrungsmitteln. Wir stiegen so, unterstützt von einer starken Nachschubmannschaft, bis in den Gipfelbereich. Von dort aus unternahm ich am Nanga Parbat zuerst allein und dann mit meinem Bruder einen Vorstoß bis zum höchsten Punkt.

Erst fünf Jahre später hatte ich die Kraft und die Phantasie, den Stil völlig zu verändern. Nachdem ich als Südtiroler zu Beginn meiner Expeditionszeit schwer an Gelder von Industrie und Presse herankam, war ich gezwungen, billigere Expeditionen zu organisieren. Also mußte ich etwas umstellen. Ich mußte vor allem völlig anders denken als alle anderen vor mir. Ich kam zurück auf den »Verzicht-Alpinismus«, den ich schon in den Alpen praktiziert hatte. Wenn man auf die Sauerstoffgeräte und die Hochlager verzichtet, braucht man keine Hochträger. Wenn man aber keine Hochträger hat, muß man diese auch nicht versorgen und kann viel effizienter arbeiten.

Ich habe diesen neuen Stil erfunden. Unbewußt war mir schon länger klar gewesen, daß ich nur wachsen konnte, wenn ich auf Absicherungen verzichtete. Die fehlenden Mittel haben mich gezwungen, alles Überflüssige wegzulassen. Ähnlich wie in einem Wirtschaftsunternehmen habe ich mehr und mehr »notwendige Hilfen« abgebaut. Dies schien mir fairer als der technologische Alpinismus.

Ich habe alle Achttausender ohne Sauerstoffmaske bestiegen, so wie ich nie in meinem Leben einen Bohrhaken geschlagen habe. In den Alpen, in meiner ersten Phase des extremen Kletterns, war mir dies eine selbst auferlegte Regel. Der Bohrhaken macht es rein theoretisch möglich, das Ungewisse, das, was dem Bergsteigen die Spannung gibt, auszuschalten. Gerade dieses »vielleicht Unmögliche« ist wichtig. Ich hätte

mich selbst betrogen, wenn ich es durch ein technisches Hilfsmittel von vornherein annulliert hätte. Ich wußte 1978, daß ich es mit einem Sauerstoffgerät schaffen würde, auf 8500 Meter zu klettern, aber das wollte ich nicht. Ich wollte sehen, ob ich mit meinen Kräften, mit all meinen Zweifeln und Ängsten fähig war, so weit in dieses »mögliche Unmögliche« vorzustoßen. Als Mensch und nicht als Maschinenmensch.

Wenn ich heute zurückschaue auf meine 16 Himalaja-Jahre, werden in mir auch jene Momente wieder wach, in denen ich aufgeben wollte, in denen ich mich vor den Achttausendern fürchtete. Und wie ich zweifelte! Wie oft habe ich mich gefragt, ob ich weitermachen sollte. 16 Jahre lang in den Himalaja zu fahren, bedeutet 16 Jahre lang Training und Schweiß. Die Disziplin des Risikos einzuhalten, die ein Überleben garantiert, verlangt Konzentration und Ausdauer. 16 Jahre lang immer wieder zu scheitern und neu anzufangen – das war der Schlüssel zu diesem Erfolg.

Ich habe die Achttausender nicht »gesammelt«, wie mir manchmal unterstellt wird. Auch nicht, nachdem mir 1982 in einer einzigen Saison drei geglückt waren. Nach diesem ersten Achttausender-Hattrick habe ich die Entscheidung getroffen, alle 14 Achttausender zu besteigen. Ich wollte die Liste aber nicht einfach zu Ende bringen. 1984 unternahm ich eine Achttausender-Überschreitung, die mir wichtiger war als alle 14 Achttausender zusammen. Beide Berge, den Gasherbrum I und den Gasherbrum II, hatte ich vorher bereits einmal bestiegen, sie waren also für meine »Sammlung« nicht notwendig. Ich habe bei allen Achttausender-Besteigungen Ideen verwirklichen können. Sogar bei den beiden letzten. Obwohl ich aus Zeitgründen über die Normalwege von Makalu und Lhotse hochstieg, gelang es mir, ein Primat aufzustellen: Erstmals haben dabei zwei Bergsteiger, Hans Kammerlander und ich, in einer Saison in Nepal zwei hohe Achttausender besteigen können, ein Ziel, an dem einige andere Bergsteiger vorher gescheitert waren.

Ich habe 18mal auf einem Achttausender gestanden; vier Achttausender habe ich zweimal bestiegen. Am 16. Oktober 1986 war ich im »Wettlauf« um die Achttausender, den andere zu einem Vergleichskampf hochgespielt hatten, von den »Konkurrenten« weiter entfernt als je zuvor.

1970, als ich mit dem großen Bergsteigen begann, gab es nur einen lebenden Alpinisten, Kurt Diemberger, der zwei Achttausender geklettert hatte. Hermann Buhl, der erste westliche Bergsteiger mit zwei Achttausendern, war 1957 tödlich verunglückt. Erst 1975 gelang es mir, mit Nanga Parbat, Manaslu und Hidden Peak als erster drei Achttausender bestiegen zu haben. Seit damals war ich immer einen Platz voraus auf der von Journalisten und Bergsteigern verhaßten und immer wieder gedruckten Liste »Wer hat die meisten Achttausender?«. Der von mir hochgeschätzte polnische Bergsteiger Kukuczka hatte am 16. Oktober 1986 zwölfmal einen Achttausender bestiegen, elf verschiedene Gipfel, den Broad Peak zweimal; ich war 18mal auf einem Achttausender gestanden. Es stand also 3:2.

Zum Glück ist Bergsteigen weder mit »Rekorden« noch mit Zahlen ausdrückbar. Schon gar nicht meßbar in Sekunden, Höhenmetern oder Graden. Ich hatte Glück, die »Götter waren mir gnädig«. Das wünsche ich auch allen anderen, die sich in die Achttausender »vernarrt« haben, Kukuczka, Loretan, Ozaki. Glück brauchen wir alle, denn die Berge sind unendlich viel größer als wir. Wir Menschen werden sie nie »besiegen« können. »Lhagyelo«, wie die Tibeter sagen, wenn sie einen Berg oder hohen Paß betreten, sage auch ich: »Die Götter haben gesiegt.«

Ich bin nicht stolz auf diesen »Rekord«, den ich nicht als solchen empfinde. Ich bin nicht stolz auf diesen Erfolg, den ich mir lange gewünscht habe. Ich bin nur stolz, daß ich überlebt habe.

Günter Sturm

Alle Achttausender – und überlebt

Zugegeben, für den Außenstehenden, für den alpinen Normalverbraucher, mag der Lhotse das Zielband eines ungewöhnlich spektakulären und gefährlichen Wettlaufs um die höchsten Berge der Welt gewesen sein. Nur, es war kein Wettlauf, möglicherweise für die Verfolger, nicht aber für Reinhold Messner.

Reinhold Messner wollte mehr, viel mehr. Um der breiten Öffentlichkeit klarzumachen, wie überlegen Messner das Feld anführte und das Metier in der »Weißen Arena« beherrscht, hätte man zur Verdeutlichung Punkte für die einzelnen Besteigungen, gewertet nach der Schwierigkeit des Aufstiegs, vergeben müssen.

16 Jahre lang hat Reinhold Messner das Bergsteigen im Himalaja geprägt. 16 Jahre Expeditionsbergsteigen, das heißt auch 16 Jahre Einsamkeit, ständig gegenwärtige Gefahr, Angst und Verzweiflung. Zu Extremsituationen gehört nicht nur ungeahntes Glücksgefühl.

Das Ausschlaggebende, das Besondere daran: Reinhold Messner hat es überlebt. Was hat diesen Mann überleben lassen? Erfahrung? »Erfahrung heißt gar nichts. Man kann eine Sache auch ein Leben lang schlecht machen.« (Kurt Tucholsky)

Zu viele erfahrene Bergsteiger haben im Himalaja ihr Leben gelassen. Daß Messner Erfahrung hat und Wissen, mehr als jeder andere, ist Tatsache, reicht aber nicht aus, um seine Erfolge, sein Überleben zu erklären. Was den Menschen Messner auszeichnet, ist seine angeborene und eisern trainierte physische und psychische Kraft. Dazu kommt ein in vielen Jahren hochentwickelter Instinkt, immer und vor allem in extremen, lebensbedrohlichen Lagen situativ das einzig Richtige, und das konsequent, zu tun.

Daß Messner der absolute Ausnahmebergsteiger ist, beweist seine Art bergzusteigen, sein Stil. Er ist spielerisch, läßt am Gelingen keinen Zweifel. Man spürt, daß ihm das Bergsteigen, die großen Herausforderungen im Himalaja, das Unterwegssein Spaß machen. Der Berg ist kein Gegner, eine Besteigung kein Kampf.

Hochsensibilisiert ist Messners Gespür, wann, wo und wie eine große Unternehmung durchzuführen ist und unter Einschätzung aller Risiken auch gelingen kann.

Für die größte Herausforderung, der sich Reinhold Messner stellte, die Alleinbesteigung des Nanga Parbat, hat er von seinem ersten Versuch bis zur Vollendung volle sechs Jahre gebraucht. Sechs Jahre, aber dann war sie perfekt. Reinhold Messner wird um seine Erfolge beneidet. Nicht um seine Erfolge sollte man ihn beneiden, sondern um seinen Stil.

Günter Sturm
(Besteiger von vier Achttausendern)

1 1953 Nanga Parbat 8125 m

Der nackte Berg

Die wichtigsten Daten der Erschließungsgeschichte

Geographische Lage: Punjab-Himalaja 35° 14′ n. Br./74° 35′ ö. L.

1895 Der Brite A. F. Mummery erreicht nach der Erkundung der Rupal-Flanke in der Diamir-Seite eine Höhe von etwa 6000 m und bleibt beim Versuch, ins Rakhiot-Tal überzuwechseln, verschollen.

1932 Unter Leitung von W. Merkl bricht eine deutsch-amerikanische Expedition zur Nordseite auf. Die Gruppe erklettert den Rakhiot Peak, erreicht den Ostgrat und scheitert aufgrund mangelnder Himalaja-Erfahrung.

1934 Wieder unter W. Merkl stoßen fünf Bergsteiger und elf Sherpas über die 1932 erkundete Route bis auf das Silberplateau vor. P. Aschenbrenner und E. Schneider erreichen eine Höhe von etwa 7800 m. Wissenschaftler erarbeiten eine Karte. Im Schneesturm kommen U. Wieland, W. Welzenbach, W. Merkl und sechs Sherpas um. A. Drexel stirbt schon vorher.

1937 Unter Leitung von K. Wien startet eine Expedition der Deutschen Himalaja-Stiftung (DHS). In Lager 4 werden alle sieben Sahibs sowie neun Hochträger von einer Eislawine begraben. – Noch im gleichen Jahr organisiert P. Bauer eine Bergungsexpedition.

1938 Unter P. Bauer operiert eine starke Mannschaft an der Nordseite.

1939 Die Erkundungsexpedition von P. Aufschnaiter kommt in der Diamir-Flanke an zwei Stellen bis auf knapp 6000 m.

1953 H. Buhl gelingt im Rahmen der Deutsch-Österreichischen Willy-Merkl-Gedächtnisexpedition am 3. Juli die erste Besteigung des Nanga Parbat. Die Leiter K. M. Herrligkoffer und P. Aschenbrenner haben vorher den Rückzug veranlaßt. W. Frauenberger, H. Ertl sowie H. Buhl nehmen die Verantwortung für den Gipfelgang auf sich. H. Buhl bewältigt 1300 Höhenmeter im Alleingang, H. Ertl dreht einen Dokumentarfilm.

1962 Eine zweite Expedition des Deutschen Instituts für Auslandsforschung (DIAF) unter K. M. Herrligkoffer an der Diamir-Seite bringt die zweite Besteigung. Über die 1961 erkundete Route im rechten Teil des Nordgipfels, teilweise extrem schwierig, gelangen T. Kinshofer, A. Mannhardt und S. Löw zum Gipfel. Beim Abstieg stürzt S. Löw tödlich ab.

1970 Siegi-Löw-Gedächtnisexpedition des DIAF. G. und R. Messner (27. Juni) sowie F. Kuen und P. Scholz (28. Juni) durchsteigen dabei die Rupal-Flanke zum ersten bzw. zweiten Mal. Die Brüder Messner sehen sich gezwungen, über die Westseite abzusteigen, so daß ungeplant die erste Überschreitung zustande kommt. Am Wandfuß wird G. Messner von einer Lawine verschüttet (3. Besteigung).

1971 Einer tschechoslowakischen Expedition unter Leitung von I. Gálfy gelingt die vierte Besteigung des Nanga Parbat, die zweite über die Nordseite.

1976 Der Österreicher H. Schell organisiert mit wenig Mitteln eine Vier-Mann-Expedition zu der von T. Kinshofer ausgekundschafteten Route im linken Teil der Rupal-Wand. Alle erreichen den Gipfel. Dieser Anstieg stellt den einfachsten Weg zum Gipfel dar.

1978 R. Messner glückt am 9. August über die Diamir-Wand die erste Alleinbesteigung des Nanga Parbat und damit eines Achttausenders. – Eine österreichische Kleinexpedition wiederholt die schwierige Kinshofer-Route, wobei fünf von sechs Teilnehmern den Gipfel erreichen. Dabei wird von der Bazhin-Mulde aus eine teilweise neue, leichtere Linie als 1962 gefunden.

1982 K. M. Herrligkoffer führt erneut eine 12köpfige Expedition zum Nanga Parbat. Dabei glückt dem Schweizer U. Bühler die erste Begehung des Südostpfeilers zum Südgipfel. Das letzte Stück bewältigt er im Alleingang.

1985 Zusammen mit vier Polinnen gelingt W. Rutkiewicz bei schlechten Wetterbedingungen auf der Kinshofer-Route der Aufstieg zum Gipfel.

Allein an der Diamir-Flanke des Nanga Parbat gelangen Reinhold Messner drei Erstbegehungen. 1970 stieg er mit seinem Bruder Günther in etwa über die Mummery-Rippe ab (zwei Biwaks). Beim Alleingang 1978 kletterte er rechts des großen Séracs hinauf und links davon ab.
Der Nanga Parbat ist bestens erschlossen (acht verschiedene Routen). Die Kinshofer-Route (1962) führt links durch Rinnen und Schneefelder in die Mulde links des Gipfeltrapezes und über dieses (mehrere Möglichkeiten) zum höchsten Punkt.

Vorhergehende Doppelseite:
Mazeno-Kamm und Nanga Parbat von Süden. Durch die Rupal-Flanke (rechte Bildhälfte) verlaufen heute drei Routen: Links über den gewundenen Pfeiler die Schell-Route, die rechts der Mazeno-Scharte auf den Grat und in die Diamir-Seite übergeht (1976). Im zentralen Teil der Wand führt die Messner-Route (1970) zuerst von rechts nach links oben, erreicht über drei Eisfelder die riesige Verschneidung links unter dem Südgipfel, der hier als höchster Punkt erscheint. Rechts der Gipfelfallinie und meist rechts vom Grat der Südostpfeiler, der von einer polnischen Expedition erstbegangen wurde (1985), nachdem Uli Bühler bereits 1982 den Südgipfel über ihn erreicht hatte.

Oben: Neuschnee im Diamir-Tal. Reinhold Messner schleppte sich 1970 nach der Überschreitung des Nanga Parbat mit erfrorenen Füßen durch Wälder, Felder und diese Dörfer bis an den oberen Rand der Diamir-Schlucht, wo ihm einheimische Bauern halfen.

Links: Das obere Rupal-Tal mit den östlichen Ausläufern des Nanga Parbat. Mehrmals kehrte Reinhold Messner nach 1970 in diese Landschaft zurück.

Rechts oben: 1970 trug dieser junge Bauer Reinhold Messner stundenlang auf dem Rücken über steile Wege und Felspassagen durch die untere Diamir-Schlucht. 1971 besuchte ihn Messner, um sich bei seinem Helfer zu bedanken. 1973 traf er ihn wieder; er war inzwischen verheiratet. 1978 fotografierte ihn Messner mit seinem Buben.

Rechts: Drei der einheimischen Retter von 1970 trugen 1973 beim ersten Soloversuch Messners am Nanga Parbat die Lasten durch das enge Diamir-Tal.

Reinhold Messner im untersten Teil der Diamir-Flanke am Nanga Parbat beim Alleingang 1978. In der Schneerinne, in die er gerade einsteigt, zwischen zwei Eisbrüchen eingebettet, mußte er sehr schnell klettern. Dies ist das gefährlichste Stück des gesamten Aufstiegs. Er brachte es am 7. August 1978 in weniger als einer Stunde hinter sich.

Rechts: Zurück im Basislager erklärt Reinhold Messner den Österreichern Willi Bauer und Alfred Imitzer seinen Sologang auf den Nanga Parbat. 1986 kam Imitzer am K 2 ums Leben, Bauer schlug sich trotz eines fürchterlichen Schneesturms ins Basislager durch.

Das Gipfeltrapez des Nanga Parbat von Westen im letzten Abendlicht. Der Gipfel ist rechts der langen, flachen Gratschneide deutlich zu erkennen. 1970 erreichten ihn die Brüder Messner von Süden und stiegen dann über den Grat und die Felsen direkt in die Scharte (rechts vom Gipfel, große Schneemulde) ab, wo sie ohne jeden Schutz biwakierten. Von dort begannen sie am 28. Juni den Abstieg über die unbekannte Diamir-Wand. 1978 stellte Reinhold Messner sein Biwakzelt in den flachen Gletscherbruch unter dem Gipfel und stieg am 9. August über die abgerundete Felskante direkt zum höchsten Punkt auf.

1970/1978

Nanga Parbat
Himmel, Hölle, Himalaja

Das wahre Ziel ist nicht, die äußerste Grenze zu erreichen, sondern eine Vollendung, die grenzenlos ist.«

Rabindranath Tagore

Es ist eine Tatsache, daß die besten Klettereien von berühmten Bergsteigern vollbracht werden, bevor sie berühmt sind. Falls »Ruhm das Parfüm der Heldentaten« ist, muß dies so sein.

Doug Scott
in »Mountain«

Der Nanga Parbat von Westen, Diamir-Wand. Eine gewaltige Eislawine überspült den Mittelteil der fast 4000 Meter hohen Flanke. Ganz links im Bild ist streckenweise die Kinshofer-Route zu erkennen. In der Bildmitte, rechts der Lawine, die obere Mummery-Rippe. Rechts davon stieg Reinhold Messner 1978 ab. Ganz rechts die Soloroute von 1978 (die große Rechtsschleife ist abgeschnitten). In der zweiten Wandhälfte zieht die Route diagonal nach links zum höchsten Punkt.

Bis 1969 war ich ein besessener Alpen-Bergsteiger gewesen. Ich war ganze Sommer lang nur geklettert. Das Geld, das ich dafür brauchte, verdiente ich mir als Bergführer. Dann und wann hielt ich auch einen Vortrag. Aber jede freie Minute verbrachte ich beim Training oder in irgendeiner schwierigen Alpenwand.

1968, als eine deutsche Expedition an der Rupal-Wand des Nanga Parbat gescheitert war, packte mich erstmals Begeisterung für diese Achttausender. 1969 gelang es mir, die schwierigste Wand der Ostalpen, die damals berüchtigte Philipp/Flamm-Verschneidung, während eines Unwetters allein zu durchsteigen. Auch die schwierigste Wand der Westalpen, die Droites-Nordwand, kletterte ich frei solo. Die Alpen waren zu klein für mich geworden. Dies war kein überhebliches Gefühl; es steckte die Sehnsucht dahinter, meine Grenze weiter auszudehnen, die Neugierde eines jungen, in vieler Hinsicht unerfahrenen Menschen. Wie weit ich noch gehen konnte?

In diesem Sommer 1970 stand die Rupal-Wand des Nanga Parbat auf Platz eins meines bergsteigerischen Wunschzettels. Allerdings wußte ich nicht, wie ich je dorthin kommen könnte. Als Südtiroler wurde ich weder als »deutscher« noch als »österreichischer« und auch nicht als »italienischer« Bergsteiger geführt. Ich wurde also von keiner Expeditionsgruppe angesprochen oder gar eingeladen. Im Frühling 1969 war ich zwar als Ersatzmann von einer Nordtiroler Expeditionsgruppe unter Leitung von Otti Wiedmann in die Anden nach Südamerika eingestellt worden, vorerst aber sah ich keine Möglichkeit, bei einer Achttausender-Expedition mitzukommen.

Ich hatte auch nicht die finanziellen Mittel, selbst eine Expedition auf die Beine zu stellen. Da gab es zwar von der Firma Millet aus Frankreich ein erstes Werbeangebot, mit der entsprechenden Jahrespauschale aber konnte ich weder mein Leben noch eine Expedition finanzieren. Ich arbeitete damals sehr viel.

Zum Glück gab es damals »Vorbilder«: Bergsteiger, die ihr Leben teilweise aus Werbeverträgen finanzierten. Einer von ihnen war Walter Bonatti. An ihm orientierte ich mich. Meinen ersten Werbevertrag ließ ich nach seinen Vorgaben ausarbeiten. Als mir Walter Bonatti sein letztes Bergbuch »Die großen Tage« mit den Zeilen widmete: »Für Reinhold Messner, der jungen, letzten Hoffnung des großen, klassischen Bergsteigens«, gab mir das viel Selbstvertrauen. Als Südtiroler hatte ich sonst auch emotional wenig Rückhalt. Wichtig war es, daß wir jungen Bergsteiger uns an Männern wie Bonatti auch praktisch orientieren konnten.

Der Himalaja erschien mir damals als ein Traum, eine Art Himmel für den Bergsteiger. Deshalb die Skepsis neben der Überraschung, als mich der deutsche Expeditionsorganisator Dr. Karl M. Herrligkofer im Herbst 1969 zu einer Nanga-Parbat-Südwand-Expedition einlud. Er nannte sein Unternehmen »Siegi-Löw-Gedächtnisexpedition«. Traurig war ich nur, daß mein Bruder Günther, der mich bis dahin bei den meisten Erstbegehungen in den Alpen begleitet hatte, nicht auch mit von der Partie sein sollte. Nachdem aber Sepp Mayerl und Peter Habeler, die ebenfalls auf der Einladungsliste gestanden hatten, ausfielen, kam auch mein Bruder in die Mannschaft.

In einer ziemlich großen Expedition, mit erfahrenen deutschen und österreichischen Bergsteigern, kletterten Günther und ich im Mai und Juni 1970 etwa 40 Tage lang, mit Unterbrechungen, in der Südwand des Nanga Parbat. Meist waren wir an der Spitze der Gruppe. Wir kamen bis unter die Merkl-Rinne, an einen Punkt, den vor uns keine Mannschaft erreicht hatte. Öfter hatten uns Schlechtwetter und Lawinengefahr aus der Wand zurück ins Basislager getrieben. Einmal blieben Günther und ich mehr als eine Woche lang in der Wandmitte eingeschneit. Elmar Raab, Werner Heim, Gerhard Baur Peter Vogler waren oft bei uns.

25

Wie oft hatten wir geglaubt, daß die Expedition scheitern würde. Schließlich sollte nach langer Diskussion mit dem Expeditionsleiter ein letzter Versuch gewagt werden. Günther, Gerhard Baur und ich stiegen noch einmal zum letzten Lager auf, wo Felix Kuen und Peter Scholz auf etwa 7400 Meter ein Zelt aufgestellt hatten. Von dort aus erreichten wir am 27. Juni, zuerst getrennt, im letzten Stück gemeinsam kletternd, den Gipfel des Nanga Parbat. Die Rupal-Wand, die höchste Fels- und Eiswand der Erde, war durchstiegen. Sicherlich hatten wir beide in der letzten Anstiegsphase die Grenze unserer Leistungsfähigkeit erreicht. Wir waren in unserer jugendlichen Begeisterung weiter gegangen, als ich es heute tun würde.

Wir kamen spät zum Gipfel. Mein Bruder war sehr müde. Erste Zeichen der Höhenkrankheit stellten sich bei ihm ein. Beim Abstieg merkte ich, daß er nicht mehr weit kommen würde. Es wäre unverantwortlich, ja unmöglich gewesen, ihn in diesem Zustand die Rupal-Wand hinabzulotsen. Vor allem, weil wir kein Seil dabei hatten. Ich hätte Günther also nicht sichern können. Er wäre beim Abstieg gewiß irgendwo aus der Wand gefallen.

An diesem späten Nachmittag, bei aufkommendem Gewölk, entschloß ich mich kurzfristig, mit Günther ein Stück in die Westflanke abzusteigen, in die Scharte unmittelbar oberhalb der Merkl-Rinne. Von dort aus glaubte ich, am nächsten Tag in die Rupal-Wand zurückkehren zu können. In der Hoffnung, daß andere Bergsteiger aufsteigen würden, um uns zu helfen, warteten wir eine fürchterliche Nacht lang ab. Wir biwakierten in 8000 Meter Meereshöhe ohne jeden Schutz. Ohne Daunenjacke, ohne Sauerstoffgeräte, ohne zu trinken, ohne zu essen. Es war eine Nacht, die uns seelisch und körperlich aushöhlte.

Am anderen Morgen sah ich kaum noch eine Chance, irgendwohin zu gehen, geschweige denn, bis an den Fuß des Berges zu gelangen. Nachdem wir

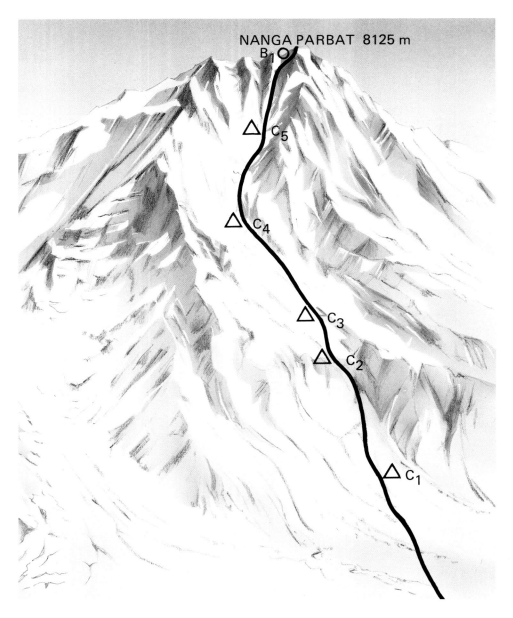

etwa bis 10 Uhr vormittags gewartet hatten und erkennen mußten, daß Peter Scholz und Felix Kuen nicht zu uns, sondern zum Gipfel unterwegs waren, begannen wir in unserer Verzweiflung den Abstieg über die Diamir-Seite des Nanga Parbat. Ich war dem Wahnsinn nahe. Es war in diesem Augenblick, als ich hinfiel und mein Geist sich über den Körper erhob. Ich sah mich von außen den Berg hinabrollen. Noch einmal hatte ich die Energie, zurückzugehen in meinen Körper, ich mußte den Bruder in Sicherheit bringen.

Die Diamir-Wand ist flacher als die Rupal-Wand. Von oben gesehen erschien sie machbar. Dabei war für uns das erste Stück ein momentaner Ausweg aus der Todessituation. Ich hätte das Sterben in Untätigkeit nicht ertragen können. Wir wollten wenigstens einen letzten, verzweifelten Versuch machen, ein Stück den Berg hinunterzukommen. Bis Mitternacht mühten wir uns ab. Im-

◁ Die direkte Route in der Rupal-Flanke des Nanga Parbat. Nach wiederholten Versuchen (1963–1968) gelang den Messner-Brüdern Reinhold und Günther erstmals der Aufstieg bis zum Gipfel, nachdem fünf Hochlager (C) errichtet worden waren. Den Abstieg mußten sie nach einem Biwak an der Merkl-Scharte (B_1) über die Gegenseite des Berges (Diamir-Flanke) nehmen.

Der Nanga Parbat von Südwesten gesehen, fotografiert 1938 von der Bauer-Expedition (Deutsche Himalaja-Stiftung). Das Biwak der Messner-Brüder zwischen der Rupal-Wand rechts (Nebel) und der Diamir-Flanke links ist am zweiten (kleinen) Gratabsatz unter dem Gipfel auszumachen. Diese Nacht gehört zu den Erfahrungen, die Reinhold Messner grundlegend verändert haben.

mer wieder wartete ich auf Günther, um ihn zwischen Séracs und den Felsen der Mummery-Rippe hinunterzuleiten.

Am dritten Tag dieses qualvollen Abstiegs – wir waren schon weit unten im flacheren Gletscher, und ich ging voraus, um nach dem Weg zu suchen – kam Günther nicht mehr nach. Erst als ich zurückging und die große Lawine sah, die inzwischen abgegangen war, ahnte ich, daß er darunter begraben liegen mußte, daß ich allein war. Aber ich konnte nicht begreifen, daß er tot war. Er, der mich auf Hunderten von schweren Routen begleitet hatte, er sollte nicht mehr mit mir zusammen sein! Mit ihm hatte mich das Gefühl verbunden, gemeinsam unverwundbar zu sein. Warum ließ er mich auf diesem Weg durch Felsen, Eisbrüche und Hochtäler allein?

Einen Tag und eine Nacht lang suchte ich nach ihm. Mitten in dieser gigantischen Gletscherwelt zwischen den Eistrümmern, ausgedörrt, mit Erfrierungen an Händen und Füßen erlebte ich erstmals den Wahnsinn. Ich wußte nicht mehr, wer ich war, noch was ich tat. Ich konnte kaum noch gehen. Trotzdem setzte ich meinen Abstieg fort, kroch abwärts. Als ich zu Holzfällern kam, die mir den Weg ins Tal zeigten, erwachte ich aus einer Gleichgültigkeit, wie sie dem Sterben vorausgeht.

Ich brauchte viele Jahre, um diese Nanga-Parbat-Expedition und den Tod

Mathias Rebitsch

Überlebt – die Überschreitung des Nanga Parbat

In den letzten Jahren glänzte ein neuer Kletterstern über den Dolomiten auf. Er erregte zunehmend Aufsehen. Der »Reinhold« wurde zu einem Begriff. Immer verwegener wurden seine Felsfahrten. Er meisterte allerschwierigste Führen im Alleingang, legte als Einzelgeher erste, direkte Routen mit dem Schwierigkeitsgrad »äußerste obere Grenze« durch glatteste Plattenmauern, bezwang mit Seilgefährten große »Sechser«-Wände in Wintererstbegehungen.

Er übertraf alle bisherigen Höchstleistungen, unterbot alle üblichen Kletterzeiten. Vollendetste Beherrschung der Technik des freien Kletterns, Ruhe in der Gefahr, vorausschauende Planung und Überlegtheit in der Durchführung seiner Unternehmungen zeichneten ihn aus. Für Reinhold Messner schien es keine Schwierigkeiten mehr im Fels zu geben. Ein Klettergenie. Vielleicht nur ein Felsakrobat...?

Messner kam in die Westalpen und stellte auch dort alles auf den Kopf mit kürzesten Begehungszeiten. Er wies sich damit als ebensolcher Könner im steilsten Eis und kombinierten Gelände aus wie vorher im Fels. Mit einer außerordentlichen Härte und Durchschlagskraft, mit schier unerschöpflichen Kraftreserven.

Bruder Günther begleitete ihn auf manch ernster Fahrt, als gleichfalls ausgezeichneter, ausdauernder Fels- und Eisgeher, der vielleicht bloß ein wenig »im Schatten seines großen Bruders« stand.

Messner fehlte noch die Bewährung auf Expeditionen, an den Weltbergen. 1970 durchstieg er die Rupal-Wand am Nanga Parbat!

Reinhold Messner hat die bisherigen Grenzen alpinistischen Könnens gesprengt und neue Maßstäbe gesetzt. Ein überragendes Bergsteigerphänomen! Dabei ist er beileibe kein robuster, muskelstrotzender Holzfällertyp. Sondern sensibel, schlank, feingliedrig, dennoch durchtrainiert bis in die letzte Faser. Dem Körperbau nach eher ein Hermann Buhl. Auch Reinhold ist von einem inneren Feuer getrieben, schöpft die Kräfte zu seinen Unternehmungen mehr aus seelischen Bereichen.

Der eigentliche Schlüssel zu seiner fast unglaublichen Leistungsfähigkeit, seiner Höhenanpassung liegt aber in seinem systematischen autogenen Training, in den jogamäßigen Übungen zur Unterwerfung von Körperfunktionen unter seinen stahlharten Willen. Ein Bergsteiger-Jogi! Dazu rationellster Krafteinsatz, gesteuert durch einen ungewöhnlich scharfen Verstand.

Die Rupal-Flanke des Nanga Parbat, die höchste Steilwand der Erde. 1938 hatte ich sie, vom Firngrat zum Silbersattel aus, tagelang vor Augen gehabt. Im Profil gesehen ein fast unirdisch gewaltiger, 4500 Meter hoher Pfeiler aus Fels und Eis. Er galt uns als Inbegriff der Unersteigbarkeit. Ich war damals als Vertreter Tirols Mitglied der Expedition der Deutschen Himalaja-Stiftung, die von Paul Bauer über die Rakhiot-Seite geführt wurde. Eine Gruppe von uns rekognoszierte anschließend noch die Diamir-Flanke. Wir anderen umkreisten nachher per Flugzeug den Nanga, schwebten an der Südwand vorbei, hinein in das Diamir-Tal, sahen unter uns zum Greifen nah die legendäre Mummery-Rippe. Daheim studierten wir die Flugaufnahmen, Pläne für 1940 wurden geschmiedet. Aber da war schon der Zweite Weltkrieg ausgebrochen.

Der nunmehr geglückte Aufstieg durch die Rupal-Wand darf wohl als der bisher kühnste und vielleicht auch schwierigste an einem Achttausender betrachtet werden...

Reinhold und Günther Messner stiegen erstmals vom Gipfel eines Achttausenders – anschließend an die Erstbegehung seiner schwierigsten Wand – auf der anderen Seite über eine 3500 Meter hohe, noch nie bezwungene Eis- und Felsflanke ab. In ein fremdes, menschenleeres Gletschertal. Auf sich allein gestellt, ohne daß sie unten von einer Lagerkette aufgenommen, von helfenden Freunden erwartet werden konnten. Eine Pioniertat, wie sie die Chronik des Himalaja nicht kennt!

Mathias Rebitsch
in der »Tiroler Tageszeitung« vom 5. 9. 1970
(Expeditions-Teilnehmer 1938
am Nanga Parbat)

Die Diamir-Flanke des Nanga Parbat im Profil. Etwa am linken Bildrand verläuft die »Kinshofer-Route« (1962). 1978 bei seinem Soloaufstieg ging Reinhold Messner in einer großen Rechtsschleife (ganz rechts Mitte) in einem Anlauf aus dem Talgrund bis zum Gipfel. Sein Drang nach Perfektion hatte einen Ausdruck gefunden.

meines Bruders zu bewältigen. Seinen Tod als Teil meines Lebens zu verstehen. Ich mußte erst lernen, mit dieser Tragödie zu leben. Im Herbst 1970 wurden mir in der Universitätsklinik Innsbruck sechs Zehen und einige Fingerkuppen amputiert. Damals glaubte ich nicht, daß ich je wieder auf die Berge steigen könnte. Ich wollte auch gar nicht mehr. Ich war so niedergeschlagen und verzweifelt. Am Schmerz meiner Eltern und meiner Geschwister wurde mir bewußt, daß meine bergsteigerische Tätigkeit für die Familienangehörigen eine schwere Belastung gewesen war. Damals schon bat mich meine Mutter, keinen Achttausender mehr zu besteigen.

Bis zu diesem Jahr 1970 war ich einfach auf die Berge geklettert. Mit viel Ehrgeiz, mit dem Vorsatz, möglichst wenige technische Hilfsmittel einzusetzen, mit der Vorstellung, über alle bisherigen Grenzen hinauszugehen. Ich war meinen Weg gegangen. Ich hatte die alpine Geschichte studiert und daraus meine eigenen Ideen abgeleitet. Mit dem Verlust des Bruders wurde mir erstmals ganz bewußt, wie sehr das Bergsteigen mit dem Tod zusammenhängt, wie gefährlich es ist. Jeder Bergsteiger, der den Tod nicht als mögliche Konsequenz einer großen Tour versteht, ist ein Narr. Ich begriff aber auch, daß ich die Tragödie am Nanga Parbat nicht rückgängig machen konnte.

Nach einem halben Jahr Pause fing ich mit dem extremen Bergsteigen wieder an. Bei Null. Nach den Amputationen konnte ich im Fels nicht mehr so gut klettern wie früher. Also steckte ich all meine Begeisterung in die großen Berge, wo es in erster Linie Eis gibt.

1971 kehrte ich zum Nanga Parbat zurück, um nach meinem Bruder zu suchen. Im Basislager, im Halbschlaf, träumte ich, wie er auf dem Gletscher aufstand und zu mir ins Zelt kroch. Ich hatte die Tragödie immer noch nicht verarbeitet.

1973 ging ich erneut zum Nanga Parbat. Diesmal, um ihn allein zu besteigen. Ich wollte meinem Bergsteigen eine eindeutige Richtung geben. Allein, über eine schwierige Route und ohne technische Hilfsmittel wollte ich auf einen Achttausender klettern. Ich scheiterte.

1977, in einer privaten Lebenskrise, kam ich zum vierten Mal zum Nanga Parbat. Wieder mit dem Vorsatz, ihn allein zu erklettern. Wieder scheiterte ich. Ich scheiterte an der eigenen Schwäche, an der Angst vor der Angst, irgendwo da oben nicht mehr zurecht zu kommen.

Erst 1978, nachdem ich gelernt hatte, das Leben auch allein zu ertragen, nachdem mir bewußt geworden war, daß der Mensch ein Einzelwesen ist, nachdem ich aufgehört hatte, in Paaren zu denken, habe ich den größten Sprung meines Bergsteigerlebens gewagt. Allein und ohne jedes technische Hilfsmittel – ausgenommen natürlich Steigeisen, Pikkel, Zelt und Schlafsack – stieg ich in die Diamir-Wand ein, kletterte eine neue Route bis zum Gipfel und kehrte über eine andere neue Route zurück ins Basislager.

Dieser Alleingang begann im hinteren Diamir-Tal, etwa an der Stelle, wo ich 1970 am Gletscherrand verzweifelt auf meinen Bruder gewartet hatte. Am 7. August 1978, um 5 Uhr früh, stieg ich in die Wand ein. In wenigen Stunden durchkletterte ich die untere Wandhälfte und erreichte auf einer Höhe von ungefähr 6400 Metern eine kleine Plattform. Unter einer überhängenden Eisscholle erstellte ich mein Lager. Es war nur ein winziges Zelt, das ich eigens für diese Expedition hatte bauen lassen. Ich kroch in den Schlafsack, schmolz Schnee, um genügend trinken zu können. Ich genoß dieses Alleinsein, weil ich für niemanden verantwortlich war. Einen ganzen Tag lang rastete ich in diesem Zelt. Ich erholte mich gut.

Am anderen Morgen um 5.02 Uhr – ich hatte mich gerade im Schlafsack aufgesetzt, um Tee zu kochen – gab es plötzlich eine Erschütterung. Wenige Sekunden später ein Krachen und Tosen rings um mich her. Ich riß den Zelteingang auf, schaute hinaus und sah, daß von allen Flanken, links und rechts, über und unter mir gewaltige Schneemassen zu Tal stürzten. Diese Schneemassen sammelten sich unten zu einer einzigen Lawine. Mehrere Kilometer weit überflutete sie das Diamir-Tal.

Ich wußte zu diesem Zeitpunkt noch nicht, daß ein Erdbeben diese Eisstürze ausgelöst hatte. Die schmale Eiszunge, die ich am Tag vorher benützt hatte, um den mittleren Teil der Wand zu gewinnen, hatte sich von der Wand gelöst und war als Ganzes abgestürzt. Ich konnte also nicht mehr über den Weg zurück, den ich im Aufstieg genommen hatte. Nicht auszudenken, was passiert wäre, wenn ich einen Tag später unterwegs gewesen wäre.

Trotz der Tatsache, daß mein Rückweg abgeschnitten war, kam so etwas wie Übermut auf. Im Bewußtsein, nur mit Glück überlebt zu haben, setzte ich meinen Weg fort. Als ob Glück sich potenzieren müßte. Ich kam mir vor wie ein Schatten, der nicht verwundbar war. Jetzt hatte ich keine Angst mehr. Es gab kein Zurück, es gab nur ein Nach-Vorn. In einem Zustand des Hochgefühls stieg ich weiter. Der Himmel über dem Nanga Parbat erschien mir als schwarze Unendlichkeit. Mit jedem Schritt nach oben tat er sich weiter auf. Er war nur noch unterbrochen von jenem Keil, der weiß verschneit gegen den schwarzen Hintergrund als Gipfel über mir aufragte.

Dieses Hineingetauchtsein in das Nichts an den großen Bergen hat mir mehr als alle anderen Erfahrungen und immer wieder die existentielle Problematik des Menschen vor Augen geführt.

Warum sind wir da, woher und wohin? Ich fand keine Antwort; es gibt keine, wenn ich Religionen ausklammere. Nur das Aktivsein im Dasein hebt die wesentlichen Fragen des Lebens auf. Da oben habe ich mich nicht gefragt, warum ich das tue, warum ich da bin. Das Steigen, die Konzentration, das Sich-Aufwärtsmühen waren die Antwort. Ich selbst war die Antwort, die Frage war aufgehoben.

Am dritten Tag, dem 9. August, erreichte ich endlich den Gipfel. Ich hatte mich zuletzt durch tiefen Schnee hinaufgewühlt, streckenweise waren Felsen zu überklettern gewesen. Um zu beweisen, daß ich oben gewesen war, hinterließ ich ein Stück Papier mit Datum und Unterschrift. Aus Sorge, diesen Alleingang vor den zahlreichen Skeptikern durch Bilder nicht genügend dokumentieren zu können – eine kaputte Kamera, Nebel über den umliegenden Bergen –, befestigte ich eine Aluhülle mit dem Dokument an einem Haken, den ich in die Gipfelfelsen schlug. Ich habe dies nur einmal an einem Achttausender getan. Später fand ich so etwas nicht mehr für notwendig, und früher war es nie möglich gewesen.

Am gleichen Tag noch stieg ich zurück ins oberste Biwak. Das winzige Zelt stand auf einer Höhe von 7400 Metern in einer Schneemulde. Am nächsten Tag Schneetreiben, Nebel. Der Abstieg unmöglich. Neuschnee deckte alles zu. Einen Tag lang wartete ich. Im Rucksack hatte ich Essen und Gas für eine Woche. Ich brauchte mich nicht vom schlechten Wetter in die Enge treiben lassen. Das Abwarten aber war sogar physisch schwieriger zu ertragen als das Steigen. Dazu kam diese ständige Angst vor allen nur denkbaren Gefahren. Beim Nichtstun im Zelt kamen mir erste Zweifel an der Überlebensmöglichkeit. Was war, wenn es mehr und mehr schneite, wenn die Lawinengefahr unter mir unberechenbar wurde?

Am zweiten Tag im Schlechtwetter nützte ich ein kurzes Aufreißen der Ne-

Blick vom Gipfel des Nanga Parbat nach Süden. Die Spuren im Schnee, Beweis des Daseins, werden nach wenigen Stunden ausgelöscht. Wind und Schnee decken sie zu. Als wäre nie jemand da oben gestanden. Die Berge dauern, die Menschen nicht.

bel unter mir, um mich zu orientieren. Dann stieg ich blindlings in den Abgrund hinein. Im dichten Nebel, ohne zu wissen, wohin ich stieg, kletterte ich geradewegs in die Tiefe. Mit dem Bewußtsein, daß der flache Gletscherboden 3000 Meter tiefer lag, war jetzt keine Angst mehr verbunden, nur der Wille, durchzuhalten. In wenigen Stunden kletterte ich die gesamte Diamir-Wand hinunter. Am Mittag war ich auf dem Gletscherboden. Ich konnte es selbst nicht begreifen, daß ich kurz vorher noch weit oben in einer lebensgefährlichen Falle gehockt hatte. Immer noch verhüllten Nebel den Berg. Hoch oben schneite es.

Im Basislager angekommen erfüllte mich ein Gefühl von tiefer Zufriedenheit. Nun hatte ich als Bergsteiger alles erreicht. Mehr als ich mir je erträumt hatte. Alfred Imitzer und Willi Bauer waren da, zwei österreichische Bergsteiger, denen ich von meinem Auf- und Abstieg erzählte. Ich zeigte ihnen meine Route, redete, redete, redete.

Damals habe ich angefangen, meine Erfahrungen aus einem Bedürfnis heraus weiterzugeben. Meine Erfahrungen, was die Taktik am Berg angeht; mein Wissen, wie man eine Expedition finanziert; meinen Instinkt, wie man lebensgefährliche Situationen überlebt. Meine ersten Artikel und Bücher hatte ich auch geschrieben, um meine Ideen darzulegen, nicht ohne Sendebewußtsein. Zudem mußte ich Geld verdienen. Jetzt wollte ich erzählen. Ich hatte ja so viel erlebt.

Obwohl ich bergsteigerisch voll befriedigt war, wollte ich den großen Alpinismus nicht aufgeben. Ich war ein junger Mann, hatte Lust, weiterzuspielen.

Seit meinem gelungenen Alleingang am Nanga Parbat habe ich das Bergsteigen nicht mehr mit tierischem Ernst betrieben; nicht mehr mit dem Ehrgeiz des jungen Felskletterers, der in den Dolomiten die schwierigsten Wände seilfrei durchsteigen wollte. Es war mir gelungen, meine kühnste Idee zu verwirklichen: ein Mann und ein Achttausender.

Die Berge sollten mir weiterhin Spielmöglichkeit sein, eine natürliche Bühne, um all meine Fähigkeiten, all meine Kräfte, all meine Instinkte ausdrücken zu können.

Bei meiner ersten Expedition am Nanga Parbat hatte ich die »Hölle« erlebt. Bei meinem zweiten Aufstieg, im Alleingang, den »Himmel«. Jetzt kannte ich den Himalaja.

2 1956 Manaslu 8163 m

Der heilige Berg

Die wichtigsten Daten der Erschließungsgeschichte

Geographische Lage: Nepal Himalaja, Gurkha Himal
28° 33′ n. Br. / 84° 33′ ö. L.

1950–1955 Nach ersten optischen Erkundungen durch Briten suchen nacheinander vier japanische Expeditionen nach Aufstiegsmöglichkeiten zum Gipfel des Manaslu von der Nordseite aus sowie über den Ostgrat.

1956 Japaner sind es auch, die unter Führung von Y. Maki den Manaslu erstmals über die Nordostflanke, den späteren Normalweg, besteigen. Am 9. Mai erreichen T. Imanishi und Sherpa Gyaltsen Norbu den Gipfel, am 11. Mai K. Kato und M. Higeta.

1971 Der japanischen Expedition der »Tokyo Metropolitan Mountaineering Federation« unter Leitung von A. Takahashi gelingt im Frühjahr die zweite Besteigung über die Nordwestwand, eine neue, schwierige Route.

1972 Die Tiroler Expedition unter Leitung von W. Nairz hat sich die Durchsteigung der Südwand zum Ziel gesetzt. Am 25. April gelangt dabei R. Messner auf den Gipfel des Manaslu (3. Besteigung). F. Jäger und A. Schlick sterben im Schneesturm. – Etwa zur gleichen Zeit führt der Koreaner K. Jung-Sup einen erfolglosen Versuch am Normalweg durch. Er kommt auf etwa 6950 m. Vier Koreaner, ein Japaner und zehn Sherpas werden von Lawinen verschüttet.

1973 Die vierte Besteigung gelingt einer deutschen Expedition unter G. Schmatz. Über den Normalweg erreichen er sowie S. Hupfauer und Sherpa Urkien Tshering den Gipfel.

1974 Eine japanische Frauenexpedition operiert über zwei Routen. Sie scheitert am Ostgrat bei 6000 m. N. Nakaseko, M. Uchida, M. Mori und Sherpa Janbu dagegen erreichen über den Normalweg den Gipfel (= erste Frauenbesteigung eines Achttausenders). Eine Teilnehmerin stirbt.

1975 Spaniern unter J. Garcia Orts gelingt die sechste Besteigung des Manaslu auf dem Normalweg.

1976 Im Herbst glückt einer persisch-japanischen Gruppe unter Brig. Gen. M. Khakbiz ebenfalls auf dem Normalweg der Gipfelgang.

1980 In der Vormonsunzeit können Südkoreaner unter Li In-Jung am Normalweg die achte Besteigung für sich verbuchen.

1981 Von großem Erfolg ist die von »Sport-Eiselin«, Zürich, organisierte Trekking-Expedition gekrönt: 13 Sahibs (Deutsche, Österreicher und Schweizer) unter Leitung von H. v. Kaenel erreichen über den Normalweg den Gipfel. Beim Abstieg gelingt J. Millinger und P. Wörgötter eine Skiabfahrt aus 8125 m Höhe. – Im Herbst des gleichen Jahres eröffnen Franzosen unter Führung von P. Beghin eine Variante in der Westwand, die in ihrer zweiten Hälfte in die Messner-Route mündet. – Wenig später gelingt einer japanischen Gruppe unter Y. Kato auf dem Normalweg eine Besteigung.

1983 Beim Versuch einer Erstbegehung des Südgrats durch eine jugoslawische Expedition kommen zwei Teilnehmer in einer Lawine um. – Einem Koreaner glückt im Herbst über den Normalweg im Alleingang eine Gipfelbesteigung. – Eine deutsche Gruppe, geführt von G. Härter, die den höchsten Punkt über die Südwand erreicht, wobei die Route der Tiroler von 1972 erstmals vollständig wiederholt wird, operiert an der Südseite.

1983/1984 Eine polnische Expedition unter Leitung von L. Korniszewski führt die erste Winterbesteigung des Manaslu über die Tiroler Route aus.

1984 Im Frühling erreichen Jugoslawen unter A. Kunaver über die Südseite den Gipfel. – Im Herbst des gleichen Jahres steigen Polen über den Südgrat und die Südostwand zum Gipfel auf.

1986 Eine polnisch-mexikanische Expedition unter J. Kukuczka eröffnet im Herbst eine neue Route am Manaslu: Aufstieg über den Ostgrat, Abstieg durch die Nordostwand.

Der Manaslu von Süden. Diese Route, 1972 von Reinhold Messner erstbegangen, wurde inzwischen öfter wiederholt, auch im Winter. Der rechte Grat (Südgrat) ist begangen. Ein direkter Weg durch die Gipfelwand wäre ein logisches Ziel und heute machbar, nachdem die Führe vom ABC (vorgeschobenes Basislager) über den Pfeiler vorbereitet ist und der Eisbruch zwischen den Camps (C_1 und C_2) im »Schmetterlingstal« erkundet wurde. Im letzten Stück, vom Biwak zum Gipfel (---), verläuft der Weg hinter dem Grat auf dem großen Plateau und ist nicht sichtbar.
Am Manaslu kann der Bergsteiger heute zwischen einem halben Dutzend Routen (dazu Varianten) wählen.

Träger und der Begleitoffizier Karki überqueren auf einer Holz-/Bambusbrücke den Marsyandi-Khola. Karki verschwand später spurlos. Sein Tod konnte nie vollkommen aufgeklärt werden. Er ist während der Expedition öfter vom Basislager ins Tal abgestiegen und wurde vermutlich aus Eifersucht umgebracht.

Trägerinnen und Träger aus dem Marsyandi-Tal bei der Rast auf dem Weg ins Basislager am Manaslu. Da der Zugang zur Südwand 1972 noch unbekannt war, mußte ein Voraustrupp mit Buschmesser und Kompaß den Weg erst für die einheimischen Talträger gangbar machen.

Rechts, großes Bild: Das Basislager am Thulagi-Gletscher. Rechts oben der untere Teil der Westwand des Peak 29. Links der Bildmitte jener Felspfeiler, der zwischen dem ständig kalbenden Eisbruch links und den Lawinenrinnen rechts eine sichere Aufstiegsroute möglich macht.

Links, großes Bild: Andi Schlick führt eine Gruppe von Sherpa-Trägern durch den schwierigen Pfeiler am Beginn der Manaslu-Südwand. Franz Jäger (unten, im roten Pullover) bildet die Nachhut.

Oben: Blick aus dem sogenannten »Schmetterlingstal« in die obere Hälfte der Manaslu-Südwand. Wegen Lawinengefahr entschloß sich die Tiroler Expedition 1972, diesen Wandabbruch in einer großen Linksschleife zu umgehen.

Unten: Horst Fankhauser am Pfeiler in der Manaslu-Südwand. Da der Expeditionsleiter Wolfgang Nairz und seine Mannschaft nicht mit so großen Schwierigkeiten gerechnet hatten, mußten sie sich vor Ort mit Notbehelfen begnügen. Aus Holzscheiten und Seilen wurden Strickleitern gefertigt, um den Weg auch für die Sherpas gangbar zu machen.

Vorhergehende Doppelseite:
Notbiwak, in dem Horst Fankhauser und Reinhold Messner eine erste Sturmnacht im »Schmetterlingstal« überlebten (9./10. April 1972). In derselben Nacht kamen an der Gegenseite des Berges zehn Sherpas und fünf koreanische Bergsteiger ums Leben, eine der größten Lawinenkatastrophen in der Geschichte des Himalaja-Bergsteigens.

1972

Manaslu
Zwei kamen nicht zurück

Wie immer, wenn einer den Mut hatte zur offenen Selbstsucht, kam der andere mit seiner verdammten Moral.

Max Frisch

Schuld an dem Unglück ist nach meiner Meinung Reinhold Messner. Ein Seilgefährte darf unter keinen Umständen beim Gipfelsturm zurückgelassen werden. Die Zone zwischen 5000 und 8000 Meter birgt solche Gefahren in sich, daß ein Bergsteiger in schlechter konditioneller und psychischer Verfassung selten überlebt. Selbst wenn Franz Jäger Messner aufgefordert hätte, allein weiterzugehen, hätte dieser mit ihm absteigen müssen.

Hannes Gasser im »Kurier«

Blick aus dem oberen Bereich der Manaslu-Südflanke (Rampe) nach Nordwesten. Im Hintergrund sind Teile der Annapurna-Gruppe zu erkennen.

Nach der Rupal-Wand am Nanga Parbat 1970 war ich davon überzeugt, daß es möglich sein mußte, noch schwierigere Wände zu durchklettern. Und so habe ich 1972 das Angebot von Wolfgang Nairz angenommen, mit ihm und einigen Bergführern aus Tirol zum Kangchendzönga zu gehen. Leider wurde uns dieser Berg nicht genehmigt. Im letzten Augenblick mußten wir ein Ausweichziel suchen. Als Ersatz hatten wir die Möglichkeit, den Manaslu über die Südwand zu erklettern, eine Wand, die noch nie versucht worden war. Es gab nicht einmal Bilder von ihr.

Eine Vorausmannschaft mit Josl Knoll, Andi Schlick, Franz Jäger, Hans Hofer, Hansjörg Hochfilzer und Urkien, einem berühmten Sirdar aus Khumjung in Solo Khumbu, war bereits unterwegs zum Basislager, als wir, Wolfgang Nairz, Horst Fankhauser, Dr. Oswald Oelz und ich, nachkamen. Oswald Oelz, genannt »Bulle«, hatte ich 1970 nach dem Nanga Parbat in der Innsbrucker Klinik kennengelernt, als er dort einen seiner Freunde, Gert Judmaier, der zusammen mit ihm am Mount Kenia gewesen und dort abgestürzt war, besuchte. Der Manaslu sollte unser erster gemeinsamer Berg werden, der Beginn einer langen Freundschaft. »Bulle« wird in Zukunft oft mit mir auf Expedition sein.

Als wir am Fuße des Manaslu zur Hauptgruppe stießen, waren wir im ersten Moment so beeindruckt von der Wand und den augenscheinlichen Gefahren, die auf den ersten Blick zu erkennen waren, daß wir bereits dort einen Rückzug erwogen. Im unteren Wandbereich gab es nur Eisbrüche und senkrechte Felswände. Es schien keinen sicheren Zugang zu geben zu dem großen Tal, das die erste Wandhälfte von der zweiten klar trennt. Wir nannten diese 6 Kilometer lange Unterbrechung der Manaslu-Südwand zwischen 5800 und 6600 Meter Meereshöhe »Schmetterlingstal«. Die Gipfelwand war ein Problem für sich, zunächst aber mußten wir erst einmal ihren Fuß erreichen.

Nachdem wir die Lawinenbahnen links und rechts an den senkrechten Felspfeilern am Bergfuß beobachtet hatten, kamen wir zu der Meinung, daß es möglich sein müßte, am rechten Felspfeiler eine Route zu finden. Mit vielen Seilen und Leitern sowie zwei Lagern war es beim Stand des damaligen Bergsteigens denkbar, in das »Schmetterlingstal« zu kommen.

Von Anfang an hatte ich ein gutes Gefühl in dieser Mannschaft. Die fünf Tiroler Bergführer, die mit dem Leiter Wolfgang Nairz die Basis dieser Expedition bildeten, waren eine Handvoll Kumpel, mit denen man einiges unternehmen konnte. Sie waren lebenslustig, voller Übermut und vor allem davon überzeugt, daß sie nichts auf dem Weg zum Gipfel des Manaslu aufhalten könnte. Alle hatten sie große Winterbergfahrten und einige Erstbegehungen hinter sich. Sie waren mit der gleichen Einstellung in den Himalaja gegangen, mit der sie in den Alpen seit zehn und mehr Jahren überall durchgekommen waren.

Wir brauchten einige Zeit, um den Felspfeiler am Einstieg in die Wand mit Seilen zu sichern und die Route auch für die Sherpas gangbar zu machen, die uns oben in den höheren Lagern mit Ausrüstung und Nahrungsmitteln versorgen sollten. Dazu bauten wir mehr Lager auf, als sonst bei unseren Expeditionen üblich war.

Als Horst Fankhauser und ich erstmals hineingingen ins »Schmetterlingstal«, erkannten wir sofort, daß es nur durch dieses Tal und den Grat ganz hinten eine sichere Möglichkeit gab, ohne ständig drohende Lawinengefahr auf die flache Gipfelabdachung des Manaslu zu gelangen. Über dieses gewaltige Plateau waren die beiden erfolgreichen Besteigungen vor 1972 durchgeführt worden. Also mußte es auch für uns da oben einen Weiterweg geben.

Als wir im »Schmetterlingstal« unser Biwak aufschlugen, um am nächsten Tag in Ruhe einen sicheren Lagerplatz zu suchen, begann es zu schneien. Es fiel so viel Schnee, daß wir in jener Nacht beinahe umgekommen wären. Zum Glück hatten wir unser Zelt in einer Art Vorahnung an eine Felswand gestellt. Unter Überhängen waren wir einigermaßen sicher vor Sturm und Lawinen. Trotzdem wurde die Zeltplane mehrmals vom Luftdruck der in allen Winkeln abgehenden Lawinen eingedrückt.

Erstickungsängste, Kälte, Sturm. Die Schlafsäcke waren naß. Kein Kocher, der funktioniert hätte. Immer wieder dachten wir, wir würden die Nacht nicht überleben. Am Morgen lag der Schnee mehr als brusthoch, und wir wühlten uns ins zweite Hochlager zurück. Von dort seilten wir uns bei weiteren Neuschneefällen ins Basislager ab.

Dieser Rückschlag war nicht der einzige bei dieser Expedition. Öfter noch mußten wir den Aufstieg abbrechen und zurückgehen. Unsere Hoffnung, den Gipfel zu erreichen, schrumpfte immer mehr. Trotzdem gaben wir nicht auf, und Ende April schien es endlich eine Chance zu geben, zur Spitze zu gelangen.

Nachdem Horst Fankhauser, mit Sicherheit der stärkste Teilnehmer der Expedition, krank geworden war und sich ins Basislager zurückgezogen hatte, bot sich Franz Jäger als Seilpartner an, mit mir zum Gipfel zu gehen. Franz war witzig und übersprudelnd vor Begeisterung, sonst die Ruhe selbst. Vielleicht weniger ehrgeizig als die anderen. Alle waren sich darüber einig, daß er die Kraft und Kondition mitbrachte, den Aufstieg bis zum Gipfel zu schaffen.

Wir beide sollten, unterstützt von anderen Teilnehmern, in einem Zug bis zum Gipfel gehen: zuerst vom dritten Lager, das wir inzwischen am oberen Ende des »Schmetterlingstales« in einer Höhe von 6600 Metern aufgestellt hatten, über die mächtige Eisrampe bis 7400 Meter, von dort über das Plateau an der Nordseite zum höchsten Punkt. Am Rande dieses gigantischen Schneefeldes, zwischen der Südwand und der Nordflanke, sollte unser Biwakzelt stehen bleiben, so daß die anderen folgen könnten.

Wir schafften den Aufstieg bis zum Plateau nicht wir ursprünglich geplant an einem Tag. Wir brauchten zwei Tage, mußten in der Mitte einmal biwakieren. Dann allerdings, in der Nacht vom 24. auf den 25. April, stand unser winziges Zelt knapp unter dem Grat, noch in der Südseite, zwischen Plateau und Wand.

Der erste Gipfelangriff wurde bis ins kleinste Detail vorbereitet und für den 25. April festgesetzt. Alle Expeditionsteilnehmer waren zwischen Lager 2 (5850 m) und Lager 4 (7400 m) verteilt. Eine längere Schönwetterperiode hatte die Voraussetzungen für den geplanten Gipfelangriff geschaffen. Auch das Wetter ließ einen planmäßigen Verlauf erhoffen.

Am 25. April starteten um 6 Uhr früh Reinhold Messner und Franz Jäger bei gutem Wetter in Richtung Gipfel. Gleichzeitig stiegen Horst Fankhauser und Andi Schlick zur Unterstützung der Gipfelmannschaft nach Lager 4 auf. Hansjörg Hochfilzer und Hans Hofer, die sich beim Aufbau der Lagerkette besonders ausgezeichnet hatten, kehrten für eine Erholungspause ins Basislager zurück. Wolfgang Nairz, Josl Knoll und der Sherpa Sirdar Urkien rückten nach Lager 3 nach.

Horst Fankhauser / Hannes Gasser
in der »Tiroler Tageszeitung«

Wir schliefen schlecht in dieser Nacht, denn wir wußten nicht, wie weit es noch war, wie anstrengend, ob das Wetter hielt. Wir waren müde von den zwei Tagen Kletterei, in denen wir viel geschleppt und einiges an Spurarbeit geleistet hatten.

Am Morgen gingen wir frühzeitig los. Unsere Ausrüstung war schwerfällig. Damals stiegen wir noch ohne Daunenhosen. Mit den dicken Lodenhosen, den dreifachen Lederschuhen, die nur kurze

Zeit vor der Kälte schützten, bewegten wir uns langsam und ungeschickt. Die schweren Pickel und Steigeisen waren Hilfe und Belastung zugleich. Wir kamen anfangs im Schneckentempo voran, denn es gab Bruchharsch. Weiter oben fanden wir harten Schnee vor. Alles schien unendlich weit weg zu sein. Wir konnten die Entfernung von uns zum Gipfelgrat nicht abschätzen. Der höchste Punkt war wohl noch verdeckt.

Nach wenigen Stunden des Aufstiegs deutete Franz Jäger an, zuerst mit Gesten, dann mit Worten, daß er lieber zurückgehen wolle. Er war nicht müde oder krank. Er wollte zurück, weil er keine Möglichkeit sah, bei diesen Entfernungen an einem Tag bis zum Gipfel zu kommen. Ich sollte weitergehen, allein wäre ich schneller. Er rechnete sich keine Chance aus. Also kehrte er um.

Die Strecke zwischen uns und dem letzten Lager war klettertechnisch einfach, Gehgelände ohne Spalten, auch keine Abrutschgefahr. Keiner von uns sah darin eine Gefahr, als Franz zurückging und ich weiterstieg. Es war eine selbstverständliche Lösung für uns.

Jetzt war es an mir allein, die Spur zu treten. Ich mußte mit meinen Kräften haushalten. Nachdem ich zwei endlos lange Schneerücken überwunden hatte, war ich oben auf dem Grat, der sich ziemlich weit nach Osten hinzieht. Ich glaubte zwar, die Spitze schnell erreichen zu können, hatte mich aber wieder getäuscht. Dieser Grat war ziemlich schwierig. Es war schon Nachmittag, als ich endlich auf dem Manaslu-Gipfel stand. Auf jener Felsspitze, die aus dem Grat herausragt, aus zwei Gesteinsarten besteht und in der zwei alte, rostige Haken steckten.

Ich blieb nur ganz kurz oben. Das Wetter schlug um, und der Weg zurück war weit. Im Süden drängte eine Wolkenbank heran. Starke Windböen fegten über die Manaslu-Spitze. Ich schlug einen der beiden Haken heraus, steckte ihn in die Tasche und ging, nachdem ich den messerscharfen Gipfelgrat über-

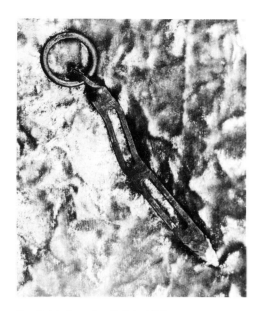

Der Felshaken, den Reinhold Messner vom Gipfelzahn des Manaslu mitnahm. Bei der Erstbesteigung 1956 hatten ihn Japaner dort oben in die Felsen geschlagen. Da Messner am Gipfel nicht fotografieren konnte, ist dies sein einziger Beweis, daß er oben war. Er schenkte den Haken später Wolfgang Nairz, seinem Expeditionsleiter.

klettert hatte, mit raschen Schritten talwärts. Der Wind, der die Wolkenbank herantrieb, wurde stärker, und schon hatte sie mich erreicht. Nebel hüllten mich ein, dazu kam Schneetreiben.

Noch hatte ich keine Bedenken. Angst, daß es irgendwelche Probleme geben könnte, kam nicht auf. Ich lief abwärts, hatte noch Kraft. Ich war sicher, das Lager innerhalb von einer, maximal zwei Stunden zu erreichen. Dann merkte ich, daß sich die Strecke viel länger hinzog. Und schließlich wurde mir klar, daß ich auf dem falschen Weg sein mußte. Hatte ich mich im Nebel verirrt? Hatte ich den Weg verloren? Ich war schon lange nicht mehr den eigenen Aufstiegsspuren gefolgt. Es war ja alles verweht, kaum 10 Meter Sicht. Ich konnte mich auch nicht mehr an irgendwelchen Felsen oder Eistürmen orientieren. Panik erfaßte mich. Ich war einfach »gerade« abgestiegen. War ich dabei im Kreise gegangen?

Ich stellte mir diese Fragen erst, nachdem es langsam dunkel und mir bewußt wurde, daß ich eine Nacht in diesem Schneetreiben und auf einer Höhe von 7500 Metern nicht überleben konnte. Ich fühlte mich so unendlich allein und hilflos. Da hörte ich Franz nach mir rufen. Ganz deutlich. Er gibt mir Orientierungshilfe, dachte ich.

Nachdem ich noch einige Male im Kreis gegangen war, wußte ich, daß ich keine Überlebenschance hatte, wenn ich nicht bald auf das Zelt stieß. Es war, als ob mich die Stimme von Franz Jäger narrte. Die 100 sichtbaren Quadratmeter um mich wurden zur größten Eiswüste der Welt. Ich war verloren! Es war unmöglich, in diesem Sturm-Inferno irgendeinen Anhaltspunkt zu erkennen.

Da traf ich plötzlich die richtige Entscheidung: Der Sturm kommt von Süden, sagte ich mir. Das hatte ich vom Gipfel aus gesehen. Ich stand irgendwo auf dem Plateau. Also mußte ich gegen den Wind gehen, denn das Plateau liegt im Norden jenes Grats, auf dem unser Zelt stand.

Ich ging also gegen den Sturm, er war meine einzige Orientierungsmöglichkeit. Meter für Meter stemmte ich mich seiner Kraft entgegen. Bald kam ich an einen ziemlich ausgebildeten Grat zwischen dem nördlichen Manaslu-Plateau und der Manaslu-Südwand. An diesem Punkt stand aber kein Zelt. Also ging ich am Grat nach links, aufwärts, dann abwärts. Da endlich sah ich einen dunklen Fleck, ein kleines bißchen dunkleres Grau im Schneetreiben der Nacht. »Franz!« rief ich. Ich war so erleichtert, daß ich in Tränen ausbrach.

Ich wollte zum Zelt hinrennen, blieb aber mit den Beinen im Schnee stecken und fiel hin. Als ich das Zelt erreichte, sah ich drinnen nicht wie erwartet Franz Jäger, sondern Horst Fankhauser und Andi Schlick. Wo war Franz? Ich hatte ihn doch zuvor im Sturm meinen Namen rufen hören. Ich war der Meinung gewesen, er wüßte, daß ich mich in Lebensgefahr befand. Wollte er mir nicht durch sein Rufen vom Zelt aus Orientierungshilfe geben?

Franz war nicht da, und er war auch nicht da gewesen, als Horst und Andi im Lager angekommen waren. Jetzt, im Zelt mit den anderen, war der Schreck vorbei. Da war jemand, der mich umarmte, der mich hielt. Die Verzweiflung war weg, nur die Sorge um Franz Jäger blieb. Die beiden waren erstaunt, als ich ihnen erzählte, daß ich schon längere Zeit Franz hatte rufen hören, daß ich sicher gewesen war, daß er hier sein müßte. Er konnte nirgends anders sein, denn er war ja lange vor mir abgestiegen. Nein, er war nicht mit mir bis zum Gipfel gegangen. Ja, er hatte freiwillig auf den Gipfel verzichtet, vielleicht auch, um mich nicht beim Aufstieg zu behindern.

Horst ging vor das Zelt hinaus. Als er nach kurzer Zeit zurück kam, bestätigte er, was ich gesagt hatte: Franz Jäger rief draußen im Schneetreiben.

Horst und Andi waren müde vom Aufstieg und ausgehöhlt von diesem Sturm, der ununterbrochen über die Zeltplane fegte. Trotzdem gingen sie hinaus in der

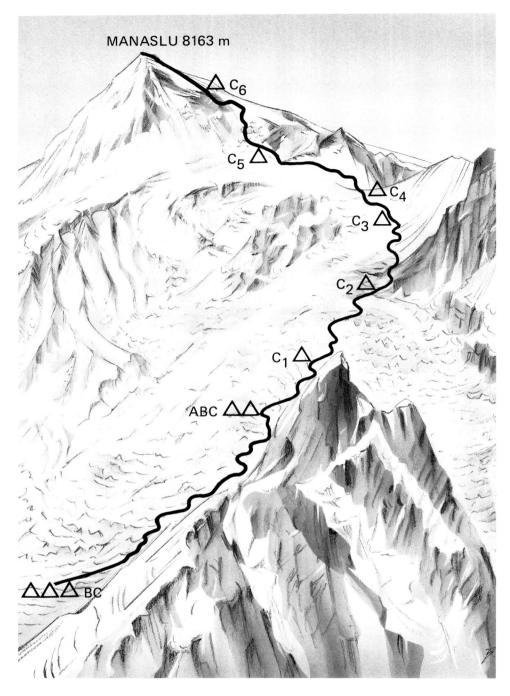

Der Manaslu von Norden mit den Lagern der Erstbesteiger (1956). Bei der dritten Besteigung kletterte Reinhold Messner von Süden kommend über das große Plateau unterhalb von Lager 6 (C_6) zum Gipfel. Hier verirrte er sich beim Abstieg im Schneesturm. In der Nacht zwischen dem 25. und 26. April 1972 starben dort Andi Schlick und Franz Jäger.

Meinung, sie würden Franz schnell finden und ins Zelt bringen können. Doch die beiden kamen nicht mehr zurück.

Allein lag ich in meinem Schlafsack im Zelt, völlig unterkühlt, schlotternd am ganzen Körper. Die Hände zwischen den Schenkeln wärmend, den Kopf eingezogen, lag ich da. Diese vielen verschiedenen Geräusche draußen im Sturm! Das Zelt ächzte, die Windböen krachten gegen die Felsen. Waren da Schritte? Hatte da nicht jemand gerufen? Vor Kälte, Müdigkeit und Sorge halluzinierend wartete ich auf die anderen. Diese Hilflosigkeit in der Tragödie, dem Tod gegenüber! Ununterbrochen preßte der Sturm Schneekristalle durch die Zeltnähte. 10 Zentimeter Schnee lagen auf dem Schlafsack. Ich konnte mich nicht erwärmen. Ich konnte auch nicht kochen, weil ich zu ausgelaugt war. Nervosität und Aufregung ließen mich überhaupt nicht an Essen und Trinken denken.

Die ganze Nacht verbrachte ich in diesem Zustand allein im Zelt. Dann und wann gab ich über das Funkgerät an Wolfgang Nairz und »Bulle«, die in den unteren Lagern warteten, einen Bericht über den Stand der Dinge durch. Alle waren wir in äußerster Sorge, nicht nur um Franz Jäger, auch um Horst Fankhauser und Andi Schlick. Ich wußte nicht, was mit ihnen war, wo sie waren. Warum kamen sie nicht?

Obwohl sich die beiden nur wenige hundert Meter vom Zelt entfernt hatten, konnten sie es in dieser Nacht nicht wiederfinden. Das Wetter machte jegliche Orientierung unmöglich. Am nächsten Morgen erst kam Horst wieder. Allein, niedergeschlagen, am Ende seiner physischen und psychischen Kräfte. In wenigen Worten nur erzählte er mir, was passiert war. Ich verstand sofort.

Andi Schlick hat in seiner Verzweiflung und Erschöpfung, ausgehöhlt von der Kälte, wohl den Verstand verloren. Er ist in die Nacht hinausgegangen und nicht mehr zurückgekommen. Horst Fankhauser konnte ihn nicht finden,

Horst Fankhauser

Überlebt – aber gezeichnet

Horst Fankhauser und Andi Schlick hatten sich vom Lager so weit entfernt, daß sie es aufgrund des Sturmes und der hereingebrochenen Nacht nicht mehr finden konnten. Reinhold Messner verblieb im Zelt des Lagers 4, um eventuell Orientierungslichtsignale zu geben, während Fankhauser und Schlick unter übermenschlichem Einsatz immer noch nach ihrem Kameraden Jäger suchten.

Für Fankhauser und Schlick, die das Zelt vom Lager 4 nicht mehr fanden, war in einer Höhe von 7500 Metern die einzige Überlebenschance, sich ein Schneeloch zu graben, um Schutz vor Kälte und Sturm zu finden. In diesem improvisierten Biwak-Schneeloch kauerten Fankhauser und Schlick zusammen. Nach mehrmaligem Drängen von Andi Schlick, trotz der inzwischen hereingebrochenen Nacht nach dem Kameraden Franz Jäger zu suchen, von dem man etwa fünf Stunden immer wieder Hilferufe in der Umgebung des Lagers 4 hörte, erklärte sich Fankhauser bereit, mit ihm das Biwak zu verlassen, um dann auch das Zelt zu suchen. Nach kurzer Zeit sah Fankhauser die Hoffnungslosigkeit des Unternehmens ein. Die erste Schneehöhle konnte nicht mehr erreicht werden, und so grub man erneut ein Biwak, in dem Schlick und Fankhauser Schutz suchten. Von Strapazen und Unterkühlung gezeichnet, kauerten sie im Schneeloch, wobei Fankhauser Schlick massierte, um den Kreislauf anzuregen und sich dabei zu wärmen. Es verging nur eine kurze Zeit, und Schlick drängte immer wieder zur Suche.

Plötzlich verließ Schlick die Schneehöhle – vermutlich nur unter dem Vorwand, nach dem Wetter zu sehen. Nachdem Schlick jedoch einige Zeit ausblieb, wurde Fankhauser unruhig, trat ebenfalls aus dem Biwak und suchte die Spuren von Andi Schlick bzw. rief einige Male nach ihm, aber Schlick war wie verschollen. Völlig verzweifelt kroch Fankhauser in die Schneehöhle zurück und wartete dort das Morgengrauen ab.

Im ersten Tageslicht vermochte sich Fankhauser zu orientieren und wühlte sich im bauchtiefen Schnee drei Stunden bergabwärts, wo er das Lager 4 erreichte. Infolge des nächtlichen Sturmes war das Zelt zugeweht. Nachdem sich Fankhauser einigermaßen erholt hatte, nahmen er und Messner nochmals die Suche nach Schlick und Jäger auf, mußten aber bald die Aussichtslosigkeit ihres Unternehmens einsehen. Andi Schlick und Franz Jäger haben diese Sturmnacht in 7500 Meter bei 30 Grad Kälte nach menschlichem Ermessen nicht überlebt.

Horst Fankhauser/Hannes Gasser
in der »Tiroler Tageszeitung«
(Expeditionsteilnehmer am Manaslu)

seine Rufe verhallten ungehört; der Sturm hatte auch Andi verschluckt.

An diesem Morgen nahmen Horst und ich die Suche nach den beiden Kameraden erneut auf. Wieder ohne Erfolg. Es war mehr als ein Meter Neuschnee gefallen. Vielleicht zwei. Wer konnte das genau abschätzen in dieser Höhe, in der Schnee, Wind und Nebel eine einzige unüberschaubare Masse bildeten. Kurzfristig war das Wetter etwas besser geworden. Horst und ich gingen trotz unserer Müdigkeit noch einmal hinauf auf das Plateau, um gemeinsam weiterzusuchen. Beide waren wir am Rande unserer Leistungsfähigkeit.

Wir konnten es einfach nicht glauben, daß die zwei nicht mehr da waren, daß sie unauffindbar sein sollten. Immer wieder hofften wir, sie irgendwo auftauchen, auf das Zelt zukriechen zu sehen. Aber sie kamen nicht. Kein Punkt, kein Laut, keine Bewegung auf dem ganzen Plateau. Nur der Wind, der zwischen den Schneekristallen zischte, nur die Nebelfetzen, die sich bewegten. Rational war uns klar, daß die beiden die Nacht im Freien nicht überlebt hatten. Und trotzdem war es unfaßbar. Wir lehnten uns innerlich gegen diese schreckliche Einsicht auf. Wenigstens ihre Leichen wollten wir finden, um uns Gewißheit zu verschaffen.

Und so suchten wir ohne jede Chance weiter. Dabei dachten wir nicht an die Risiken, die für uns immer größer wurden, je länger wir den Abstieg ins Lager 3 hinauszögerten. Hier oben, auf 7500 Meter Höhe, würde unser Blut bald eindicken, nachdem wir nicht trinken und essen konnten. Wir waren unterkühlt. Die Erfrierungen, die wir an Fingern und Füßen erlitten hatten, vergrößerten sich. Doch wir verdrängten auch diese Gefahr. Wir wollten den Beweis, daß Franz und Andi nicht mehr am Leben waren.

Am Nachmittag schließlich, wir hatten die Suche aufgegeben, stiegen wir ab. Von unten konnte uns niemand entgegenkommen. Unten waren zwar die

45

Abstieg über den Pfeiler (erste Wandpartie) an der Südflanke des Manaslu. Nach dem Gipfelgang seilte sich Reinhold Messner hier mit Erfrierungen ab.

anderen, die Lawinengefahr zwischen ihnen und uns aber war zu groß. Alle konnten wir nur hoffen, daß über die große Rampe zwischen dem Plateau und dem »Schmetterlingstal« keine Lawine abging, während Horst und ich uns durch den Schnee hinunterwühlten.

Stundenlang dauerte dieser Abstieg. Oft hielten wir den Atem an, wenn ein Beben durch den Hang ging. Dann schauten wir hinauf zum Biwakzelt, während die Sonne hin und wieder die Wolken auseinandertrieb und die Schneefahnen vom Gipfelplateau jagten. Nichts zu sehen. Dann waren wir wieder in ein düsteres, graues Nichts gehüllt.

Im Basislager waren wir alle niedergeschlagen. Wolfgang Nairz versuchte uns zu trösten.

In jenem Augenblick dachte ich noch nicht an all die selbstgerechten Kritiker, die später kommen würden, um uns, vor allem mich, zu verurteilen, zu Mördern zu stempeln. Ich sah in diesem Augenblick nur die beiden leeren Schlafsäcke und war unendlich traurig. Zwei Plätze an unserem primitiven Steintisch im Eßzelt, an dem wir vier Wochen lang zusammen gelebt und gegessen hatten, blieben jetzt leer. Wir hatten zwei Kameraden verloren. Nun fehlten ihre Stimmen, ihr Geist.

Für mich war der Manaslu der zweite Achttausender, gleichzeitig auch die zweite Tragödie. Ich hatte zum zweiten Mal die Lust verloren, zu den Achttausendern zurückzukehren. Aber nur kurz. Ich war durch erneute Erfrierungen und den Verlust der Kameraden verstört. Auch glaubte ich, die Verzweiflung, die ich ertragen hatte, um hinauf und lebend wieder herunterzukommen, ein drittes Mal nicht durchstehen zu können.

Als wir nach Europa zurückkamen, las ich die ersten kritischen Artikel über unsere Expedition. Artikel, geschrieben von Leuten, die selbst noch nie einen Achttausender bestiegen hatten, die keine Chance sahen, je einen zu erklettern. Was wußten sie schon? Was es heißt, in großer Höhe zu steigen; in Stürmen von 100 Kilometern Stundengeschwindigkeit am Leben zu bleiben? Was es bedeutet, 30mal im Schnee liegenzubleiben; nicht mehr an sich selbst zu glauben? Wie es ist, kraftlos zu sein; sich wieder und wieder aufzuraffen, sich auf die Beine zu stemmen und weiterzusuchen? So lange, bis man das Zelt findet, jenen kleinen Raum, 2 mal 2 Meter unter der schützenden Plane, wo man eine solche Nacht überleben kann.

Viele haben mich für diese Tragödie »verdammt«, mit Verachtung gestraft. Ich habe darunter gelitten. Aber ich habe nicht resigniert.

Man hat mir vorgeworfen, ich ginge über Leichen. – Als ich zum Gipfel des Manaslu unterwegs war, schien eine Tragödie ausgeschlossen, völlig un-

---

Überlebt – die Schneestürme

»...Den gefährlichsten höchsten Gletschern und steilsten Abhängen der Welt zu trotzen, verlangt eine ungewöhnliche körperliche Gewandtheit und eine Kraft der Ausdauer, die nur wenige besitzen. In diesen sauerstoffarmen Höhen wird jeder Atemzug zur Anstrengung und jeder Schritt zur Qual. Doch ein geistiger Wert und eine tiefe Bedeutung liegt diesem immer erneuten Kampf mit den Gipfeln des Himalaja zugrunde. Denn jeder, der bewußt bereit ist, das Antlitz dieser Höhen zu erforschen und vor ihrer Gewalt nicht zurückschreckt, muß Eigenschaften besitzen, die auch einem geistigen Leben eigen sind. Er ist bereit, seinen liebsten Besitz, sein Recht auf Leben, dem Wagnis seines gefährlichen Unternehmens zu opfern...«

Der Schreiber dieser Zeilen, Paul Brunton (aus »Als Einsiedler im Himalaja«), hat Reinhold Messner nicht gekannt. Zur Zeit, als die ersten Besteigungsversuche am Mount Everest stattfanden, pilgerte Brunton durch den Himalaja. Und er hat in einem nicht Recht behalten: Heute ist sicher niemand bereit – und dies trifft vor allem auf Reinhold Messner zu –, »seinen liebsten Besitz, sein Recht auf das Leben, dem Wagnis seines gefährlichen Unternehmens zu opfern...«. Und doch hat Brunton in gewissem Sinne Recht: Wer dort hinaufsteigt und überlebt, muß besondere Eigenschaften besitzen!

Ich erinnere mich noch genau, wie Reinhold am Everest 1978 in einer schier ausweglosen Situation, eingeschneit am Südsattel bei orkanartigem Sturm, ins Lager 2 heruntergefunkte: »Macht euch keine Sorgen, ich habe keine Angst, wir werden schon irgendwie überleben. Überleben ist meine große Kunst!«

Wolfgang Nairz mit seinem Lhasa Apso.

Die Kunst des Überlebens kann man aber nicht lernen. Nüchtern in kritischen Situationen zu denken, ohne Panik zu überlegen, das hat Reinhold »überlegen« gemacht.

Die Situation am Gipfelplateau des Manaslu, zwischen 7500 und 8000 Meter, war mehr als beschissen. Franz Jäger war Stunden zuvor umgekehrt – er mußte sicher schon im schützenden Zelt sein, der Sturm wurde stärker, und der dichte Nebel machte jede Orientierung für Reinhold, der nach dem Alleingang zum Gipfel beim Abstieg war, zunichte.

In diesem Inferno mußte Reinhold jetzt klare Gedanken fassen, die richtige Entscheidung treffen, um zu überleben. Und er traf die richtige Entscheidung: Der Sturm kam von Süden, und dort, in dieser Richtung, stand auch das rettende Zelt. Mit eisernem Willen und unmenschlichen Kräften, Schritt für Schritt gegen den Sturm ankämpfend, erreichte Reinhold schließlich dieses Zelt.

Gemeinsam kehrten wir nach diesen dramatischen und tragischen Stunden nach Hause zurück. In dieser Situation, der ersten Expedition nach Reinholds Nanga-Parbat-Besteigung, bei der er seinen Bruder Günther verloren hatte, war es für ihn wieder schwer, der »Überlebende« zu sein. Die seelische Belastung war für Reinhold ungeheuerlich. Trotz aller lauten und bösen Stimmen ist die Expeditionsmannschaft aber so geschlossen und freundschaftlich verbunden nach Hause zurückgekehrt, wie sie aufgebrochen war. Eine Verkettung von unglücklichen Zufällen hatte zur Manaslu-Tragödie geführt; und hätte Reinhold damals nicht richtig gehandelt, um zu überleben, hätte die Tragödie ein nicht auszudenkendes Ausmaß erreicht.

Diese Gabe, in den kritischsten Situationen klare und nüchterne Entscheidungen zu treffen, habe ich bei Reinhold, den ich manchmal als sehr sensiblen Mann kennengelernt habe, bewundert. Und das ist es auch, was ihn neben der physischen und psychischen Kraft, mit der er alle 14 Achttausender ersteigen konnte, überleben ließ.

Ich freue mich mit und für ihn über diesen großen Erfolg!

Wolfgang Nairz
(Expeditionsleiter, Everest-Besteiger)

denkbar. Die Wetterverhältnisse waren gut. Franz Jäger war in bester Verfassung, als er mich verließ. Erst beim Abstieg, ganz plötzlich und unerwartet, tobte sich ein Sturm über uns aus. Die Tragödie war plötzlich unaufhaltsam.

Heute vermute ich, daß Franz Jäger noch vor der Ankunft von Horst Fankhauser und Andi Schlick im Zelt angekommen ist, es aber wieder verließ, um nach mir zu rufen, als der Schneesturm einsetzte. Auf dem Plateau, in dieser undurchsichtigen »Hölle«, konnte sich niemand mehr orientieren. Durch seine Zurufe wollte er mir wohl die Richtung angeben, in die ich zu gehen hatte. Wie Horst Fankhauser und Andi Schlick einige Stunden später, hat Franz Jäger seinerseits die Orientierung verloren. Er hat nicht mehr zum rettenden Zelt zurückgefunden.

Er hat mir helfen, mir das Leben retten wollen. Ich konnte dasselbe für ihn nicht mehr tun. Auch Horst Fankhauser und Andi Schlick nicht, die alles einsetzten, was sie an Kraft und Ausdauer noch übrig hatten. Sie riskierten ihr Leben, um den Freund zu finden. Andi verlor dabei das seine.

Nach dieser Erfahrung am Manaslu entschloß ich mich, keine Expedition mehr mit anderen zu machen. Wenn schon, sagte ich mir ein halbes Jahr später, nachdem ich mich einigermaßen erholt hatte, dann allein. Aus dieser Stimmung heraus, in einer Art Trotzreaktion, reifte in mir die Idee, den Nanga Parbat im »absoluten Alleingang« zu besteigen, von der Basis bis zum Gipfel allein.

Aber in den Jahren 1972/1974 war ich nicht stark genug, um einen Alleingang durchstehen zu können. Es fehlte mir dafür die seelische Kraft. Noch war mein Geist nicht ausschließlich auf diesen höchsten Punkt ausgerichtet. Noch war die Welt um mich viel zu laut, auf daß ich in der Stille allein sein konnte. Noch gab es Gewohnheiten und Abhängigkeiten, die ich abschütteln mußte, wenn ich diesen nächsten Schritt wagen wollte.

3 1958 Gasherbrum I 8068 m
Der versteckte Achttausender

**Die wichtigsten Daten
der Erschließungsgeschichte**

Geographische Lage: Karakorum,
Baltoro Mustagh
35° 43' n. Br./76° 42' ö. L.

1861/1887 Von Lt. H. H. Godwin-
Austen bzw. Lt. F. Younghusband wird
der Gasherbrum I erstmals erwähnt.

1889–1929 Schon sehr früh in der
Himalaja-Karakorum-Erschließungsge-
schichte wird der Gasherbrum I von Briten und Italienern vermessen und fotografiert. M. Conway prägt für die formschöne Pyramide den Namen Hidden
Peak, zur Unterscheidung vom Gasherbrum II.

1934 Eine internationale Expedition
unter Leitung des Schweizers G. O. Dyhrenfurth unternimmt eine großange-
legte Erkundungsfahrt zum Gasherbrum I. H. Ertl und A. Roch kommen am
Südwestsporn auf eine Höhe von etwa
6300 m.

1936 Transportprobleme und Träger-
streiks beeinträchtigen die französische
Expedition unter H. de Ségogne, die am
Südsporn bis auf etwa 6900 m gelangt.

1958 Der amerikanischen Expedition unter N. Clinch und P. Schoening
gelingt der erste Aufstieg zum Gipfel.
Auf dem Weg über den Südostsporn und
den Urdok-Kamm werden Kurzski und
Schneereifen eingesetzt. P. Schoening
und A. Kauffman erreichen am 4. Juli bei
großer Kälte und tiefem Schnee den
höchsten Punkt.

1975 Als Zwei-Mann-Expedition, mit
nur zwölf Trägern bis zum Basislager,

erklettern R. Messner und der Tiroler
P. Habeler am 10. August den Gasherbrum I über die Nordwand. Der Aufstieg
erfolgt erstmals im klassischen Alpenstil und ohne künstlichen Sauerstoff
(2. Besteigung). – Einen Tag später
stehen auch die drei Österreicher
R. Schauer, H. Schell und H. Zefferer auf
dem Gipfel, den sie auf dem Weg der
Erstbegeher, über den Südostgrat, erreichen.

1977 Die vierte Besteigung des Gasherbrum I glückt der Zweier-Seilschaft
Stremfelj/Zaplotnik. Dabei wird zum ersten Mal der Südwestgrat überklettert.
D. Bregar, der allein den Gipfel versuchen will, bleibt verschollen.

1980 Einer französischen Expedition
fällt die fünfte Besteigung zu, gleichzeitig die Erstbegehung des Südgrats.

1981 Die sechste Besteigung des
Gasherbrum I geht an eine japanische
Expedition.

1982 Unter Leitung von G. Sturm
bricht die Deutsche Karakorum-Expe-
dition zum Gasherbrum I auf. Über
eine neue Nordwandroute gelangen
G. Sturm, M. Dacher und S. Hupfauer
auf den Gipfel. – Von der französisch-
schweizerischen Expedition unter Führung von S. Saudan erreichen fünf Teilnehmer, darunter Saudan und seine
Frau, den höchsten Punkt am Gasherbrum I (erste Frauenbesteigung). Saudan fährt vom Gipfel bis ins Basislager
mit Ski ab (erste vollständige Skiabfahrt
von einem Achttausender).

1983 Eine Schweizer Expedition
schafft drei benachbarte Achttausender
– Gasherbrum II, Gasherbrum I und

Broad Peak – in Folge. Von den insgesamt neun Teilnehmern erklettern E. Loretan, M. Ruedi und J. C. Sonnenwyl
innerhalb von zwei Wochen alle drei
Gipfel im Alpenstil, wobei am Gasherbrum I ein neuer Weg über den Nordpfeiler begangen wird. – Im gleichen
Sommer durchsteigen die beiden Polen
J. Kukuczka und W. Kurtyka zum ersten
Mal die Südwestwand des Gasherbrum I
im Alpenstil. – Eine spanische Gruppe
unter J. Escartin besteigt den Berg über
die Südwestwand und den Südostgrat
mit anschließender Sikabfahrt. Die
nachfolgend geplante Besteigung des
Gasherbrum II mißlingt.

1984 R. Messner und seinem Südtiroler Landsmann H. Kammerlander gelingt
im Juni in nur einer Woche die erste
Überschreitung zweier Achttausender
– Gasherbrum I und Gasherbrum II –
ohne Abstieg ins Basislager und ohne
vorherige Anlage von Depots.

Der Hidden Peak (Gasherbrum I) ist der erste
Achttausender, der im Alpenstil bestiegen worden ist. Der Seilschaft Habeler/Messner gelang
1975 in drei Tagen (zwei Biwaks im Aufstieg,
zwei im Abstieg) die Erstbegehung durch die
Nordwestwand. 1984 bei der Überschreitung
der beiden Gasherbrum-Achttausender gingen
Hans Kammerlander und Reinhold Messner
eine andere Route im Aufstieg und kletterten in
etwa über die Jugoslawen-Route ab, nachdem
sie vorher den Gipfel überschritten hatten.
Inzwischen gibt es am Gasherbrum I mehr als
ein halbes Dutzend eigenständiger Routen und
ebenso viele Varianten.

Links oben: Als Reinhold Messner 1975 eine Kleinexpedition zum Hidden Peak (Gasherbrum I) führte, war die Ausrüstung noch »primitiv«. Seine Idee, sie auf ein Minimum zu reduzieren, war neu, revolutionär. Hier das Biwakzelt auf etwa 7100 Meter Meereshöhe.

Ein Teil der Kletterausrüstung vor dem Zelt (letztes Biwak, 9. August 1975). Die Schuhe waren damals aus Leder, die Eispickel schwerfällig. Fast alles wog doppelt soviel wie entsprechende Ausrüstungsgegenstände heute. Wenn man auf fast alles verzichtete, konnte man leicht steigen.

Das Basislager 1984 bei der Gasherbrum-Überschreitung. Die Zelte sind innerhalb von zehn Jahren leichter und besser geworden, auch im Sturm montierbar. Messner hat an der Entwicklung von Schuhen, Zelten, Steigeisen, Bekleidung mitgearbeitet.

Reinhold Messner 1975 in der Nordwestwand des Hidden Peak. 1984 war dieser Berg nur noch ein Teil des Problems. Eine Überschreitung konnte nur mit noch weniger Ausrüstung gelingen. So erfand er nicht neue Steighilfen, er lernte vielmehr, auf fast alles zu verzichten.

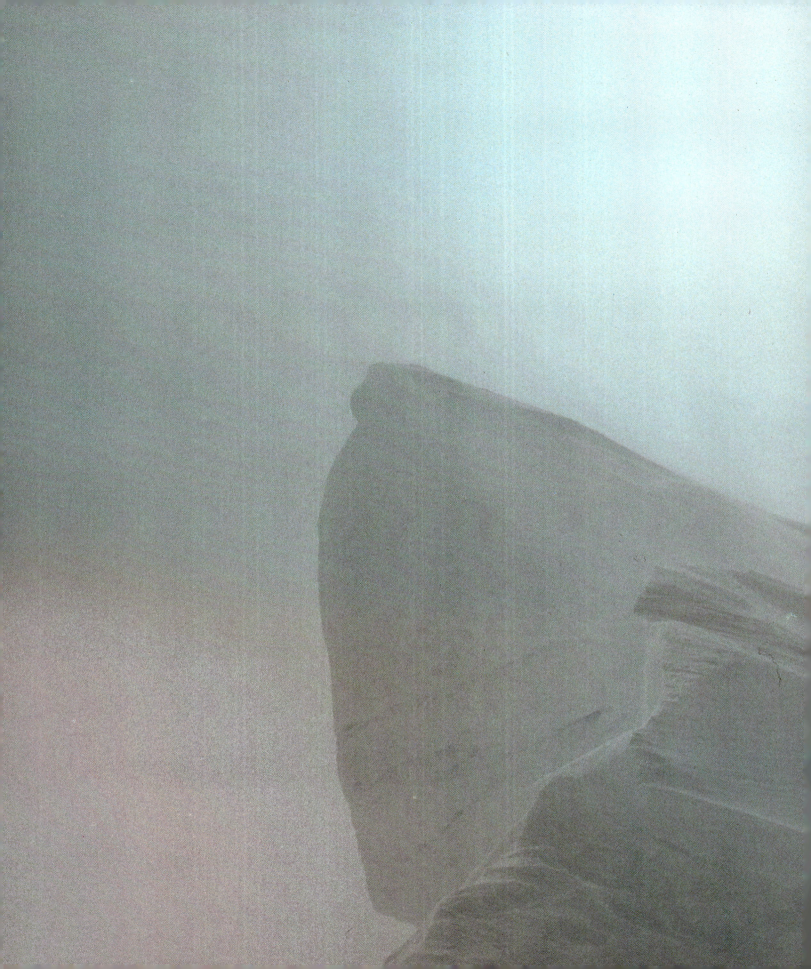

Hans Kammerlander im Aufstieg zum Gasherbrum-La (26. Juni 1984). Nach der Überschreitung des Gasherbrum II begannen Messner und Kammerlander die Überschreitung eines zweiten Achttausenders.

Vorhergehende Doppelseite: Reinhold Messner auf dem Gipfelgrat des Gasherbrum I, wenige Meter unterhalb des höchsten Punktes (28. Juni 1984). Im Schneesturm, ohne Seil, ist auf diesem überwächteten Grat höchste Vorsicht geboten.

Hans Kammerlander in der Steilwand oberhalb des Gasherbrum-La (27. Juni 1984). Trotz der brüchigen Felsen sichern sich Messner und Kammerlander nicht.

Links: Reinhold Messner bei einer Rast im oberen Teil der Nordwestflanke des Gasherbrum I (28. Juni 1984). Wie 1975 trägt er eine 16-mm-Filmkamera bis zum Gipfel.

1975/1984

Hidden Peak
Ein alter Stil als neue Idee

Mißfällt Euch das Wort »Besessenheit«, so nennt es Begeisterung, Enthusiasmus. Ich setze hinzu, daß der vollkommene Enthusiasmus – denn beim halben kann man nicht stehenbleiben – Fanatismus heißt.

Max Stirner

1957, nach der Broad-Peak-Besteigung, hatte ich mit Fritz Wintersteller den Mount Everest im Auge. Wir wollten den Everest zu zweit, ohne Sauerstoffgeräte und natürlich auch ohne Hochträgerhilfe versuchen. Es kam aus familiären, beruflichen und finanziellen Gründen nicht dazu. Noch heute trauere ich insgeheim diesem Gedanken, wenn auch nur mehr gelegentlich, nach!

Marcus Schmuck

Der Hidden Peak (Gasherbrum I) vom oberen Abruzzi-Gletscher gesehen. Durch diese konkave Hängegletscherwand stiegen Voytek Kurtyka und Jerzy Kukuczka erstmals auf (1983). Die Nordwestflanke ist links verdeckt.

Mit dem Manaslu war mir ein zweiter Achttausender gelungen. Dies hatte vorher nur ein lebender europäischer Bergsteiger geschafft: Kurt Diemberger. Ich stand nun nicht etwa in einem »Wettlauf« mit ihm. Diemberger hatte seine beiden Achttausender, Broad Peak und Dhaulagiri, als Erstbesteiger kennengelernt, in einer Zeit, in der diese Gipfel viel unzugänglicher, viel geheimnisvoller gewesen sind als jetzt, 15 Jahre später. Natürlich reizte es mich, der erste mit drei Achttausendern zu sein; viel mehr aber ging es mir ab diesem Zeitpunkt darum, den Höhenalpinismus, die Besteigung von 8000 Meter hohen Gipfeln, anders zu gestalten.

Als erstes wollte ich in Zukunft meine Expeditionen selbständig organisieren. Ich hatte vor, mit wenigen Partnern zu versuchen, was bisher nur große Expeditionen gewagt hatten.

Achttausender allein oder zu zweit zu besteigen, wurde zu einer fixen Idee. Wenn ich auf Träger verzichten wollte, mußte ich ohne Hochlagerkette, ohne fixe Seile auskommen. Natürlich beabsichtigte ich weiterhin, ohne Sauerstoffgeräte zu steigen, wie bereits bei den beiden ersten Gipfeln.

Wie aber konnte ich das Geld für meine Expeditionen aufbringen? Mit Arbeit allein schaffte ich es nicht. Zwar hatte mir bei den ersten Unternehmungen der eine oder andere Südtiroler eine Spende zugesteckt, diese Summen aber reichten bei weitem nicht aus, eine ganze Expedition auf die Beine zu stellen. Die Beteiligung an einer Expedition hatte mich 1970 und 1972 ein ganzes Jahresgehalt gekostet. Wenn ich aber einige Monate im Himalaja kletterte, konnte ich in dieser Zeit nichts verdienen. Also mußte ich an Ort und Stelle etwas produzieren, was sich nachher verkaufen ließ: Bilder, Filme, Ideen für verbesserte Ausrüstungsgegenstände.

Ich war ein erfolgreicher Bergsteiger, weil ich mit ganzem Einsatz kletterte. Mit demselben Einsatz wollte ich in Zukunft als mein eigener Expeditionsleiter

meine eigene Idee finanzieren. Je weniger ich dabei an technischen Hilfsmitteln mitnahm, je weniger Träger ich brauchte, um so weniger Material mußte ich nach Nepal oder Pakistan schaffen: desto billiger wurde mein Unternehmen.

Ich machte damals keine Gewinn- und Verlustrechnung auf. Wenn ich irgendwohin aufbrach, mußte ich die Tickets, die Ausrüstung, die Verpflegung bezahlen können. Ich war nicht der Meinung, daß sich eine Expedition selber tragen müsse. Heute ist das anders. Ich starte nur noch, wenn die Expedition voll finanziert ist. Andernfalls kann man auf Dauer nicht bergsteigen. Wenigstens gilt dies, wenn man nicht von vornherein vermögend ist. Damals arbeitete ich ein oder zwei Jahre lang in den Pausen zwischen den Expeditionen, bis ein neues ausgefallenes Unternehmen finanziert war. So wurde ich Leiter einer Bergsteigerschule, Vortragsredner, Buchautor. Ich war immer bereit loszugehen, wenn eine kleine Hoffnung bestand, daß ich später die Kosten der jeweiligen Reise einspielen konnte.

Wenn ich heute auch *wirtschaftlich* erfolgreich bin, so deshalb, weil jetzt die »Zinsen« von damals anfallen. Am Anfang der siebziger Jahre aber gab mir kaum jemand eine praktische Überlebenschance mit meinem Tun. Damals gab es den Nichtberuf des »freischaffenden Alpinisten« noch kaum. Zwar hatten Männer wie Walter Bonatti und René Desmaison ihr Leben teilweise als Werbeträger finanziert, die beiden aber hatten selbsttätig keine kostenintensiven Expeditionen in den Himalaja unternommen. Es galt, neben meiner Aktivität als Alpinist auch Manager zu werden, um Jahr für Jahr eigene neue Ideen in die Tat umsetzen zu können. Wollte ich kein Mitläufer sein, mußte ich finanziell unabhängig werden. So habe ich einen Zustand geschaffen, der es mir erlaubt, auf die Berge zu steigen und dieses Bergsteigen daraus zu finanzieren.

Heute versuchen Tausende von jungen Bergsteigern, diesen »Beruf« nachzuahmen. Ich hoffe, sie finden in meinen Büchern und in meinem Lebensstil so viele Anregungen oder auch Hilfen, daß sie es schaffen. Die Chancen stehen gut. Wer mit Begeisterung dabei ist und beides mit vollem Einsatz tut, den »Spaß« und die »Arbeit«, wird Erfolg haben.

Um neue Träume verwirklichen zu können, muß man vor allem den Mut haben, revolutionär zu denken. Ich habe zunächst eine Idee entwickelt, diese durchkonzipiert und anschließend erst um eine Genehmigung nachgesucht.

Die erste dieser Ideen war der »Alpenstil«. Der Alpenstil ist die traditionelle Art, auf die Berge zu steigen. Er beinhaltet jene Taktik, die seit der Erschließung, seit zwei Jahrhunderten, beim Bergsteigen in den Alpen angewandt wird. Vom Wandfuß aus steigt man dabei an einem Tag oder auch mit Biwaks bis zum Gipfel und wieder zurück. Die Ausrüstung wird von den Akteuren selbst getragen, Vorbereitungen sind nicht nötig. Ob sich dieser Stil, konsequent durchgezogen, eignete, um auf die höchsten Gipfel zu klettern?

Ein alter Stil also, der bisher im Himalaja nur deshalb nicht zur Anwendung gekommen war, weil fast alle Bergsteiger dem Vorurteil unterlagen, man könne an den Achttausendern nur mit Lagerketten, Fixseilen und einer Kolonne von Hochträgern operieren. Dieser Expeditionsstil war schwerfällig, und er kostete eine Menge Zeit und Geld. Es hatte am Cho Oyu (1954) und am Broad Peak (1957) zwar leichte Expeditionen gegeben, vom eigentlichen Alpenstil jedoch waren sie weit entfernt.

Die beste Möglichkeit, einen Achttausender im reinen Alpenstil zu besteigen, gab es nach meiner Ansicht in Pakistan, an den Gasherbrum-Gipfeln.

Ich nahm im April 1975 mit Begeisterung jene Genehmigung zum Hidden Peak (= Gasherbrum I) an, die mir die Möglichkeit geben sollte, meine Ideen zu verwirklichen. Vorher war der Karakorum einige Jahre lang gesperrt gewesen, weil die pakistanische Regierung

den Zugang zu den Achttausendern um den Concordia- und Abruzzi-Gletscher verboten hatte. Jetzt durften wieder die ersten Expeditionen dorthin. Ich war mit von der Partie. Die Genehmigung für den Hidden Peak hatte ich schon lange vorher beantragt. Erst als ich sie in der Tasche hatte, lud ich Peter Habeler zu diesem Unternehmen ein.

Die Idee war einige Jahre alt, das Unternehmen genau durchdacht. Es konnte losgehen. Peter fand in Tirol einige Geldgeber, ich bekam vom ZDF die Möglichkeit, einen Dokumentarfilm über unseren Anstieg zu drehen. Das Honorar dafür, dazu einige Zuschüsse aus privater Hand, reichten aus für die Expeditionskasse. Wenn wir nachher etwas einspielen sollten, brauchten wir nicht mehr Schulden abzuzahlen, wie es nach der Manaslu-Expedition 1972 notwendig gewesen war. So reisten wir im Juni 1975 nach Pakistan.

Ich kam gerade vom Lhotse. An seiner Südwand, die ich zusammen mit einer großen italienischen Expeditionsmannschaft versucht hatte, waren wir im herkömmlichen Stil gescheitert. Meine Neugierde, ob es auch anders ginge, war groß. Ich wollte den Expeditionsstil ad absurdum führen.

Peter und ich hatten nur wenig Ausrüstung dabei. Mit 200 Kilogramm waren wir von Europa gestartet. Nur ein gutes Dutzend Träger sollte uns durch den Baltoro-Gletscher ins Basislager begleiten. Wir hätten mit der Hälfte auskommen können, wären wir nicht genötigt gewesen, einen Begleitoffizier mitzunehmen. Wie alle anderen Expeditionen waren wir von den Behörden verpflichtet worden, einen Mann der Regierung, der uns bis ins Basislager zu begleiten hatte, zu akzeptieren. Er mußte von uns verpflegt und ausgerüstet werden und sollte uns beobachten. Im Streitfall zwischen den Einheimischen und uns war er verantwortlich.

Wir hatten keine Probleme mit den wenigen Trägern. Unsere kleine Truppe war sehr beweglich, und wir kamen zü-

gig voran. Die Träger, Balti-Burschen, waren leicht zu beaufsichtigen. Wir konnten es uns leisten, sie gut zu bezahlen, so wie wir es für richtig hielten.

In diesem ersten Jahr nach Wiedereröffnung des Karakorum hatten andere Gruppen dort Schwierigkeiten mit den Einheimischen. Einige große Expeditionen, so zum Beispiel Amerikaner am K 2, scheiterten deshalb, weil sie mit den Trägern nicht zurecht kamen. Diese forderten, die Abhängigkeit der Sahibs erkennend und ihre Überlegenheit ausspielend, allzuviel von den Bergsteigern, die sie generell alle für Multimillionäre hielten.

In weniger als zwei Wochen gelangten wir von Skardu aus ins Basislager. Dort zahlten wir die Träger aus und ließen sie nach Hause gehen.

Meine Strategie sah folgendermaßen aus: zuerst Aufstieg ins Gasherbrum-Tal, um die Nordwestwand des Hidden Peak anzusehen, von der ich bis dahin nur Fotos kannte; dann Rückkehr ins Basislager, wo wir über Stil und Route unseres Aufstiegs eine endgültige Entscheidung treffen wollten. Sollte die Wand durchsteigbar sein, wollten wir in einem Zug, mit aller Ausrüstung und Verpflegung auf dem Rücken, vom Basislager bis zum Gipfel und zurück klettern. Dieser erste Aufstieg bildete gleichzeitig eine zweite Akklimatisationsphase nach dem langen, gleichmäßig ansteigenden Anmarsch über den Baltoro- und Abruzzi-Gletscher.

Als wir von 5900 Meter Höhe erstmals die Nordwestwand und den Gipfel sahen, packten uns doch einige Zweifel. Unruhe kam auf. Hatten wir die Kraft, all das, was wir für eine Woche am Berg brauchten, mitzuschleppen? Waren wir gut genug? Wie viele Tage waren notwendig? Konnten wir Steilstellen, die uns in dieser schweren Wand erwarteten, seilfrei klettern? Die Flanke, vergleichbar in etwa mit der Matterhorn-Nordwand, war sicher brüchig und vielerorts vereist. Sie war bis dahin noch nie versucht worden.

Peter Habeler am Gipfel des Hidden Peak. Er hat ein Fähnchen, den Wimpel seiner Heimatgemeinde, an den Pickel gebunden. Messners Fotoapparat war defekt. Er fotografierte Habeler mit dessen Kamera und filmte ihn mit einer schweren Bell & Howel (16 mm) am höchsten Punkt. Nicht weil Habeler zuerst oben war, gibt es diese Dokumente, sondern weil Messner am Gipfel »arbeitete«.

Am 8. August stiegen wir hinauf ins erste Lager. Am anderen Morgen dann gingen wir bei blendendem Wetter durch das Gasherbrum-Tal und durchkletterten den gesamten Mittelteil der Nordwestwand, das schwierigste Stück also. An diesem Tag kamen wir bis auf 7100 Meter Meereshöhe. Hier, auf einer Schulter, bauten wir unser winziges Zelt auf, biwakierten. Am dritten Tag stiegen wir zügig bis in Gipfelnähe des Hidden Peak. Obwohl ich die ganze Zeit über eine 16-mm-Filmkamera mitschleppte, wechselte ich Peter bei der Spurarbeit ab. Erst oben am Gipfelgrat setzte ich mich in den Schnee und filmte Peter, wie er zum höchsten Punkt hinaufkletterte. Dann stieg ich nach. Mein Fotoapparat funktionierte nicht, ich fotografierte Peter mit seiner. Um Peter auf dem Gipfel aufzunehmen, war meine Hand nicht ruhig genug. Es entstanden verwackelte Filmaufnahmen.

Es war uns die zweite Besteigung des Hidden Peak gelungen und das in einem Stil, der das Bergsteigen revolutionieren sollte.

Der Aufstieg durch die Hidden-Peak-Nordwestwand war klettertechnisch für uns doch leichter gewesen als erwartet, auch leichter als manches, was wir vorher in den Alpen gemacht hatten. Trotzdem hatte der Anstieg die ganze Konzentration verlangt. Beim Hinunterklettern mußten wir noch vorsichtiger sein. Dies war zwar weniger anstrengend, die Absturzgefahr aber nahm zu. Die meisten Unfälle an den Achttausendern passieren beim Abstieg. Wir gingen ohne Seil, ohne jede Rückendeckung, ohne die Möglichkeit, uns auf die üblichen fixen Seile verlassen zu können. Wir durften uns auch nicht vollkommen verausgaben. Am Wandfuß angekommen, stand uns ja noch der Abstieg durch das Gasherbrum-Tal bevor. Wir mußten in jeder Sekunde noch voll konzentriert sein.

Als wir nach dem Gipfel in unser letztes Biwak zurückkehrten, waren wir müde. Auch abgespannt. Aber nicht am Ende unserer Kräfte.

Es war keine Kunst, einen Achttausender im Alpenstil zu besteigen, wenn man alle Gegebenheiten berücksichtigte. Wenn etwas gelungen ist, hinterher, erscheint es immer einfach. Diese Art des Bergsteigens aber ist wirklich das Einfachste, was man sich vorstellen kann. Nur muß man mit allem rechnen, mit allem Vorhersehbaren und mit allem Unvorhersehbaren. Sonst lebt man nicht lange dabei.

In der Nacht kam Sturm auf. Am Morgen war unser Zelt kaputt. Wir waren gezwungen, frühzeitig loszugehen. Noch im Schatten des Morgens kletterten wir über die Wand ab. Wir benutzten dabei dieselbe Route, über die wir aufgestiegen waren. Im letzten Teil, ein gutes Stück unter den Felsen, warfen wir die Rucksäcke ab. So konnten wir unsere Kräfte schonen. Wir ließen sie fallen und beobachteten, wie sie über die Wand bis zum Fuß der Flanke hinuntersprangen. Ein Stück draußen im Gasherbrum-Tal blieben sie liegen.

Bei dieser Expedition gab es keinen wirklich kritischen Moment. Es hatte sich also gezeigt, daß diese von uns erstmals erprobte Form des Expeditions-Bergsteigens durchführbar war. Trotzdem, wir waren immer aufs äußerste angespannt, wie ein wildes Tier beim Sprung. Wir mußten ständig alle unsere Sinne einsetzen, alle Möglichkeiten bedenken, um keinen Fehler zu machen.

Die wenigen wirklich erfahrenen Höhenbergsteiger, die sich vor unserem Aufbruch zu dem Unternehmen geäußert hatten, waren allesamt skeptisch gewesen. Viele andere hatten die Idee belächelt. Einen Achttausender vom Wandfuß bis zum Gipfel ohne vorherige Lagerkette besteigen zu wollen, schien damals fast allen unmöglich. Erst nachher, als es uns gelungen war, hielten sie es plötzlich für absolut möglich.

Jetzt wurden sogar frühere Pioniertaten als Besteigungen im reinen Alpenstil verherrlicht. So hatte Herbert Tichy 1954 zusammen mit Sepp Jöchler und Pasang Dawa Lama den Gipfel des Cho

59

Oyu ohne viele Hochträger und nur mit vier Hochlagern erreicht. Eine richtige Kleinexpedition also. Aber es war trotzdem eine herkömmliche Expedition, ein Aufstieg mit Lagerkette und Sherpa-Unterstützung. Hermann Buhl war am Broad Peak bewußt noch einen Schritt weitergegangen als Tichy am Cho Oyu. Beide haben ihre Expeditionen genau geschildert und nichts verfälscht. Erst später verbreiteten sogenannte Chronisten Unklarheit. Am Broad Peak haben 1957 Markus Schmuck, Kurt Diemberger, Fritz Wintersteller und Hermann Buhl sogar auf die Hochträger verzichtet. Sie haben ab dem Wandfuß alles selbst getragen. Eine Lagerkette und einige Fixseile wurden aber auch dort installiert, bevor man den endgültigen Aufstieg zum Gipfel in Angriff nahm. Eine leichte, eine vorbildliche Expedition, allerdings noch weit entfernt von dem, was wir heute einen Aufstieg im Alpenstil nennen.

Als Peter und ich ins Basislager zurückkehrten, waren es polnische Bergsteiger, die uns als erste gratulierten. Eine polnische Frauenexpedition, darunter auch einige Männer, versuchten gerade, die beiden kleineren Gasherbrum-Gipfel zu besteigen, den Gasherbrum II und den Gasherbrum III. Damals lernte ich Wanda Rutkiewicz kennen, die heute weltweit die erfolgreichste Bergsteigerin ist. Die Polen hatten den Himalaja und den Karakorum gerade erst entdeckt. Ihre Kraft und vor allem ihr Teamgeist war beeindruckend. Damals sammelten sie jene Erfahrungen, die zehn Jahre später aus ihnen und ihren Schülern die tüchtigsten Höhenbergsteiger der Welt machen sollten.

Mit dem Hidden Peak hatte ich nun als erster drei der 14 höchsten Gipfel der Welt bestiegen. Mit diesem Erfolg habe ich gleichzeitig dem traditionellen Expeditionsstil den noch älteren Alpenstil entgegengesetzt. Besteigungen von

Gasherbrum III, Broad Peak (klein im Hintergrund), Gasherbrum II, K 2 (groß, hinten), die Schulter des Gasherbrum II und der Hidden Peak (rechte Seite). Anläßlich der Gasherbrum-Überschreitung 1984 stiegen Hans Kammerlander und Reinhold Messner nach dem Aufstieg über den Normalweg auf den Gasherbrum II über den rechten Eisbruch zwischen der Schulter und dem Normalweg ab, um anschließend noch den Gasherbrum I zu überschreiten. Diese Gewalttour erfolgte in »Hufeisenform«.

Achttausendern waren einfacher geworden, mit bescheidenen Mitteln durchführbar, für alle erreichbar. Mit diesem Erfolg war es mir auch gelungen, eine Barriere in der Ideologie zu durchbrechen. Ein Tabu war aufgehoben. Expeditionen konnten künftig anders als bisher ausgerichtet werden.

Ich habe diesen Erfolg teuer bezahlt. Freunde, die früher zu mir gehalten hatten, standen mir plötzlich skeptisch gegenüber. Ich war ihnen zu bekannt geworden, gehörte ihnen nicht mehr so wie früher. Durch meine Öffentlichkeitsarbeit in Presse, Rundfunk und Fernsehen glaubten sie sich betrogen, »verraten«.

In zahlreichen Diskussionen, die notwendig waren, weil man immer wieder unseren Stil kritisierte, verteidigte ich diese großartige Möglichkeit des Bergsteigens. Einige Fragen, die das oder jenes in Zweifel zogen, habe ich wohl tausendmal beantwortet. Ich erhielt so einen höheren Bekanntheitsgrad und damit auch bessere Chancen, meine Expeditionen zu finanzieren. Aber ich hatte nicht mehr so viel Zeit wie früher. Nicht mehr so viel Zeit für neue Ideen, nicht mehr so viel Zeit für meine Bekannten und Freunde. Viele glaubten deshalb, ich sei stolz, sei eingebildet geworden. Das Gegenteil war der Fall. Ich war zwar besessen von meinem Wunsch, weiterzumachen; Anerkennung, Gedankenaustausch, Freunde brauchte ich nach wie vor.

Nachdem sich meine Taktik bewährt und es kein Unglück dabei gegeben hatte, war ich überzeugt, daß ich noch mehr Achttausender auf diese Weise besteigen könnte. Alle Kritik, nicht einmal das Scheitern meiner Ehe, das sich ankündigte, sollte mich davon abhalten, meinen Weg weiterzugehen. Zu keinem anderen Zeitpunkt erschien mir die Herausforderung so logisch, die sich aus der Summe ergab, wenn ich die Existenz der Achttausender und meine Phantasie zusammennahm. Es war geradezu lächerlich, mir bei meinem Bergsteigen reine Geschäftemacherei zu unterstellen. Und ich bin bis heute ein Träumer geblieben. Ich habe nie aufgehört, neue Ideen zu verwirklichen und werde meine Aktivität aufgeben, wenn mir nichts mehr einfällt. Nicht erst, wenn nichts mehr dabei zu verdienen ist.

1984, also fast zehn Jahre später, kehrte ich zum Hidden Peak, zum Gasherbrum I zurück. Allerdings hatte ich für diese Expedition eine andere Motivation als bei der ersten. Wir – Hans Kammerlander und ich – waren zwar wieder im reinen Alpenstil unterwegs, nur zu zweit und ohne Rückendeckung, aber diesmal wollten wir den Berg in Kombination mit dem Gasherbrum II überschreiten. Wir hatten uns vorgenommen, über die Nordwestwand des Hidden Peak, links meiner Route von 1975, zum Gipfel zu klettern und dann über den Westgrat ins Basislager zurückzukehren. Wir wollten also diesen Berg überschreiten, nachdem wir vorher bereits den Gasherbrum II überschritten hatten – Aufstieg über den Normalweg, Abstieg über die »Selbstmörderroute« weiter rechts.

Diese völlig neue Möglichkeit, eine Idee, die ich 1975 noch für unmöglich gehalten hätte, war nur die Folge einer veränderten Einstellung diesen Bergen und mir selbst gegenüber. Früher hatte ich wie die meisten anderen Bergsteiger gedacht, daß man mit 40 Jahren zum »alten Eisen« gehört. Jetzt wußte ich, daß Ausdauer und Wille des Menschen zwischen 20 und 50 so ziemlich konstant bleiben. Walter Bonatti hatte sich 1965 zu früh vom Bergsteigen zurückgezogen. Er war damals 35, für die Achttausender hätte er beste Voraussetzungen gehabt: Höhentauglichkeit, Durchhaltevermögen, ideales Alter, ja sogar Sponsoren.

Jetzt, 1984, wollte ich wieder einmal jenen Schritt nach vorn tun, der im Achttausender-Bergsteigen als »unmöglich« galt. Ich war wieder Tabu-Brecher.

Im Gasherbrum-Tal, nach dem Abstieg vom Gasherbrum II, waren Hans und ich noch so frisch wie bei früheren Expeditionen im Basislager. Wir hatten unsere Energien gut eingeteilt, uns in keinem Meter verausgabt und hatten immer daran gedacht, daß wir mit unseren Kräften haushalten mußten. Deshalb zögerten wir auch keinen Augenblick, als wir am Morgen des vierten Klettertages zum Sattel zwischen Gasherbrum II und Gasherbrum I anstiegen.

Auf dem Gasherbrum-La erstellten wir unser Biwakzelt. In Ruhe schliefen wir dort und kletterten am nächsten Morgen links der deutsch-amerikanischen Route, die in den achtziger Jahren erschlossen worden war, hinauf zu jener Biwakstelle, die Peter Habeler und ich 1975 benutzt hatten. Wir blieben nicht dort. Wir waren früh dran, das Wetter begann umzuschlagen. Im aufkommenden Wind mühten wir uns weiter bis zu einer Schulter auf etwa 7400 Meter Meereshöhe, wo wir biwakierten.

Die Schlechtwetterfront hatte uns nun voll erreicht, und schon bald befanden wir uns in einer kritischen Lage. Der Sturm rüttelte am Zelt, draußen konnte man nichts mehr sehen. Wir schleppten Steine herbei, um das Zelt zu befestigen, damit es der Sturm nachts nicht mit sich forttrug.

Verlassen lagen wir da, um uns herum nur Schnee. Beide hatten wir Halluzinationen. Es schien besser zu sein, unsere Überschreitung abzubrechen. Gleichzeitig war uns klar, daß wir keine Chance mehr im Rahmen dieses Unternehmens haben würden, noch einmal so weit hinaufzukommen. Vielleicht würden wir nie mehr in unserem Leben bei einer Achttausender-Überschreitung so weit kommen.

Wir trugen alle Ausrüstung und Verpflegung für die gesamte Tour mit uns, hatten sie bereits auf den ersten Berg hinauf und wieder herunter geschleppt. Und jetzt, knapp unterm höchsten Punkt des zweiten Berges, schien uns das Wetter einen Strich durch die Rechnung zu machen. Verdammt!

Obwohl wir uns im Biwak in jener sturmgepeitschten Nacht selber immer wieder einredeten, daß es aus wäre mit der Überschreitung, daß es vernünftiger wäre, aufzugeben, stiegen wir weiter auf. Am anderen Morgen war noch etwas von jenem lausbubenhaften Willen übrig, der uns zu dieser Idee verführt hatte, der uns antrieb, es doch zu versuchen.

Trotz des stürmischen Wetters gingen wir los und erreichten am 28. Juni den höchsten Punkt des Hidden Peak. Es war geschafft! Nachdem wir abwechselnd hintereinander hinaufgeklettert waren, verließen wir den Gipfel fluchtartig, immer im Bewußtsein, daß wir den schwierigen Abstieg über den Westgrat noch vor uns hatten.

Wir tasteten uns förmlich an ihm hinunter. Oft verloren wir uns dabei aus den Augen, oft sahen wir keine Chance mehr, auf dem zum Teil messerscharfen Grat voranzukommen. Dazu immer Nebel, Sturm, Schneetreiben. Das Wissen, ja – warum nicht – der Stolz, etwas noch nie Dagewesenes geschafft zu haben, gab uns zusätzliche Kraft und die Ausdauer, nicht aufzugeben. Glücklicherweise stießen wir da und dort auf Fixseile von den Jugoslawen, die diesen Grat einige Jahre vorher erschlossen hatten.

Am siebten Klettertag kamen wir ins Gasherbrum-Tal zurück. Ausgelaugt. Die Nerven bis aufs äußerste angespannt. Wir konnten anfangs nicht schlafen, waren übermüdet und überreizt, so kaputt. Deswegen setzten wir alles daran, am gleichen Tag noch bis ins Basislager zu gehen. Das war aber unklug.

Daß wir dabei in keine der ungezählten Gletscherspalten gefallen sind, daß uns beim Abklettern nicht schon eine Steinlawine erschlagen hatte, war mehr dem Glück als unserem Können zu danken. Vielleicht rettete uns jener tierhafte Instinkt, der einem in lebensgefährlichen Situationen zuwächst, wenn man über Jahrzehnte auf die Berge hinaufgestiegen ist. Wenn man sich über Monate

»Bubu« Klasmann (Kamera) und Werner Herzog waren bei der Gasherbrum-Überschreitung als Filmteam dabei. Es entstand ein Dokumentarfilm (englischer Titel, ins Deutsche übersetzt: »Der dunkle Schimmer des leuchtenden Berges«), der wie kein anderer bisher in die »Seele« eines Bergsteigers Einblick erlaubt. Es sollte kein Kletterfilm sein; Werner Herzog zeichnete ein Porträt von Reinhold Messner. Zwei Besessene standen sich gegenüber.

hinweg in einen kritischen Moment hineindenkt, so bewegt man sich schließlich vor Ort, wenn es ums Überleben geht, wie in Trance.

Die Überschreitung des Gasherbrum I war viel schwieriger gewesen als mein erster Aufstieg mit Peter Habeler. Es war dabei nicht nur die doppelte Energie notwendig, weil zwei Achttausender zu besteigen waren, sie setzte viel mehr Selbstsicherheit und Erfahrung voraus. Aber ohne den Schritt 1975, ohne die kühne Entscheidung, die althergebrachten Praktiken über Bord zu werfen, auf »Selbstverständliches« zu verzichten und diesen neuen Stil im Himalaja zu erproben, wäre die zweite Idee nicht denkbar, geschweige denn zu verwirklichen gewesen. Die zusammenhängende Überschreitung von zwei Achttausendern über vier verschiedene Routen, ohne Unterstützung von außen, ohne vorher angelegte Depots, ohne daß jemand anderer auf dieser langen Strecke an einem der Berge unterwegs war, konnte bis heute nicht wiederholt werden.

Inzwischen allerdings wäre dies kaum mehr möglich, weil die Regierungen in Pakistan, Nepal und China so viele Genehmigungen vergeben, daß diese Berge, meistens auf mehreren Routen gleichzeitig, überlaufen sind. Man würde, gewollt oder ungewollt, irgendwo auf Lagerketten, auf Fixseile, auf andere Bergsteiger stoßen. Allein schon die Tatsache, daß jemand da ist, daß im Notfall Hilfe erbeten werden kann, verkleinert diese Art von Abenteuer. Auch daß irgendwo, wenn es sein muß, auf die Ausrüstung, auf das Essen oder das Gas anderer zurückgegriffen werden kann, ist ein Einschnitt in diese Spielmöglichkeit.

Die »Massenbesteigungen« haben zwar allen die Möglichkeit gegeben, diesen »Sport« auszuüben; den einigen wenigen aber, die wirkliche Abenteuer suchen, vielerorts die Chance genommen, solche zu finden. – Wir konnten unsere Überschreitungsidee uneingeschränkt ausschöpfen. Wir hatten Glück gehabt.

Sabine Stehle

Überlebt – um dann von der Öffentlichkeit »aufgefressen« zu werden?

Ein Leben an Reinholds Seite hat gar nichts mit »Dolce vita« zu tun, wie viele Leute (vor allem Frauen) glauben mögen. Im Gegenteil. Abenteuer, Reisen sind unsere Freiheiten, die wir uns sehr hart verdienen müssen.

Ich weiß, Reinhold braucht Publicity, um sich seinen Lebensstil leisten zu können. Auch indirekt, emotional, als Bestätigung seines mit totalem Einsatz erreichten Erfolges.

Bekanntheit, Berühmtheit hat sich, glaube ich, jeder schon irgendwann einmal gewünscht oder auf seine Person bezogen vorgestellt. Ich auch, als Teenager. Doch wie völlig verschieden ist die Realität vom Traum.

Sicher, du hast viele Vorteile, besonders materielle, doch du mußt dafür auf so viele andere Möglichkeiten verzichten, zum Beispiel auf persönliche Freiheiten. Wie schwierig wird es, spontan etwas gemeinsam zu tun oder ungestört zu bleiben, wenn dich jeder kennt.

Reinholds Leben ist wie ein permanentes Wechselbad der Empfindungen: heiß – wenn er mit Komplimenten, Glückwünschen überschüttet wird, jeder ihn kennenlernen will; kalt – wenn er böswillige, neidvolle Angriffe und Attacken abfangen muß. Sich rechtfertigen zu müssen für Tatsachen, die bei jedem anderen akzeptiert werden, ist nicht nur anstrengend, es ist auf Dauer diskriminierend.

Ich bin noch ziemlich jung, aber ich habe eine wichtige Lehre daraus gezogen: Bekannt zu sein ist nicht nur angenehm, es ist ein beinharter Zustand, eine schwere Hypothek. Reinhold vermittelt den Leuten einen Aspekt des Lebens, zu dem sie selber keinen Zugang haben. Er bekommt dafür spontane Anerkennung und indirekt auch Geld. Dabei heißt es vorsichtig bleiben. Ohne innere Stärke und ein ganz persönliches Selbstwertgefühl wird man völlig verbraucht. Denn geschenkt wird keinem »VIP« etwas. Immer aber werden Gegenleistungen erwartet.

Gleich schnell wie die Bekanntheit wächst, steigt die Zahl der Bewunderer, Neider und jener »Freunde«, die schnell keine Freunde mehr sind. Wer soll dabei nicht vorsichtig, mißtrauisch werden?

Mein persönliches Fazit: Du tauschst Freiheiten deines früheren Lebens gegen jetzige Zwänge und frühere Einengungen gegen jetzige Spielmöglichkeiten. Je nachdem, wie man es sieht.

Die Gefahr, daß Reinhold durch den Druck der Öffentlichkeit seine Persönlichkeit verliert, war groß. Er ist entkommen, wie den Lawinen und den Stürmen. Wenigstens bisher.

Sabine Stehle
(bei drei Achttausendern mit im Basislager)

4 1953 Mount Everest 8848 m

Der höchste Berg der Welt

**Die wichtigsten Daten
der Erschließungsgeschichte**

Geographische Lage: Mahalangur-Himal (Khumbu-Himal), Ost-Nepal/Tibet 27° 59′ n. Br./86° 55′ ö. L.

1921–1947 Mehrere britische Expeditionen versuchen, von Norden her zum Gipfel des Mount Everest (Chomolungma) vorzudringen. Sie benutzen die tibetische Route vom Ostrongbuk-Gletscher über den Nordsattel und Nordostgrat.

1952 Zwei Schweizer Expeditionen unter E. Wyss-Dunant und G. Chevalley. In der ersten wird der Südsattel über den Genfer Sporn erreicht sowie am Südostgrat eine Höhe von etwa 8595 m. Die zweite legt eine Route über die Lhotse-Flanke zum Südsattel: seither die klassische Route.

1953 Im Rahmen dieser zehnten britischen Everest-Expedition, unter J. Hunt, gelingt am 29. Mai E. Hillary und Sherpa Tensing Norgay die erste Ersteigung des höchsten Berges der Welt. Bourdillon/Evans erreichen den 8760 m hohen Südgipfel.

1956 Der Schweizer Expedition unter A. Eggler glückt die zweite Everest-Ersteigung durch die Seilschaften Schmied/Marmet und Reist/von Gunten.

1963 Der amerikanischen Expedtion unter Leitung von N. Dyhrenfurth gelingt mit Unsoeld/Hornbein die erste Überschreitung des Mount Everest: Aufstieg über den Westgrat, Abstieg über den Südostgrat. Ferner zwei Gipfelbesteigungen über die Südostroute durch Whittaker/Sherpa Gombu sowie Bishop/Jerstad.

1975 Im Rahmen einer japanischen Frauenexpedition unter E. Hisano ersteigt J. Tabei mit Sherpa Sirdar Ang Tsering als erste Frau den Everest. – Bei der chinesischen Großexpedition über den Nordgrat erreicht die Tibeterin Phantog als zweite Frau, zusammen mit acht Männern, den Gipfel. – Die britische Expedition unter Leitung von Ch. Bonington ist an der Südwestwand erfolgreich: Haston/Scott und Boardman/Sherpa Pertemba erreichen den höchsten Punkt; M. Burke bleibt am Gipfel verschollen.

1978 R. Messner und der Nordtiroler P. Habeler ersteigen am 8. Mai den Gipfel erstmals ohne künstlichen Sauerstoff über den Normalweg (14. Besteigung). Sie haben sich dabei der österreichischen Everest-Expedition unter W. Nairz angeschlossen, von welcher sechs Teilnehmer, darunter R. Karl als erster Deutscher, den Gipfel erreichen.

1979 Einer jugoslawischen Expedition glückt die vollständige Begehung des Westgrats (schwierigste Route bis heute).

1980 Eine polnische Gruppe versucht zum ersten Mal eine Winterbesteigung. Trotz schlechter Verhältnisse gelingt im Februar einer Seilschaft der Aufstieg bis zum Gipfel. – Von einer japanischen Expedition, die sich in Rongbuk in zwei Gruppen aufteilt, gelingt einer die erste vollständige Durchsteigung der Nordwand, der zweiten die Wiederholung der klassischen Route über den Nord- und Nordostgrat. Y. Kato ist der erste Nicht-Sherpa, der den Mount Everest zum zweiten Mal besteigt. – Im Rahmen einer polnischen Expedition wird erstmals der Südpfeiler erklettert. – Am 20. August erreicht R. Messner als erster im Alleingang und ohne künstlichen Sauerstoff über den Nordsattel und eine teilweise neue Route in der Nordwand den Gipfel.

1982 Eine britische Expedition unter Ch. Bonington will von Tibet her auf einem neuen Weg über den Nord/Nordostgrat und die Mallory-Route zum Gipfel vordringen. P. Boardman und J. Tasker werden in etwa 8000 m Höhe zum letzten Mal gesehen. – Ebenfalls in der Vormonsunzeit startet eine sowjetische Expedition unter J. Tamm einen »Angriff« auf den Südwestpfeiler. Insgesamt elf Mann schaffen über diesen neuen, schwierigen Weg fünf Gipfelbesteigungen. – Die japanische Winterexpedition hat zwei Tote zu beklagen: Y. Kato (nach dem Gipfelgang) und T. Kobayashi.

1983 Im Oktober gelangen an einem Tag mehrere Seilschaften auf den Everest-Gipfel: Amerikaner nach der Durchsteigung der Ostwand und Japaner über den Südpfeiler; gefolgt von einer anderen japanischen Südostgrat-Seilschaft und der zweiten amerikanischen Ostwand-Gruppe.

1986 Bei ihrem Gipfelgang durchsteigen die Schweizer E. Loretan und J. Troillet im August die Rinne mit dem Hornbein-Couloir in der Nordwand.

Am Mount Everest gibt es heute mit den Varianten ein Dutzend verschiedener Routen. Der Berg ist überlaufen und soll in den neunziger Jahren »gesperrt« werden.

Links: Josl Knoll führt eine Sherpa-Gruppe durch den unteren Teil des Khumbu-Eisbruchs. Die Leitern und Stangen wurden höher oben eingesetzt, um den Weg durch das Spaltenlabyrinth gangbar zu machen.

Rechts: Oswald Oelz verläßt mit Sauerstoffmaske das Lager am Südsattel (10. Mai 1978).

Unten: Gebetsfahnen am Basislager des Mount Everest. Links der Khumbu-Eisbruch, rechts darüber der Nuptse.

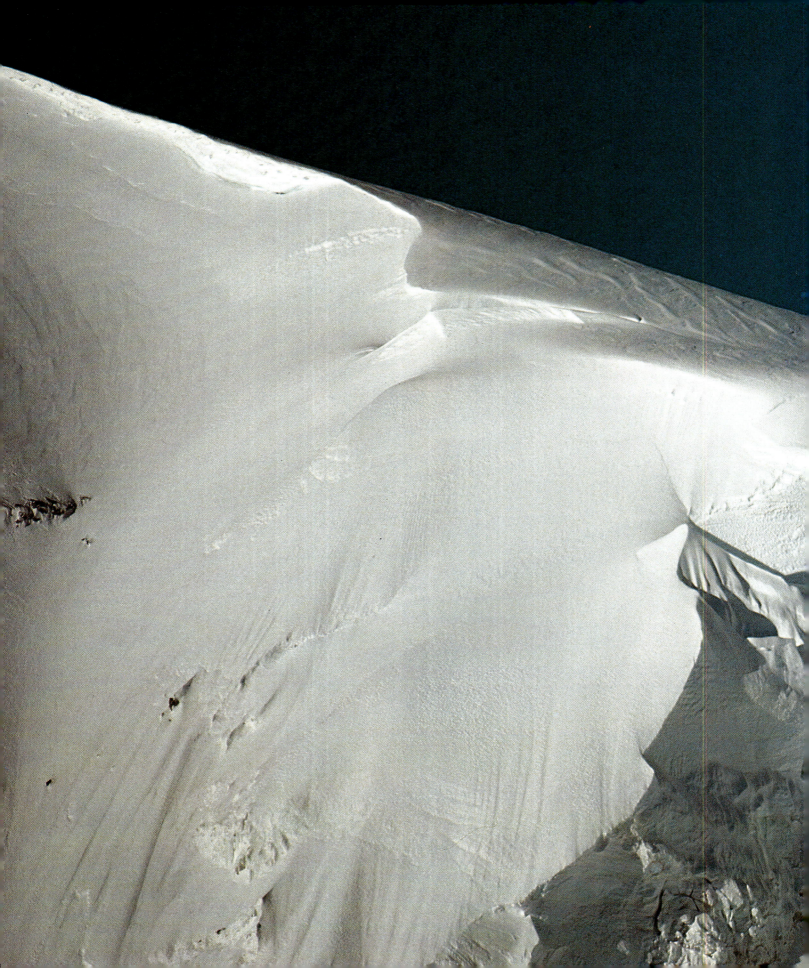

Vorhergehende Doppelseite:
Reinhold Messner bei seinem Alleingang wenig über dem Nordsattel (18. August 1980).

Links: Mount Everest und Lhotse (dazwischen der Südsattel) aus dem oberen Teil des Khumbu-Eisbruchs fotografiert.

Rechts: Am Dreifuß, 1975 von Chinesen angebracht und bis 1980 sichtbar, befestigten Reinhold Messner und Peter Habeler 1978 ein Seilstück und die Batterien der Kamera, mit der Messner den ersten Aufstieg ohne Maske gefilmt hatte.

Unten: Nena Hòlguin beim Aufstieg ins vorgeschobene Basislager an der Nordostseite des Mount Everest.

Unten rechts: Reinhold Messner bereitet sein erstes Biwak am Nordgrat vor (18. August 1980).

1978/1980

Chomolungma
Der letzte Schritt

Nur das Unbekannte ängstigt die Menschen; wenn sie erst in den Ereignissen drinstehen, fürchten sie sich nicht mehr.

Antoine de Saint-Exupéry

Man glaubt, einen Mann in der Ebene zu kennen, und nach 14 Tagen oder 20 Tagen oder einem Monat im Gebirge stellt man fest, daß alles ganz anders ist.

Marie-José Vallencot

Die Wahrheit macht nicht frei, sie macht nur unpopulär.

Sol Stein

Das zweite Hochlager (ca. 6400 m) im Tal des Schweigens an der Südseite des Mount Everest (1978). Darüber die Südwestwand, durch die Engländer 1975 eine Route legten (obere Bildhälfte, diagonal von rechts nach links und zurück zum Südgipfel am rechten Gipfelgrat). 1982 fanden sowjetische Alpinisten eine schwierige Route über den Südwestpfeiler links der Engländer-Route (vom Lager rechtshaltend zum markanten Pfeiler links der Gipfelfallinie und über diesen zum Westgrat).

Im Bergsteigen einen Schritt weiterzugehen als die Vorgänger, ließe sich mit einem Quantensprung vergleichen. Wie oft habe ich die Grenze verschoben, jene imaginäre Grenze, die man momentan für das Unmögliche hält, die aber trotzdem verschiebbar ist. Jedes momentan Unmögliche ist im Grunde nur ein Tabu, das es zu verschieben gilt, und so können wir uns langsam jenem absolut Unmöglichen nähern, das nie jemand erreichen wird, das aber der magische Punkt ist, der das Abenteuer, die Ungewißheit am Leben erhält. Schritt für Schritt habe ich bei meinen Expeditionen auf die Achttausender-Gipfel gelernt, was man »mehr«, was man besser machen kann. Dafür war es zuerst notwendig zu wissen, was man leichter machen, was man weglassen kann. Mein letzter Schritt sollte der Soloaufstieg auf den Gipfel des Mount Everest werden.

Daß der letzte Schritt vom ersten abhängt, habe ich nicht nur bei René Daumal im »Monte Analago« gelesen, letztlich habe ich dies auch an mir selbst erfahren. Bei allen meinen großen Erstbegehungen und Expeditionen habe ich mich in erster Linie mit dem Gipfel- und Einstiegsbereich befaßt. Als in mir die kühne Idee immer mehr Gestalt anzunehmen begann, den Mount Everest solo ohne Maske zu besteigen, erstmals nicht nur ohne Sauerstoffgerät, sondern vom Bergfuß weg auch noch allein bis zum höchsten Punkt der Erde zu klettern, kreisten meine Gedanken vor allem um die Frage, wie ich wohl die letzten 300 Meter schaffen würde.

Ich wußte, daß Colonel E. F. Norton im Jahre 1924 am Mount Everest ohne Maske bis knapp an die 8600-Meter-Grenze herangekommen war. Und ich wußte, daß L. Mallory, ein Besessener, im selben Jahr das Sauerstoffgerät erst im letzten Moment eingesetzt hatte, um den Gipfelerfolg zu erzwingen. Nachdem er nicht mehr daran glaubte, daß man ohne Maske bis zur Spitze steigen könnte, griff er zu einer Steighilfe, die er im Grunde seines Herzens ablehnte. Ich

wußte auch, daß fast alle Mediziner und die meisten Bergsteiger davon überzeugt waren, daß es physiologisch unmöglich sei, ohne die »fremde Luft«, wie die Nepalesen den Flaschensauerstoff nennen, auf einen der fünf hohen Achttausender-Gipfel zu gelangen.

Mit Hilfe der in den fünfziger und sechziger Jahren entwickelten Spezialgeräte, in denen man gepreßte Luft mit sich führen konnte, um den mangelnden Sauerstoffgehalt der Luft über 8000 Meter Meereshöhe auszugleichen, war es möglich geworden, diese Höhe für den menschlichen Organismus verträglich zu machen. Die Maske einzusetzen bedeutet ebensoviel, wie die Höhe von 8800 Meter auf ein noch erträgliches Niveau von etwa 6400 Meter herabzusetzen. Mir aber ging es nicht um die Erfahrungen auf 6400 oder 7000 Meter, mich interessierte, wie es auf 8800 Meter sein würde. Ich hatte ja schon dreimal einen Gipfel über 8000 Meter Meereshöhe ohne Maske bestiegen. Es ging mir auch um die Frage, wie man ohne künstlichen Sauerstoff die Spitze des Mount Everest erreichen könnte.

Mit dem Ziel, den höchsten Berg der Welt »by fair means« zu ersteigen, beschäftigte ich mich 1978 auch mit dem Einstieg. Aus diesem Grund schloß ich mich einer österreichischen Expedition an, die Wolfgang Nairz, Dr. Oswald Oelz und ich 1972 nach dem Manaslu in Nepal ins Auge gefaßt hatten. Jahrelang hatten wir auf die Genehmigung gewartet, bis wir endlich für das Frühjahr 1978 eine Zusage bekamen. Erst 1977 entschloß ich mich, Peter Habeler zu dieser Mount-Everest-Expedition einzuladen, die von mir allein finanziert wurde. Wolfgang Nairz schoß ich einen wesentlichen Beitrag zur Expeditionskasse zu, wodurch wir die Möglichkeit erhalten sollten, sein Basislager und die gesamte Route zu benutzen, die von uns zusammen mit den österreichischen Kameraden sowie mit Reinhard Karl, dem einzigen deutschen Mitglied dieser Expedition, präpariert werden sollte.

Peter und ich aber wollten getrennt von den anderen operieren können. Ursprünglich war es unser Ziel gewesen, den Südpfeiler zu klettern, eine neue Route zwischen dem Südostgrat, von Hillary und Tensing 1953 erstmals durchstiegen, und der Südwestwand, an der Chris Bonington 1975 eine Expedition zum Erfolg geführt hatte. Am Berg jedoch mußten wir aufgrund der extremen Steilheit und der schlechten Eisverhältnisse bald schon einsehen, daß es zuviel war, »zwei Schritte auf einmal« zu machen: das heißt, eine schwierige Route erstmals zu klettern und gleichzeitig dabei auf die Sauerstoffgeräte zu verzichten. Wir entschlossen uns deshalb, auf der Linie der Erstbesteiger zu bleiben und so den Spuren der Österreicher folgen zu können.

Natürlich wollte ich neben der Besteigung des Mount Everest auch Solo Khumbu besser kennenlernen, jenes Gebiet, in dem seit etwa 300 Jahren die Sherpas daheim sind und das unter den vielen Expeditionen und dem Trekking-Tourismus ökologisch mehr gelitten hat als andere Gegenden im Himalaja.

Soweit wir gesund waren, halfen Peter und ich beim Aufbau der Lager. Das Verhältnis zu den anderen Expeditionskameraden war gut. Ein englisches Team unter Leo Dickinson drehte einen Film, der unseren Aufstieg bis zur Spitze beweisen sollte. Ich hatte mich verpflichtet, die Kamera bis zum Gipfel zu tragen, um so das letzte Stück zu dokumentieren. Vom Verkauf der Filmrechte konnte ein Großteil unserer Expeditionsspesen gedeckt werden.

Vor dem Aufbruch zur Everest-Besteigung ohne Sauerstoffmaske hatte es gegen meine Person und meine Idee mehr Widerstand gegeben als je zuvor. Im Fernsehen, in großen Pressekonferenzen traten Gegner auf den Plan. Sie meinten, wir könnten den Everest-Gipfel vielleicht ohne Maske erreichen, aber nicht wieder herunterkommen. Und wenn, dann völlig verblödet. Natürlich gingen derlei Reden, Zweifel und An-

griffe nicht spurlos an uns vorbei. Sie dämpften unsere Begeisterung ein wenig. Trotzdem wollte ich es versuchen. Entgegen aller Unkenrufe.

Dieses Schwimmen gegen den Strom hat in mir nicht nur Zweifel geweckt. Dieses Ankämpfen gegen die vielen Widerstände von außen hat mir zu allen Zeiten auch Kraft gegeben; nicht nur am Berg, auch sonst im Leben. Ich wollte meinen Kritikern nicht in einer Art Trotzkopf-Reaktion beweisen, daß ich recht hatte; ich wollte die Überzeugung, daß es möglich sein müßte, auch den Everest ohne Maske zu besteigen, einer ernsten Prüfung unterziehen.

Peter und ich gingen also im Frühling 1978 mit der österreichischen Mount-Everest-Expedition ins Basislager. Es lag noch viel Schnee, und es war eisig kalt auf 5400 Meter Höhe. Gegen 5 Uhr früh kroch die Kälte durch die Schlafsäcke in den Körper, so daß man sich nicht mehr erwärmen konnte. Damals, in der wachsenden Unsicherheit am Fuße dieses gewaltigen Berges, unter dem ständig krachenden Eisbruch, glaubte ich, daß unsere Kräfte nicht aus-

Sir Edmund Hillary und Reinhold Messner. Hillary löste mit der Erstbesteigung 1953 das wohl größte Problem der Bergsteigergeschichte. Er ist damit der weltweit bekannteste Alpinist geworden. Reinhold Messner gelang es fast genau 25 Jahre später zu beweisen, daß es auch ohne Maske ging. Zwei große Unbekannte wurden so innerhalb eines Vierteljahrhunderts aufgehoben.

reichten, um höher oben gegen die Kälte, gegen den Sauerstoffmangel, gegen die Angst anzukämpfen. Trotzdem, Lebensangst empfand ich nicht. Im Laufe der Wochen aber war aller Kleinmut verflogen, der mich oft packte, wenn ich im voraus an all die Leiden, an all die Anstrengungen dachte, die während einer zweimonatigen Expedition auf mich zukommen würden.

Bereits Ende April war ich auf dem Südsattel. Nachdem Peter krank geworden war, versuchte ich den Aufstieg zum Gipfel allein. Zwei Sherpas, Ang Dorje und Mingma, waren dabei. Wir wurden aber in einem Schneesturm zwei Tage und zwei Nächte lang dort oben festgehalten. Dabei erfuhr ich zum ersten Mal was es heißt, ohne Maske in 8000 Meter Höhe leben zu müssen. In diesen Tagen wollte ich nur lebend wieder hinunterkommen. Trotzdem verstärkte sich auch meine Zuversicht, daß es bei gutem Wetter möglich sein müßte, viel höher zu steigen, als das letzte Lager war, das wir am Südsattel aufgebaut hatten.

Am 8. Mai, nachdem Wolfgang Nairz mit Robert Schauer, unser Sirdar Ang Phu und der Kameramann Horst Bergmann zum Gipfel gegangen waren, hatten Peter und ich unsere Chance. Wir stiegen mit dem englischen Kameramann Eric Jones bis zum Südsattel, nisteten uns dort in einem Zelt ein und brachen am nächsten Tag trotz des stürmischen Wetters in aller Herrgottsfrühe auf.

Wir hatten absichtlich den Südsattel als Ausgangspunkt gewählt, um uns nur so kurz wie unbedingt notwendig über 8000 Meter Meereshöhe zu bewegen und nicht einem Biwak ohne Maske auf 8500 Meter ausgesetzt zu sein. Diese Taktik war sicherlich mitentscheidend für unseren Erfolg. Hätten wir, wie fast alle Expeditionen vor uns, den Aufstieg in zwei Hälften geteilt – vom Südsattel bis auf 8500 Meter, dort Biwak und dann weiter bis zum Gipfel und zurück –, wir hätten es sicherlich nicht geschafft. So aber, in gewohnter Schnelligkeit, in der kurzen Zeit, in der wir uns oben aufhielten, um höher oben gegen die

Doug Scott

Zerstörung der Umwelt und der örtlichen Kultur

Ausgenommen die Wege zum Mount Everest, K2 und um die Annapurna herum gibt es wenige Beweise, daß Touristen den Himalaja, die örtliche Umwelt also, »verdrecken«. Da mag es Blechbüchsen und Papier zu sehen geben, aber für die Einheimischen bedeuten sie genau das, was sie sind: Blechbüchsen und Papier, nicht Abfall! »Abfall« ist ein westliches Wort, Abfall ist unvermeidlich.

Die Menschen dort nähern sich nur unmerkbar der Verbrauchergesellschaft. Sogar am Everest-Aufstieg gibt es nur ein Gebäude, errichtet von einem ausländischen kommerziellen Unternehmen, das »Japanische Hotel«, das nun um sein Überleben kämpft und vielleicht sogar zumachen wird. Der Himalaja wird wohl nie auf die gleiche Weise ausgebeutet werden, wie es mit den Alpen durch die Touristik-Industrie geschehen ist. Der Mangel einer grundsätzlichen Notwendigkeit – Sauerstoff – wird es verhindern, daß Einrichtungen geschaffen werden, um Kurzzeit-Touristen zu versorgen.

1975 besuchte ich das »Japanische Hotel«, als eine Gruppe älterer Damen aus Seattle ankam. Sie waren nach Kathmandu geflogen worden; dort stiegen sie in einen Hubschrauber um, wurden rasch zu dem nahegelegenen hoteleigenen Landeplatz transportiert, wo man sie an Sauerstoffgeräte anschloß und entlang eines angelegten Steinpfades auf Yaks zum Hotel tragen ließ. Hier saßen sie mit ihren Sauerstoffmasken und schauten nach dem Everest aus, der sich weigerte, aus dem Nebel hervorzutauchen. Für 10 Dollar extra die Nacht schliefen sie mit Hilfe von Sauerstoff. Am nächsten Morgen wankten sie den Pfad hinunter, zurück zum Hubschrauber und ihrem nächsten Flug nach Thailand, vor sich hinmurmelnd: »O Gott, wenn ich nur gewußt hätte, daß das so ist, wäre ich nie gekommen.« Sie hatten keinen Fuß auf Khumbu-Erde gesetzt und kaum die dortige Luft geatmet.

Der erste Fehler, den viele von uns machen, ist, die Sherpas als irgendeine Unterart zu stereotypieren, die unfähig ist, eigene Entscheidungen zu treffen. Elaine Brooke und Tom Laird haben uns zu Recht daran erinnert, daß die buddhistische Religion eine zentrale Rolle im Leben eines Sherpas spielt. Wenn sie auf die Berge steigen, kann sie dies in Konflikt mit ihrem Glauben und der buddhistischen Hierarchie bringen. Sieht man jedoch vom Dogma ab, gibt es – wie bei uns allen – so viele religiöse Wege zu »dem Einen«, wie es Menschen gibt. Die Sherpas im besonderen beschützen eifersüchtig ihre Rechte als Individuen, und meiner Erfahrung nach sollten sie als Individuen behandelt und respektiert werden. Dies trifft auf alle Menschen des Himalaja zu.

Doug Scott
in »Mountain«

ten, waren die Gefahren, an der Höhe zu leiden, geringer.

Acht Stunden etwa brauchten wir vom Südcol bis zum Gipfel. Das letzte Stück stieg ich voraus und filmte Peter. Wie er über den Hillary-Step aufsteigt und zum Gipfel kommt, sind bewegende Bilder, dramatische Augenblicke, im Film festgehalten. Jene Bilder rütteln diesen einen Moment wieder wach, wenn ich sie heute ansehe. Als wir wie in Trance auf dem höchsten Punkt saßen, auf den wir uns konzentriert hatten, war vorerst alles aus.

Der Abstieg verlief dramatisch. Peter verließ den Gipfel fluchtartig und rutschte teilweise auf dem Hosenboden hinunter zum Südsattel. Ich blieb etwas länger oben, um zu filmen, zu schauen, um ein Tonband zu besprechen. Mit dieser Gedächtnisstütze hoffte ich, die Empfindungen vom Gipfel »ehrlicher« ins Basislager retten zu können. Nichts ist trügerischer als unsere eigene Erinnerung.

Als ich nachstieg, sah ich Peter als schwarzen Punkt schon weit unter mir. Ich hatte es nicht eilig. Als ich den Südsattel erreichte, fühlte ich fürchterliche Schmerzen in den Augen. Ich hatte, als ich filmte, immer wieder die Brille abgenommen, um besser sehen zu können, und mir so eine Schneeblindheit zugezogen, die ich im Zelt, in der Nacht nach dem Gipfel, auf 8000 Meter Meereshöhe, grausam zu spüren bekam. Die Schmerzen waren so schlimm, daß ich sie teilweise nur sitzend, mit Tränen in den Augen, ertragen konnte. Es war besser, wenn ich weinte. Es tat dann etwas weniger weh.

Am nächsten Tag war das Wetter immer noch stürmisch. Der weitere Abstieg gestaltete sich ziemlich schwierig. Ich konnte nur Umrisse erkennen. Peter stieg auch jetzt voraus. Ich tastete mich, an den Fixseilen festhaltend, abwärts. Im Lager 3, wo wir kurz rasteten, hatte Peter gewartet. Dann, Peter ging wieder als erster, stieg ich allein hinunter bis an den Wandfuß der Lhotse-Flanke, wo er zum Glück wieder wartete, weil er wie

ich auf Hilfe angewiesen war. Er hatte sich beim Abrutschen vom Südgipfel einen Knöchel verstaucht und war nicht mehr trittsicher. Als zwei Invaliden kamen wir beide im Lager 2 an. Gleichzeitig aber auch als stolze Gewinner. Entgegen aller Warnungen und Besserwisserei hatten wir den Mount Everest ohne künstlichen Sauerstoff bestiegen.

Wie bei früheren Expeditionen gab es auch bei dieser einige Stimmen, die an unserem Erfolg Zweifel anmeldeten. Wir konnten jedoch den Aufstieg ohne Maske mehrfach beweisen. Die bösen Zungen verstummten erst dann, als auch andere ohne künstlichen Sauerstoff auf den Everest gestiegen waren, als diese Form der Achttausender-Besteigung selbstverständlich geworden war.

1980, zwei Jahre nach dem ersten Aufstieg zum Mount Everest ohne künstlichen Sauerstoff, gelang mir der erste Aufstieg im Alleingang. Ich habe diese

Peter Habeler im Eisbruch am Mount Everest. Nach dem Abstieg trennten sich die Wege von Habeler und Messner. Am Berg hatte es zwischen den beiden keine Differenzen gegeben. Nachher aber, offensichtlich unter dem Druck der Öffentlichkeit, kam es zu Meinungsverschiedenheiten. Als Messner zu den Darstellungen Habelers Stellung bezog, erntete er harte Kritik; es machte ihn noch unpopulärer.

zweite Everest-Expedition nicht etwa unternommen, um meiner ersten einen zusätzlichen Beweis zu geben oder um zu zeigen, daß ich auch ohne den »Helden« Peter Habeler fähig war, den Everest zu besteigen. Nein, ich habe diese Expedition durchgeführt, weil ich glaubte, noch einen Schritt weitergehen zu können als 1978. Zum einen hatte ich inzwischen ein neues Spiel angefangen, ein Spiel, das da hieß, die Achttausender in allen möglichen Jahreszeiten kennenzulernen; zum andern kannte ich Tibet noch nicht. Ich war im Frühling im Himalaja gewesen, im Sommer, im Herbst, aber noch nicht in der Monsunzeit, noch nicht im Winter.

Als die chinesische Regierung Tibet für Bergexpeditionen »öffnete«, bemühte ich mich sofort um eine Genehmigung. Dieses Land faszinierte mich mindestens so sehr wie die Achttausender. Zudem war die Nordseite des Mount Everest für mich historisch gesehen einer der interessantesten Plätze überhaupt. Ich habe dieser Expedition entgegengefiebert wie keiner anderen vor- oder nachher. Wie glücklich war ich gewesen, als ich in Peking die Genehmigung erhalten hatte. Im Juli 1980 sollte ich an der Rongbuk-Seite des Mount Everest sein. Es ist dies jene Flanke des Berges, an der die Engländer in den zwanziger und dreißiger Jahren ein halbes Dutzend Versuche durchgeführt hatten.

Diesmal war ich nur mit meiner Freundin Nena Hòlguin unterwegs. Ein Begleitoffizier und ein Dolmetscher mußten uns bis ins Basislager begleiten. Eine Miniexpedition also, und trotzdem hat mich dieses Unternehmen mehr Geld gekostet als alle anderen vorher; mehr Geld als ich es je wieder einspielen konnte. Nicht mit den Vorträgen darüber, nicht mit meinem Buch »Der gläserne Horizont«, nicht mit Industrieverträgen. Ich bin trotzdem zum Mount Everest gegangen. Weil mir Tibet und der Everest-Alleingang so wichtig waren. Wenn mich eine Idee einmal gepackt hat, frage ich nicht, ob es sich lohnt. Ich breche auf.

Am Mount Everest dann, während des Monsuns, mußte ich bald einsehen, daß der Aufstieg nur dann möglich sein würde, wenn der Monsun einige Tage aussetzte. Ich durfte nicht auf die Gelegenheit warten, den tiefen Neuschnee niederzutrampeln, ich brauchte gute Schneeverhältnisse. Ein erster Versuch, auf den Nordsattel zu gelangen, war zwar gelungen, aber er hatte mir auch bewußt gemacht, wie gefährlich dieser Aufstieg im tiefen Sulzschnee war. Ich ging zurück ins Basislager, unternahm einige Wanderungen und Erkundungsfahrten in den Westen von Tibet und kam erst im August wieder zurück.

Jetzt gab es endlich einige Schönwettertage. Ich zögerte noch etwas, weil ich nicht wußte, ob dies ein »Monsunbreak« war oder nicht. Dann gingen wir vom Basislager ins vorgeschobene Basislager in 6500 Meter hinauf, wohin auch Yaks gelangen können. Einmal nur stieg ich auf, um ein Depot anzulegen. Wenige Stunden später war ich im Lager bei Nena zurück. Von dort ging ich gleich

Reinhold Messner bereitet sich an der Nordseite des Mount Everest für das Biwak vor (1980). Das Zeichen an seiner Jacke ist das Firmenemblem des Herstellers. Messner hat sich immer geweigert als »lebende Litfaßsäule« zu werben. Nicht produktbezogene Aufschriften läßt er an seinen Kleidern nicht anbringen. Auch darin hat er eine bestimmte Vorstellung, seinen Stil.

Mount Everest und Lhotse von Süden. Dieses Achttausender-Paar bietet für die Zukunft wohl die kühnsten Möglichkeiten einer Weiterentwicklung des Bergsteigens. Es lassen sich mehrere Überschreitungen denken (von Norden nach Süden; vom Nuptse her das »Hufeisen«; von Südosten nach Nordwesten das »große S« usw.). Da es sich hier um zwei der vier höchsten Gipfel handelt, ist die Länge des Aufenthalts über 8000 Meter Höhe wichtig. Nur Schnelligkeit kann hier den Erfolg garantieren, wenn einer nicht bereit ist, in seinem Stil einen Schritt zurückzugehen, was der Einsatz von Sauerstoffgeräten und das Anlegen von Depots bedeuten würde. An diesen beiden Bergen nur kann Messners »Limes« übertroffen werden.

am anderen Tag zum Nordsattel hinauf und weiter bis auf 7800 Meter Meereshöhe.

Am Everest mußte ich schnell sein, das wußte ich. Das hatte ich am Nanga Parbat bei meiner ersten Alleinbegehung eines Achttausenders gelernt. Dies zwang mir auch meinen Stil auf. Nachdem ich alles selbst trug, mußte ich mich einschränken: an Mitteln, an Essen, an Luxus. Auch an Zeit.

Ich war am ersten Tag sehr hoch hinaufgekommen und trotzdem nicht hoch genug, um den Berg in zwei Tagen besteigen zu können. Am zweiten Tag merkte ich, daß der Aufstieg über die ursprünglich geplante und auch von Mallory gewählte Route nicht begehbar war, weil in den Mulden unter dem Nordostgrat extrem viel Schnee lag. Also querte ich nach rechts und nahm eine Möglichkeit wahr, die ich bereits vom Basislager aus studiert hatte. Auch hier an der Nordseite des Everest hatte ich den Ein- und Ausstieg genau beobachtet, bevor ich den letzten Schritt wagte: »Der erste Schritt hängt vom letzten ab, der letzte vom ersten.«

Am zweiten Tag, dem 19. August, querte ich die gesamte Nordflanke. Am 20. August erreichte ich das große Norton-Couloir, stieg über dieses – es ist nicht besonders steil, aber gefährlich – hinauf bis in flacheres Gelände und glaubte schon, oben zu sein. Das letzte Stück des Gipfelgrats erschien mir ohne Ende. Mein Tempo war so langsam geworden, daß ich an den damit wachsenden Dimensionen verzweifelte. Die letzten Meter zum höchsten Punkt schleppte ich mich nicht mehr hinauf, ich kroch auf Armen und Knien dorthin.

Es war eine unendliche Qual. Ich bin in meinem Leben nie so müde gewesen wie damals am Gipfel des Mount Everest. Eine Zeitlang saß ich nur da, hatte alles vergessen. Lange konnte und wollte ich nicht mehr absteigen. Schließlich zwang ich mich dazu, hinunterzugehen. Ich wußte, daß ich meine physische Grenze erreicht hatte.

Chris Bonington

Überlebt – solo am Mount Everest

Reinhold Messners einzigartige Bedeutung als Alpinist wird durch seine vielleicht schönste Leistung – die Solobesteigung des Mount Everest – deutlich. Er verbindet eine Mischung aus Pioniergeist und Kühnheit mit einem gesunden Realismus. Indem er scheinbar Unmögliches wagt, ermöglicht ihm diese Fähigkeit, jedes einzelne Projekt zu analysieren und es dann effektiv zu realisieren.

Wir können dies daran sehen, wie Reinhold an den Everest heranging. Die Vorstellung, den höchsten Berg der Erde allein, in einem Anlauf zu besteigen, war kolossal. Es bedurfte einer Serie von kreativen Stufen, um an dieser Problemstellung nicht zu verzweifeln. Sein Aufstieg (mit Peter Habeler) ohne Sauerstoffgerät 1978 über die Südcol-Route – an sich schon ein großer Sprung ins Ungewisse – war der erste Schritt. Ein nötiger Schritt, um sich zu vergewissern, ob der menschliche Körper die Höhe von 8848 Meter ohne die Hilfe von Flaschensauerstoff erreichen kann.

Reinhold Messner mußte sich aber vor allem an die Einsamkeit in diesen Dimensionen des Himalaja gewöhnen. In dieser Hinsicht gab ihm seine Solobesteigung des Nanga Parbat Gewißheit. Jetzt wußte er, daß er mit sich selbst trotz der immensen geistigen und körperlichen Belastung einer Alleinbesteigung eines Achttausender-Gipfels im Himalaja fertigwerden würde.

Indem er seine Erfahrung vom Everest ohne Maske und sein Selbstvertrauen vom Nanga Parbat zusammennahm, konnte er noch einen Schritt weitergehen. So gewappnet, wagte er seine neue Tat. Er sah der abschließenden Herausforderung des Bergsteigens realistisch ins Auge. Die Geschwindigkeit, Sicherheit und Entschlossenheit bei seiner Besteigung des höchsten Berges dieser Erde im Alleingang verhüllt die Größe der Barriere, die er damit durchbrach, in diesem Bereich, wo Überleben zur Kunst wird.

Chris Bonington
(Expeditionsleiter und Besteiger
des Mount Everest)

Bei meinem Alleingang an der Nordseite des Mount Everest habe ich nicht allzu viele Risiken auf mich genommen. Zwar stürzte ich am ersten Tag, kurz nachdem ich das vorgeschobene Basislager verlassen hatte – es war noch Nacht –, knapp unter dem Nordsattel etwa 8 Meter tief in eine Spalte. Ich befand mich dabei in Todesgefahr, konnte mich aber mit etwas Glück und Geschick selbst befreien. Ich habe diesen Spaltensturz sofort wieder verdrängt

Beim Abstieg vom Nordsattel ins Basislager machte mir der weiche Schnee zu schaffen; ich rutschte, stürzte mehr hinunter, als ich kletterte. Doch dies war weniger gefährlich, denn ich fiel wie eine Katze. Ich hatte immer noch die Fähigkeit, Arme und Beine zu koordinieren, konnte Steinen und Spalten geschickt ausweichen.

Erst unten am Fuß des Berges, als alle Gefahren, alle Anstrengungen hinter mir lagen, als sich die Sicherheit einstellte, nicht mehr abstürzen zu können, nicht mehr an Erschöpfung zu sterben, nicht mehr zu erfrieren – da erst brach ich zusammen. Jetzt mußte ich mich nicht mehr im Nebel vorantasten. Nicht mehr meinen ganzen Willen zusammennehmen zu müssen, um einen Schritt zu tun, ließ mich allen Willen verlieren. Ich hatte meine Energien aufrecht erhalten können, solange eine Gefahr bestand, solange es hinauf oder hinunter ging, aber in dem Augenblick, als alles hinter mir lag, war ich am Ende.

Nach diesem zweiten Aufstieg zum Mount Everest und dem Wissen, bis an die Grenze meiner körperlichen Leistungsfähigkeit gegangen zu sein, haben mir viele Freunde geraten, ich solle jetzt mit dem großen Bergsteigen aufhören. Auch meine Mutter. Ich habe es trotzdem nicht getan. Ich stand in der Mitte meines Lebens, fühlte mich stark. Vor allem hatte mir dieser Everest-Alleingang klar gemacht, daß ich mit dieser Taktik kleinere Berge im Handumdrehen besteigen konnte. Und ich wußte, daß ich bei erhöhter Schwierigkeit auch an kleineren Bergen die Möglichkeit hatte, meine Grenze auszuloten.

5 1954 K2 8611 m

Berg der Berge

**Die wichtigsten Daten
der Erschließungsgeschichte**

Geographische Lage: Karakorum,
Baltoro Mustagh
35° 53′ n. Br./76° 31′ ö. L.

1856 Der deutsche Forscher Adolf Schlagintweit ersteigt den östlichen Mustagh-Paß. – Im gleichen Jahr sichtet der britische Vermessungsoffizier Capt. T. G. Montgomerie aus 200 km Entfernung im inneren Karakorum eine »Zusammenballung hoher Gipfel«. Er numeriert die erkennbar höchsten mit K 1, K 2 usw.; K steht dabei für Karakorum. Der erst viele Jahre später bekanntgewordene einheimische Name Chogori setzt sich gegen K 2 im internationalen Gebrauch nicht durch.

1861 Der Brite Col. H. H. Godwin-Austen erforscht große Teile des westlichen Karakorum. Von ihm stammt die erste Übersichtskarte (1:500 000) wie auch eine erste Beschreibung des Zugangs zum K 2.

1892 Der Engländer Lord W. M. Conway kommt bei einer Forschungsreise bis an den Fuß des K 2.

1902 Eine internationale Expedition unter Leitung von O. Eckenstein versucht die Besteigung des K 2 über den Nordostsporn. Dabei wird der obere Godwin-Austen-Gletscher erkundet und das Windy Gap erreicht. Vermutlich höchste Höhe am K 2: 6200 m.

1909 Herzog L. Amedeo von Savoyen leitet eine italienische Expedition zum K 2. Er erkennt im Südostsporn (später Abruzzi-Grat) die günstigste Aufstiegs-route. Die Gruppe gelangt bis auf 6000 m.

1929 Fürst Aimone di Savoia-Aosta verzichtet auf das bergsteigerische Ziel und arbeitet wissenschaftlich.

1938 Die erste amerikanische Kleinexpedition unter Ch. Houston steigt über den Südostsporn (Abruzzi-Grat) auf und scheitert zwischen Schulter und »Schwarzer Pyramide«. Hierbei werden erstmals die Schlüsselstellen am Abruzzi-Grat gemeistert.

1939 Die zweite amerikanische Expedition, unter Leitung des Deutsch-Amerikaners F. Wiessner, operiert ohne Sauerstoffausrüstung. Wiessner kommt bei einem Gipfelversuch bis wenige hundert Höhenmeter unter die Spitze des K 2. Beim Abstieg sterben ein Sahib und drei Sherpas.

1953 Wieder führt Ch. Houston eine amerikanische Expedition zum K 2 an. Auf über 7500 m schlägt das Wetter um. A. Gilkey erkrankt. Beim Versuch, ihn abzuseilen, kommt es zu einem Massensturz, bei dem jedoch alle Bergsteiger wie durch ein Wunder in den Seilen hängen bleiben; A. Gilkey kann nicht mehr gefunden werden.

1954 Eine italienische Großexpedition unter A. Desio kann die erste Besteigung des K 2 verbuchen. Nach langer Belagerung erreichen L. Lacedelli und A. Compagnoni am 31. Juli den Gipfel über den Abruzzi-Grat.

1977 Eine japanische Mammutexpedition unter I. Yoshizawa mit insgesamt 42 Bergsteigern bezwingt den K 2 über den Abruzzi-Grat. Zwei Seilschaften mit einem einheimischen Hunza-Träger erreichen den Gipfel.

1978 Erstmals vergibt die pakistanische Regierung zwei Genehmigungen für den K 2. Eine britische Gruppe unter Ch. Bonington bricht den Erstbegehungsversuch am Westgrat nach dem Lawinentod von N. Estcourt ab. – Der Amerikaner J. Whittaker ist am Nordostgrat mit zwei Seilschaften erfolgreich.

1979 Erstmals gelingt es einer Kleinexpedition, den Gipfel des K 2 zu besteigen. R. Messner gibt den ursprünglichen Plan, die »Magic Line« am Südpfeiler zu klettern, auf und steigt mit dem Deutschen M. Dacher am 12. Juli über den Abruzzi-Grat zum Gipfel (4. Besteigung). – Eine französische Großexpedition scheitert am Südpfeiler.

1982 Einer japanischen Mannschaft glückt die Erstbegehung des Westgrats.

1986 Im Sommer sind sechs Expeditionen am K 2 unterwegs. Erstbegehung der »Magic-Line«, der Südwand, und einer Sekundärrippe im rechten Teil der Südwand. Drei Frauen stehen auf dem Gipfel (u. a. W. Rutkiewicz). Der Berg fordert 13 (!) Todesopfer.

Der K 2 ist wohl der schönste Achttausender. Vielleicht auch der schwierigste, wenn man jeweils die leichtesten Routen an den höchsten Bergen miteinander vergleicht und eine selbständig operierende Expeditionsgruppe voraussetzt. Reinhold Messner wiederholte 1979 den Weg der Erstbesteiger (Abruzzi-Grat, 1954), nachdem er einen Erkundungsvorstoß in der Südwand aufgegeben hatte.
Sechs verschiedene Routen gibt es nun am K 2, dazu einige Varianten. Erstbegehungen bieten sich vor allem in der West-, Nord- und Ostflanke an.

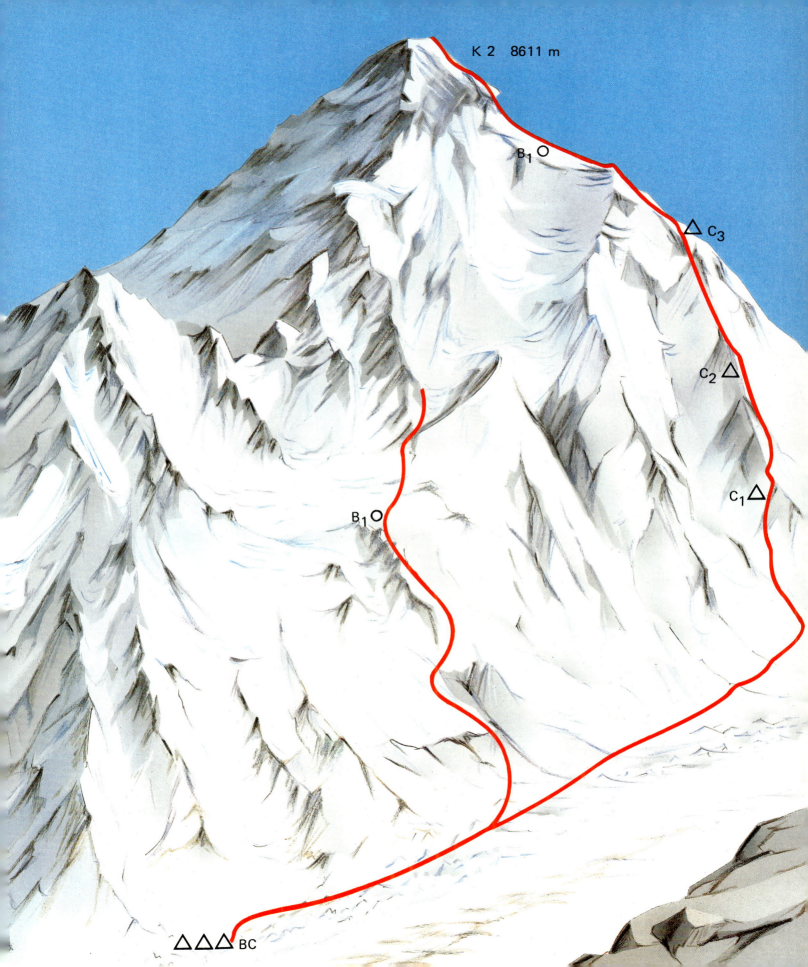

Tanzende Balti-Träger vor dem Aufbruch zur K2-Expedition (1979).

Renato Casarotto bei der Morgentoilette. Dieser beharrliche Bergsteiger, den Reinhold Messner 1979 zu seiner K2-Expedition eingeladen hatte, war damals dem Berg noch nicht gewachsen. 1986 starb er am Fuße des K2 nach einem Sturz in eine Gletscherspalte.

Trägerkolonne in der steinschlaggefährlichen Braldo-Schlucht.

Rechts, großes Bild: Rast der Balti-Träger auf dem Weg zum K2 bei Concordia. Unter ihnen Michl Dacher (blaue Jacke). Darüber der Mitre Peak.

Vorhergehende Doppelseite:
Letztes Lager (am Fuße des Angelus) 1979 auf dem Weg zum K 2. Bei den Zelten Alessandro Gogna und Jochen Hoelzgen. Neben den Containern Friedl Mutschlechner und Michl Dacher.

Rechts: Reinhold Messner mit Funkgerät am Gipfel des K 2 (12. Juli 1979).

Unten: Michl Dacher steigt durch tiefen Schnee zur Schulter am K 2 auf. Blick nach Nordosten.

Rechts: Der K 2 von Süden. Ganz links der Westgrat (1981 von Japanern erstmals begangen). Der Südwestpfeiler (»Magic Line«), vom Negrotto-Sattel diagonal von links unten zum Gipfel, wurde 1986 nach einem ersten Versuch 1979 von mehreren parallel operierenden Expeditionen erstbegangen. Die Südwand (Wandmitte) wurde 1979 von Friedl Mutschlechner und Reinhold Messner bis zum großen Sérac erkundet. 1986 gelang ihre Durchsteigung den Polen Jerzy Kukuczka und Tadeusz Piotrowski, der beim Abstieg über den Abruzzi-Grat (Weg der Erstbesteiger 1954, rechts im Bild) tödlich verunglückte. Dazwischen, über den Pfeiler, verläuft die Cesen-Variante zur Schulter (1986).

Unten rechts: Friedl Mutschlechner am Biwak in der Südwand des K 2 (1979). Hinten links die Chogolisa.

1979

Chogori
Der einsame Gipfel des Ruhms

Ruhm ist der Schatten einer Leidenschaft, die im Licht steht.
Khalil Gibran

Leben heißt wagen. Leben bedeutet etwas riskieren. To live is to risk. Wer nichts wagt, der lebt auch nicht.
Charles Houston

Erst dann, wenn ich meiner gewiß bin und mich nicht suche, bin ich wahrhaft mein Eigentum.
Max Stirner

Der K2 von Südwesten. Links am Grat verläuft die Japaner-Route (1981), wobei der Gipfelaufbau in einer großen Rechtsschleife (Schneefelder) umgangen wurde. Am rechten Horizontgrat ist der obere Teil der »Magic Line« zu erkennen. An dieser Wand und der Westwand (links, nicht sichtbar) gibt es noch Probleme zu lösen.

1979, ein Jahr nachdem ich den Everest ohne künstlichen Sauerstoff bestiegen hatte, wollte ich zum K2, in der Sprache der Balti Chogori genannt. Nicht nur, um auch diesen Achttausender ohne Maske zu besteigen, sondern um wieder einen Schritt weiterzugehen. Mein Plan war es diesmal, den zweithöchsten Berg der Erde in einer Kleinexpedition und über eine schwierige Route zu versuchen. Ich hatte dafür den Südpfeiler ausgewählt, jene Linie, die direkt vom Gipfel zum Godwin-Austen-Gletscher abfällt und die wir »Magic Line« tauften.

Die Möglichkeit, bei Erstbegehungen an einem großen Berg eine Linie zu ziehen, die vorher niemand anderer gedacht hat, war für mich nicht nur eine bergsteigerisch-technische Frage. Der schöpferische Akt dabei beschäftigte mich schon seit mehreren Jahren. Man kann diese Linie zwar nicht sehen, sie ist aber doch vorhanden. Als »gelebte Linie« bleibt sie für alle Zeiten bestehen: Das Nichts, das doch da ist, weil es gedacht worden ist, der Aufstieg als ein Weg, sich selbst auszudrücken.

Bei dieser K2-Expedition begleiteten mich die italienischen Bergsteiger Renato Casarotto, Alessandro Gogna, der Südtiroler Friedl Mutschlechner, der Deutsche Michl Dacher und der Österreicher Robert Schauer. Dazu kamen der Begleitoffizier Mohammed Tahir sowie Joachim Hoelzgen, ein »Spiegel«-Reporter, der für das deutsche Nachrichtenmagazin recherchieren sollte.

Bei der Anreise verloren wir sehr viel Zeit. Damals war es noch nicht möglich, von Rawalpindi mit dem Jeep oder Bus nach Skardu zu fahren. Wir waren auf Flugzeuge angewiesen, die uns von der Hauptstadt Pakistans bis Skardu bringen sollten, wo die eigentliche Expedition beginnen konnte. Auch hatten wir Anfang Juni auf dem Baltoro-Gletscher mit viel Schnee zu kämpfen. So kamen wir erst viel später als geplant an den Fuß des Berges.

Wir hatten ursprünglich vorgehabt, westlich um den K2 herumzugehen, um hinter dem Angelus, einem dem K2 westlich vorgelagerten Gipfel, unser Basislager zu erstellen. Von dort hätten wir von Westen her, also über den Savoia- und Negrotto-Gletscher, den Sattel zwischen Angelus und K2 erreichen können, wo der Südpfeiler erst richtig beginnt.

Unser momentanes Lager, ein Durchgangslager, wie wir sie Tag für Tag beim Anmarsch aufbauten, stand am Godwin-Austen-Gletscher, etwa an der Stelle, an der 1954, 25 Jahre vor uns, jene große italienische Expedition ihre Zelte aufgeschlagen hatte, der die erste Besteigung des K2 gelungen war. Auf dem Weg von diesem südlichen Basislager in das geplante Basislager verunglückte einer unserer Träger tödlich.

Ich hatte am Morgen, als wir aufbrachen, zwar angeordnet, daß keiner der Träger unsere Spur verlassen dürfe, weil ich wußte, daß dieses letzte Wegstück gefährlich war, aber nicht alle Balti-Träger hielten sich an meinen Befehl. Links und rechts des Weges gab es Spaltengefahr. Ich ging selbst voraus, um eine sichere Spur zu legen. Ein Träger jedoch, meine Weisung nicht beachtend, verließ diese Spur, ging abseits des Weges ein Stück in den Gletscher hinein und stürzte in eine Spalte. Sofort begannen wir mit der Bergung. Robert Schauer seilte sich in die Spalte ab, aber der Mann war tot. Er hatte sich bereits beim Sturz tödliche Verletzungen zugezogen.

Es ist oft die Rede davon, daß Expeditionen abgebrochen werden, wenn einer der Teilnehmer stirbt. Ich selbst habe das nie getan. Zum einen, weil die Unglücke bei meinen Expeditionen – Nanga Parbat 1970 und Manaslu 1972 – erst beim Abstieg passiert sind und ein Abbruch in diesen Situationen dem Sich-selbst-Aufgeben gleichgekommen wäre. Zum anderen glaube ich nicht, daß dem Verunglückten damit geholfen ist, wenn die Expedition nach seinem Tod abgebrochen wird. Es hat auch Mannschaften gegeben, die ihr Unternehmen

89

eingestellt haben, weil ein Sahib, also ein europäischer Bergsteiger, verunglückt ist, die aber hemmungslos weitergemacht haben, wenn ein Träger starb. Einen derartigen Anachronismus konnte ich nie verstehen.

Der Tod unseres Trägers schockierte uns. Wir nahmen Kontakt mit seinen Angehörigen auf, meldeten den Unfall in Rawalpindi, da er versichert war. Innerhalb von wenigen Stunden entschied ich mich, die Expedition zum Negrotto-Gletscher abzubrechen und zum südlichen Basislager zurückzugehen. Dort wollten wir erst einmal lagern, um alle weiteren Gefahren auszuschließen.

Der K2 ist der zweithöchste Achttausender, vielleicht der schwierigste. Unser Vorhaben, ihn über die »Magic Line« zu besteigen, mußten wir aufgeben, wollten wir nicht von vornherein scheitern. Wir wußten, daß die Zeit für die Vorbereitungen nicht mehr ausreichte. Unser Ausgangspunkt war ungünstig. Außerdem sollte in wenigen Wochen eine französische Großexpedition kommen, die unser Ziel verfolgte. Mit dem Zehnfachen an Budget, das uns zur Verfügung stand und einem Vielfachen an Kletterern wollten sie dieselbe Route versuchen wie wir. Wären wir am Südpfeiler ein Stück hochgekommen, hätten wir den Franzosen den Weg vorbereitet, von dem sie uns später verdrängt hätten. Bei einer Erstbegehung nebeneinander herzusteigen, liegt mir nicht. Da wollte ich doch lieber verzichten.

Die Mannschaft, mit Ausnahme von Renato Casarotto, dem weitaus Schwächsten von uns, war meiner Meinung: Wir sollten auf die Route der Erstbegeher am Abruzzi-Grat ausweichen. Auch auf dieser Route hatten wir die Möglichkeit, etwas Neues zu versuchen: Noch nie vor uns war der K2 von einer so kleinen Mannschaft bestiegen worden.

Da und dort hingen noch Seile von einer japanischen Expedition, die zwei Jahre zuvor am Berg gewesen war, aber die meisten Sicherungen mußten neu angebracht werden. Gemeinsam bauten wir drei kleine Hochlager aus. Bis hinauf zur Spitze der »Schwarzen Pyramide« auf 7400 Meter Meereshöhe bereiteten wir den Weg mit fixen Seilen und Lagern so vor, daß wir auch beim schlimmsten Sturm hätten herunterfinden können. Von dort stiegen dann Michl Dacher und ich am 11. und 12. Juli bei der ersten

Schönwetterperiode, die sich abzeichnete, mit einem Biwak im inzwischen klassisch gewordenen Alpenstil bis zum Gipfel des K 2.

Wir biwakierten dabei oberhalb der großen Schulter, nur wenig unterhalb der Stelle, an der 1954 auch Walter Bonatti und der Hunza-Träger Mhadi gehockt hatten, nachdem sie der selbsternannten Gipfelseilschaft den Sauerstoff für die letzten paar hundert Meter hinaufgetragen hatten.

Die Nacht war bitter kalt, aber der Morgen brachte herrliches Wetter. Michl und ich verließen das Zelt und stiegen über Lawinenhänge hinein in den »Flaschenhals«. Diese schmale Passage zwischen einem senkrechten Eiswulst und steilen Felsen zwang uns, nach links zu klettern. So erreichten wir jenes unendlich große, schneebedeckte Gipfeldreieck, über das wir uns Stunde um Stunde hinaufmühten.

Es war ein strahlender Tag. Weit und breit keine Wolke. Wie ein Schwarzweißbild lagen die Berge und Täler unter uns. Kein Grün, kein Rot, kein Gelb. Nur der Himmel war blau. Je höher wir kamen, um so dunkler wurde er. Bis er fast schwarz war. Wo war der Gipfel? Als wir schon dachten, den höchsten Punkt nie mehr erreichen zu können, sahen wir plötzlich, daß wir draußen waren auf einem Grat, im flachen Gelände. Der Gipfelgrat! Wenig später standen wir beide in der Abendsonne auf dem höchsten Punkt.

Wir blieben nicht lange oben. Bevor es Abend wurde, kletterten wir über dieselbe Route, über die wir hinaufgestiegen waren, auch wieder bis ins letzte Biwak ab. Anderntags mühten wir uns in dichtem Schneetreiben und Nebel hinunter Richtung Lager 3. Auf dem Weg dorthin stießen wir auf Gogna, Schauer, Mutschlechner, die Kameraden, die uns im Nebel erwarteten. Sie hatten zwar gehofft, zum Gipfel gehen zu können, gaben diesen Versuch wegen des schlechten Wetters jedoch auf und stiegen zusammen mit uns ins Basislager ab.

Links: Die Gipfelpyramide des K 2. Der Eispilz, über den die »Magic Line« verläuft, teilt diese Route am Südwestpfeiler in zwei Hälften. Rechts hinter der Horizontlinie verläuft der Abruzzi-Grat. Dazwischen die Südwand (1986).

Oben: Der Abruzzi-Grat oberhalb der Schulter mit dem letzten Biwak, darüber der »Flaschenhals« und der große Sérac. Einmal so hoch oben, gibt es keine Frage mehr nach dem Warum. Das intensive Dasein hebt die Suche auf.

Unser Abstieg vom Biwak ins Lager 3 war wohl die kritische Phase dieser Expedition gewesen. Michl und ich hätten uns dabei leicht verirren können. Außerdem drohte Lawinengefahr. Starke Windstöße fegten über uns hin, Stück für Stück suchten wir den Weg nach unten. Wir waren froh, als wir endlich die Kameraden rufen hörten. Wir mußten in Lagernähe sein. Sie gaben uns Orientierungshilfe. Gemeinsam fanden wir zum Zelt. Diese Stelle, die einzige, von der aus man von oben kommend in die Schwarze Pyramide einsteigen kann, ist nicht so einfach zu treffen.

Am gleichen Tag noch kletterten wir von der Spitze bis an die Basis des Abruzzi-Grates. Wir waren bald am Fuß des Berges. Dieser Abstieg, vielerorts gesichert mit Fixseilen, war kein Problem mehr. Die Spuren waren zwar zugeweht, trotzdem fanden wir uns auf der zum Teil seit Jahren ausgetretenen Route zurecht. Wir schafften auch noch den Weg über den Gletscher und waren am Abend im Basislager.

Der K 2 ist nicht nur ein schöner, er ist auch ein gefährlicher Berg. Einige der zahlreichen Tragödien an ihm konnten bis heute nicht aufgeklärt werden. So mancher Bergsteiger ist nur mit viel Glück wieder heruntergekommen.

Wir hatten den K 2 sehr schnell mit einer kleinen Mannschaft und ohne Fremdhilfe besteigen können. Daß wir dabei den oberen Teil des Weges im Alpenstil geklettert sind, kam einer Probe gleich. Meine Idee vom Alpenstil an den großen Achttausendern war noch nicht in die Tat umgesetzt worden, aber sie war realisierbar.

Die K 2-Expedition war nach dem Hidden Peak, dem Dhaulagiri und dem Nanga-Parbat-Alleingang meine vierte Achttausender-Tour, die ich selbst organisiert hatte. Es war nicht einfach gewesen, sie mit Mitteln aus der freien Wirtschaft zu finanzieren, aber meine Erfahrung wuchs. Auch in dieser Hinsicht. Offensichtlich setzten nach dem Erfolg am Mount Everest Medien und Sponso-

Alessandro Gogna

Überlebt – Abstieg im Nebel

Was ist mir nach sieben Jahren geblieben? Welche ist die Erfahrung, die einen so langen Zeitraum überdauert hat? Und: Was ändert sich in meiner Erinnerung als Zuschauer durch das Multiplizieren dieser Erfahrung mit der Zahl 14? Neben der Bewunderung dafür, wie oft Reinhold sich vorsätzlich in Situationen begab, in denen das Überleben äußerst schwierig war, nur um seine Lebensauffassung ganz leben zu können, versuche ich, das eine Mal herauszustellen, wo auch ich dabei war. Nur subjektive Erfahrung zählt.

Ich denke an unseren Aufstieg während eines Sturmes am K 2. Es war auf 7500 Meter Höhe. Unsere Unentschlossenheit, unser Zögern ließen uns nicht zum Camp 3 zurückkehren. Wir wollten weiterklettern oder die beiden anderen treffen, die auf dem Gipfel gewesen waren, im Camp 4 biwakiert hatten und die uns jetzt vielleicht brauchten.

Wir sprachen nicht, von Zeit zu Zeit blieben wir stehen, um Atem zu holen und einige Blicke zu wechseln. Wir waren besorgt. Ab und zu riefen wir nach ihnen, aber der Wind ließ so wenig Hoffnung, sie zu hören, wie der Nebel, sie zu sehen.

Ich kletterte und versuchte, die Mechanismen der Vernunft auszuklammern. Ich konzentrierte mich auf den Schnee, der so unberührt vor mir lag, wenn ich vorausging. Ich sah die im Schatten liegende Fußspur, wenn ich als zweiter ging. Auf einmal, fast unmerklich, rollten einige kleine Schneebälle an mir vorbei. Ich blieb stehen, schaute nach oben. Da, weitere kleine Schneerutsche! »Wir sind's! – Reinhold! Michl! Reinhold!« Niemand antwortete. Aber die Schneebälle wurden größer, bis es zwei dunkle Bündel waren, die sich auf uns zubewegten.

Sie hatten uns gehört und beeilten sich, in unsere Richtung herunterzuklettern. Ich war so überwältigt, als die beiden auftauchten, als wäre ich selbst auf dem Gipfel gewesen. Ich war sogar zufrieden. Glücklich, daß die Expedition erfolgreich war, glücklich, nicht vom Neid gepackt zu sein.

Ich erinnere mich an den Abend davor, als der Gipfel plötzlich in Aussicht stand und ich fast enttäuscht war. Bis dahin hatte ich für die Gemeinschaft gearbeitet, ohne ein genaues persönliches Ziel. Von nun an würde ich für mich selbst arbeiten müssen. Das nahm mir ein Stück Unbefangenheit. Dann plötzlich der Gedanke, mit Reinhold und Michl im Schneesturm bis zum Basislager hinunterzuklettern. Er störte mich nicht. Ich war besorgt um Reinhold und Michl gewesen. Die beiden, von einer langen Kraftanstrengung zurück, waren gefährdet. Wir waren noch frisch.

Sieben Jahre später, im Sommer 1986, haben wir alle mit Schaudern verfolgt, was am K 2 passiert ist. Dreizehn Tote, fürchterliche Tragödien. Sie sind fast alle auf große Fehler in der Einschätzung der wirklichen Möglichkeiten des Überlebens zurückzuführen. Zwei Alpinisten sind dort verschwunden, wo wir uns damals begegneten.

Es liegt nach meiner Meinung nicht an fehlender Erfahrung der einzelnen, wenn solche Unglücke geschehen, sondern vielmehr an einem generellen Verhalten. Die Konfrontation mit dem Berg unterscheidet sich heute sehr von der unseren. Heute hat der Berg, auch der im Himalaja, seine Bedeutung in sich selbst verloren. Früher mußte sich der Mensch mit einem Naturwunder auseinandersetzen. Heute neigt er mehr dazu, sich mit den anderen Menschen auseinanderzusetzen, zu konfrontieren. Der Wettbewerb, der daraus entsteht, ist zermürbend. Würde man den Wert auf Null stellen, den das Erstürmen eines Berges bedeutet, so wäre auch die Liebe für diesen Berg gleich Null. Und so verschwindet die instiktive Beziehung, das Gleichgewicht zwischen dem Menschen und dem Berg nach und nach. Mit dem Verschwinden aller Tabus und der generellen Abwertung des Berges als ein Stück Natur verschwindet notwendigerweise die Beachtung der psychischen und physischen Grenzen, die in uns liegen. Es müssen Einbrüche folgen, bis hin zur Katastrophe.

Auch wenn dies eine harte Analyse zu sein scheint, liegt darin meine wirkliche Erfahrung. Noch ist mein Abstieg im Nebel nicht abgeschlossen. Wieweit ich noch hinunterzuklettern habe, weiß ich nicht. Ich frage mich heute, ob die 14 Achttausender Reinhold geholfen haben, nicht ewig in diesem symbolischen Nebel zu klettern, in dem wir uns für einen Moment des Lebens gemeinsam befanden.

Alessandro Gogna
(Teilnehmer der K2-Expedition 1979)

ren ihr Vertrauen in mich. Mit jeweils einem Pressevertrag und Unterstützung durch meine Ausrüsterfirmen war es mir möglich, nun Jahr für Jahr mehrere Expeditionen auf die Beine zu stellen. Wer mitkam, zahlte nur einen Bruchteil dessen, was seine Teilnahme kostete, oder gar nichts. Das war nun einfacher als früher, als jeder die Selbstkosten beisteuern hatte müssen. Den Hauptteil der Expeditionskosten konnte ich von nun an für alle auftreiben.

Der Idealfall einer Expedition wäre für mich das unbeschwerte Unterwegssein: Eine Gruppe, die sich zusammentut; ein Manager, der für alle alles organisiert und finanziert; ein Ziel, das allen gleich wichtig ist; absolute Handlungsfreiheit für jeden mit der freiwilligen Übernahme einer Aufgabe (Film, Foto, Tagebuch) und demokratische Abstimmung dann, wenn es darum geht, nach oben zu klettern.

Heute ist nicht nur am K2, sondern auch an den kleineren Achttausendern im Karakorum vieles anders geworden, als es 1979 noch war. Durch den unterschwelligen Wettlauf und die grenzenlose Selbstüberschätzung vieler Alpinisten ist eine Hektik entstanden, die mich anwidert. Dabei ist Erfolg da oben immer noch nicht quantifizierbar, höchstens qualifizierbar. Die Qualität beim Bergsteigen hängt von der Auseinandersetzung Mensch–Berg ab. Die Quantität ist das, was viele heute in der Auseinandersetzung mit dem Konkurrenten zu finden hoffen. Dabei stehen schnelle Zeiten sowie Aufstiege unter allen Umständen im Vordergrund. Die Gefahr wächst. Die Unfälle am K2 1986 beweisen dies.

Die Zunahme von Expeditionen an einem Achttausender ist keine Garantie dafür, daß dieses Tun auch sicherer wird. Durch die vielen Gruppen, die gleichzeitig an einer Route klettern, haben fast alle eine Chance, in Bereiche vorzustoßen, in denen es gefährlicher, lebensgefährlich wird. Wenn Bergsteiger, die nicht die optimale Kondition

und Ausdauer besitzen, in solche Situationen geraten, erhöht sich die Wahrscheinlichkeit, daß sie dabei umkommen, um ein Vielfaches; tödliche Unfälle häufen sich.

Ich würde es nicht wagen, irgend jemandem einen Vorwurf hinsichtlich der zahlreichen Unfälle zu machen, die sich 1986 am K2 ereignet haben. Meine Überzeugung aber bleibt es – und davon gehe ich auch nach dem Lhotse nicht ab –, daß jeder, der einen Achttausender besteigen will, seinen Weg auch selbst vorbereiten sollte. Wer die Lager selbst hinaufträgt, die Fixseile selbst anbringt, lernt den Berg besser kennen. Wer sie nicht braucht, weiß selbst, welche zusätzlichen Risiken er eingeht. Die Schwierigkeiten des Berges, die Höhe, die eigenen Grenzen, die in uns stecken, erlauben es gar nicht, ohne Fremdhilfe in Bereiche hinaufzusteigen, die über unseren Verhältnissen liegen.

Ist aber ein Weg von unten bis oben vorbereitet, sind genügend Zelte und Material auf der Strecke, läßt sich auch ein Unerfahrener, ein Schwächerer dazu verleiten, in die Todeszone vorzustoßen. Dies geschieht zwar auf dem Rücken anderer, aber das interessiert ihn nicht. Als »Parasit« braucht man sich weniger anzustrengen, um hochzusteigen. Wenn aber in einem solchen Fall das Wetter umschlägt, wenn die Kräfte nachlassen, dann rennt der Nachsteiger blindlings in den Tod.

Inzwischen gibt es am K2 ein halbes Dutzend verschiedener Routen; sogar von der chinesischen Seite her ist er bestiegen worden. Warum gehen die meisten nach wie vor über den Normalweg? An neuen Routen versammeln sich zwar oft auch gleich mehrere Expeditionen auf einmal – wie 1986 am Südpfeiler, an der »Magic Line« –, die anderen Möglichkeiten aber bleiben unversucht. Schade, daß die magische Linie am Südpfeiler des K2 gleich von ein paar Expeditionen, die sich überlappten, versucht wurde. Sie konnte zwar erstbegangen werden, aber nicht von einer, sondern

93

Der K 2 von Westen. Diese Wand ist ein großes Problem. Sie würde Reinhold Messner noch reizen, ebenso wie die Überschreitung Everest–Lhotse. Das Versprechen aber, das er seiner Mutter gegeben hat, keine Achttausender mehr zu versuchen, will er halten. »Ich werde mir andere Möglichkeiten des Abenteuers suchen.« Nach dem wiederholten Erlebnis in der Vertikalen und in den Höhen möchte er in die Horizontale und Weite aufbrechen.

parallel von drei Gruppen. Dabei fand Renato Casarotto den Tod – einer von 13 Bergsteigern, die im Sommer 1986 am K 2 gestorben sind.

Ich hatte Renato Casarotto 1979 zu meiner Expedition eingeladen, weil ich ihn damals für den stärksten klassischen Bergsteiger Mitteleuropas hielt. Er hatte kühne Erstbegehungen in den Alpen und in Südamerika gemacht. Bei unserem Unternehmen aber erwies er sich als zu langsam, um im oberen Bereich helfen zu können; er war mehr eine Belastung als eine Unterstützung. Den Südpfeiler habe ich damals unter anderem auch aufgegeben, weil ich auf ihn nicht zählen hätte können.

1986 kehrte Casarotto zum Südpfeiler des K 2 zurück. Ob er »ein Konto begleichen« wollte oder ob ihm wie schon beim ersten Mal die »Magic Line« sehr wichtig war, weiß ich nicht. Ich weiß nur, daß er scheitern mußte. Renato Casarotto, für den ich Respekt empfand, stürzte beim Abstieg, nicht weit vom Basislager, in eine Gletscherspalte und kam dabei ums Leben. Eine traurige Nachricht für uns, die wir sieben Jahre zuvor am selben Berg zwei Monate lang mit ihm zusammen gewesen waren.

Nach dem K2 bekam ich massiv zu spüren – mehr noch als nach meinen vorhergegangenen Achttausendern –, was es heißt, auf dem Gipfel zu stehen. Der »Spiegel« hatte über unsere Expedition berichtet. In Fernsehdiskussionen sollte ich dazu Stellung beziehen. Auf so vielen Gipfeln erfolgreich gewesen zu sein, brachte eine große Popularität mit sich, aber auch Abneigung. Mitte der siebziger Jahre, als ich am Makalu, am Lhotse und Dhaulagiri gescheitert war, waren meine Neider weniger geworden. Es schien, als wären sie geradezu glücklich darüber, daß es mit den Achttausendern nun scheinbar nicht mehr klappte. Nachdem ich aber 1978 als erster gleich zwei Achttausender hintereinander bestiegen hatte – Mount Everest ohne Maske und Nanga Parbat im Alleingang – wurde es wieder kälter um mich. Auch in mir.

Im Sommer 1979 dann, nach dem K2, wuchs die Zahl der Mißgünstigen so stark an, daß ich mich auf diesem neuen Gipfel des Ruhms einsamer fühlte denn je. Auch meine Freunde zogen sich wieder mehr und mehr zurück. Die Presse reagierte kritisch. Obwohl es bis dahin noch keiner geschafft hatte, den K2 in einer so kleinen Mannschaft und so schnell zu besteigen, wurde diese Expedition als ein Abweichen von meinem Stil ausgelegt. Und dies, obwohl wir ohne Sauerstoffmasken gestiegen waren, obwohl wir im oberen Wandbereich ohne feste Camps, ohne Fixseile, ohne Träger operiert hatten.

Ich habe mich nie bemüht, ein Volksheld zu sein und war Ablehnung gewöhnt. Trotzdem war es nicht immer einfach, gegen so viel Unverständnis anzulaufen. Die Versuchung aber, mich den Kritikern anzubiedern, war nicht groß. Lieber beiße ich mir die Zunge ab. Anerkennung war mir weniger wichtig als das Bedürfnis, ich selbst zu bleiben, auch wenn ich allein gegen den Strom schwamm.

Ich habe beim Bergsteigen nie zwei Schritte auf einmal gemacht. Wenn man Grenzen verschieben will, muß man dies langsam tun, stetig und ruhigen Fußes, Schritt für Schritt. Wer in der Eile Stufen überspringt, wird früher oder später stolpern.

Am Everest waren wir eine große, starke Mannschaft gewesen. Eine ganze Kette von Hochlagern war von uns aufgebaut worden, bevor Peter Habeler und ich vom Südsattel aus den Aufstieg ohne Maske durchführen hatten können. Am K2 waren wir zwar nicht mehr die ersten

ohne Sauerstoffgeräte – dies war ein Jahr zuvor amerikanischen Bergsteigern unter Leitung von James Whittaker an der Nordostseite gelungen –, aber wir waren die ersten, die ohne Maske in einer Kleinexpedition operierten. Heute, nachdem der K2 schon innerhalb von 24 Stunden bestiegen worden ist, ist es selbstverständlich geworden, auf der von anderen ausgetretenen und abgesicherten Route ohne Rucksack vom Basislager zum Gipfel zu hetzen. Unsere Methode kann nicht mehr verstanden werden.

Was mir noch weniger gefällt als diese Wettläufe an den Achttausendern – »Wer klettert schneller auf den Gipfel?« – ist die Tatsache, daß es für junge Menschen mit Phantasie und Können nur noch wenige Möglichkeiten gibt, ihre Ideen selbständig auszuleben. Denn die Achttausender sind inzwischen so überlaufen, daß man kaum noch irgendwo eine Route findet, wo man ganz allein sein kann, wo es keine fremden Fixseile gibt, wo nicht schon jemand vorher ein Lager aufgebaut hat, wo keine Depots hinterlassen wurden. Jede Vorgabe schränkt das persönliche Erleben ein. Und darum, um dieses persönliche Erlebnis geht es doch.

In dieser Hinsicht haben wir, haben alle Bergsteiger eine große Verantwortung für die nächsten Generationen. Keinem von uns steht das Recht zu, diese Achttausender mit Fixseilen zu überspannen, sie mit Hochlagerketten zu bestücken und dann unaufgeräumt zu hinterlassen. Wir haben zwar alle das Recht hinaufzusteigen, ein jeder wie er will und auf allen erdenklichen Routen. Wir haben aber dabei auch die Pflicht, alles was wir hinauftragen wieder mit herunterzunehmen. Wir müssen lernen, die Berge so zu hinterlassen, wie wir sie vorgefunden haben. Nur so bleiben sie auch für die, die nach uns kommen, spannend und interessant, eine faszinierende Herausforderung, wie wir sie gebraucht haben und wie sie die jungen Bergsteiger noch mehr brauchen werden.

Unsere Generation – und das habe ich schon oft gesagt – wird nicht daran gemessen werden, wieviele Achttausender sie bestiegen und wie schnell sie es geschafft hat; sie wird daran gemessen werden, wie intakt sie diese Berge als Spielmöglichkeit für die nächste Generation hinterläßt. Ein von Haken und Fixseilen gesäuberter Südpfeiler ist auch im nächsten Jahr noch interessant; ein von Sicherungen strotzender Pfeiler für die Nachfolger nicht nur langweilig, sondern auch abstoßend.

Wenn ich zurückdenke an den K2, so gibt es einen besonderen Moment, der bis heute in mir als starkes Erlebnis nachschwingt. Damals, noch am Gipfel, aber absteigend, sah ich nach Osten blickend den K2 als Schatten gezeichnet auf den Bergketten unter mir. Eine mächtige dunkle Gestalt, die sich über die Karakorum-Berge gelegt hatte. Und auf diesem Schattengipfel konnte ich einen winzigen Punkt erkennen. Mich selbst? Einige Jahre später fragte mich einmal meine kleine Tochter Láyla, warum ich nicht warten würde, bis sich die Berge zum Schlafen niederlegten, um auf ihre Spitze zu steigen. Sofort tauchte in meiner Erinnerung der Schattenriß des K2 auf. Ja, meinte Láyla weiter, wenn die Berge dann in der Frühe aufstünden, wärst du oben.

So einfach wäre das, wenn die Berge sich wirklich niederlegten oder wenn wir dank unserer Phantasie die Fähigkeit besäßen, in einer Art Tagtraum auf die Gipfel der Achttausender zu steigen. Wir können sicher auch ohne die Anstrengung, ohne die Gefahr bis zum höchsten Punkt gelangen, wenn wir uns anderer Fähigkeiten im Menschen besinnen. Solange ich nicht ganz aussteigen kann aus dieser physischen Welt, finden die großen Abenteuer nicht im Kopf statt. Dort fangen sie nur an.

6 1964 Shisha Pangma 8046 m

Der letzte Achttausender

Die wichtigsten Daten der Erschließungsgeschichte

Geographische Lage: Zentral-Himalaja, Tibet
28° 21′ n. Br./85° 47′ ö. L.

1963 Eine zentralchinesisch-tibetische Gruppe erkundet den einsam gelegenen Berg, der früher mehr unter seinem indischen Namen Gosainthan bekannt war und mit seinen 8046 m als einer der kleinsten Achttausender gilt. Sie kommt in der Nordflanke bis auf ca. 7200 m.

1964 Bereits ein Jahr nach dieser Erkundung gelingt einer chinesisch-tibetischen Expedition die erste Besteigung. Am 2. Mai erreichen insgesamt zehn Bergsteiger den Gipfel über die Nordwestwand und den Nordgrat. Ein Drei-Mann-Absturz beim Abstieg verläuft glimpflich.

1980 Der Shisha Pangma ist nun auch für Ausländer zugänglich. Im Rahmen einer deutschen Expedition unter Leitung von M. Abelein und G. Sturm erklettern im Frühjahr zwei Seilschaften den Gipfel über die Route der Erstbegeher. Ein Versuch an der Nordwand scheitert bei etwa 7500 m. – Im Herbst ist eine österreichische Gruppe unter H. Mautner an der gleichen Route erfolgreich. Der Expeditionsarzt Dr. Alt bricht sich bei seinem Alleingang beide Knöchel und kann erst tags darauf mit schweren Erfrierungen geborgen werden.

1981 Im Frühjahr können Japanerinnen, darunter die Expeditionsleiterin J. Tabei, die vierte Besteigung des Shisha Pangma für sich verbuchen. – Am 28. Mai stehen dann R. Messner und F. Mutschlechner bei schlechtesten Wetterbedingungen auf dem Gipfel. Sie eröffnen eine Variante an der alten Route (5. Besteigung). (Die Besteigungen sind hier nicht nach Seilschaften gezählt, sondern nach Expeditionen. R. Messner ist der Ansicht, daß eine Gruppe, auch wenn mehrere Seilschaften den Gipfel erreichen, jeweils nur eine Besteigung durchführt, weil der Weg gemeinsam vorbereitet wird. Nur wenn im Rahmen einer Expedition mehrere verschiedene Wege gewählt werden, kann man mehrere Besteigungen zählen.)

1982 Auf den Tag genau ein Jahr danach eröffnen Engländer unter Doug Scott einen neuen Weg. Ohne Zwischenlager und Fixseile durchsteigen Scott, McIntyre, Baxter-Jones und Prescott die 3000 m hohe Südwand. Der Abstieg erfolgt über den Südostgrat. – Im Herbst gelangen alle sechs Mitglieder einer japanischen Expedition unter M. Hara über die Route der Chinesen auf den Gipfel.

1983 Im Rahmen einer deutsch-schweizerischen Expedition unter Leitung von S. Hupfauer erreichen im Frühjahr drei Deutsche den Gipfel. Gleichzeitig fordert der Berg sein erstes Todesopfer (F. Luchsinger). Nachdem ihm 59jährig noch der Dhaulagiri geglückt war, stirbt er mit 62 Jahren am Shisha Pangma in jenen Tagen, in denen er 27 Jahre vorher den »Sieg« über den Lhotse erringen konnte. – Eine amerikanische Expedition unter G. Porzak bringt im Herbst drei Mitglieder auf den Gipfel.

1984 Wiederum geht eine amerikanische Gruppe, diesmal unter der Leitung von J. Murphy, über die Route der Chinesen auf den Gipfel.

1985 Über die gleiche Route kann eine deutsch-österreichisch-schweizerische Expedition unter M. Schmuck einen großen Erfolg verbuchen: Zwölf Teilnehmer erreichen den Gipfel des Shisha Pangma. – Im gleichen Frühjahr steht ein Italiener auf dem höchsten Punkt. – Eine schweizerische Expedition unter M. Itten bringt im Herbst drei Teilnehmer auf den Gipfel.

1986 Der Berg wird in diesem Jahr von Alpinisten aus nahezu allen Bergsteigernationen belagert: Franzosen, Japaner und Österreicher gelangen auf dem Normalweg zum höchsten Punkt. Das »organisierte Abenteuer« hat sich auch an den Achttausendern durchgesetzt. Die jungen Starbergsteiger bemühen sich weniger um saubere, selbständige Besteigungen, es geht ihnen einzig und allein um die Schnelligkeit (z. B. E. Escoffier).

Der Shisha Pangma, ganz in Tibet gelegen, ist einer der leichtesten Achttausender. Trotzdem kann eine Besteigung bei schlechten Bedingungen (viel Schnee, Nebel) problematisch oder unmöglich sein. Bisher führen nur zwei getrennte Wege zum Gipfel: eine von Süden (Engländer, 1982), eine von Norden (Chinesen, 1964), der auch Reinhold Messner mit Friedl Mutschlechner 1981 folgte, wobei sie in der unteren Gipfelwand eine Variante erstbegehen konnten.
Mehrere logische Erstbegehungen bieten sich an (Westgrat, zwei Varianten in der Nordflanke der Gipfelwand, Ostflanken, Südwand).

Links oben: Friedl Mutschlechner im ersten Lager am Shisha Pangma. Der Gipfel schaut nur wenig hinter einem im Vordergrund aufragenden Bergkamm hervor.

Links unten: Abfahrt von 7200 Meter Meereshöhe mit Ski. Im Bild Friedl Mutschlechner.

Vorhergehende Doppelseite:
Das Basislager mit dem Shisha Pangma in Tibet (1981).

Oben: Blick vom Gipfelgrat des Shisha Pangma nach Norden (Tibet). Beim Gipfelgang von Reinhold Messner und Friedl Mutschlechner herrschte ein so starker Schneesturm, daß sie nur einen Augenblick lang einen Fetzen von der tibetischen Hochfläche unter sich sehen konnten. Im Herbst 1985 konnte Oswald Oelz den Gipfel bei besserem Wetter erreichen. Er fand allerdings mehr Schnee vor.

Rechts: Friedl Mutschlechner beim Abstieg vom Gipfel im Schneetreiben (28. Mai 1981).

Das vorgeschobene Basislager am Shisha Pangma. Von hier aus verfolgten Vanessa Oelz und Gerhard Baur, der einen Dokumentarfilm über die Expedition drehte, den Auf- und Abstieg von Oswald Oelz, Friedl Mutschlechner und Reinhold Messner.

Links oben: Eine Yak-Karawane brachte die Ausrüstung vom Basislager bis in ein vorgeschobenes Basislager am Fuße des Berges und nach Abschluß der Expedition wieder zurück. Dabei stürzten einige Container ab. Wertvolles Filmmaterial ging verloren, Tonbandgeräte und Kameras wurden beschädigt.

Links unten: Yaks mit ihren Führern, tibetischen Bauern.

1981

Shisha Pangma
Keine Aussicht im Nebel

Ein Mensch ist zu nichts »berufen« und hat keine »Aufgabe«, keine »Bestimmung«, so wenig als eine Pflanze oder ein Tier einen »Beruf« hat.

Max Stirner

Ein Großteil der Expeditionsteilnehmer verbringt einen guten Teil seiner Zeit damit, von seinen Frauen zu träumen. Allerdings muß man auch sagen, daß viele Männer – von denen man annehmen muß, daß sie vernünftig und ausgeglichen sind – in die Berge aufbrechen, um weit weg von ihren Frauen zu sein.

Pierre Chapoutot

Der Shisha Pangma von Norden. Der Gipfel ist links (südlich) der langen Gratschneide hinter dem spitzen Horn vorne zu erkennen. Durch die Südwand gibt es eine englische Route (1982), von Norden bieten sich zwei Varianten als Möglichkeit an.

Der Shisha Pangma gilt heute nicht mehr als kleinster Achttausender. Aufgrund der Tatsache, daß er von Norden betrachtet völlig allein, gewissermaßen als Fremdkörper solitär aus der erdbraunen tibetischen Hochfläche aufragt, ist er für mich auch einer der formschönsten Achttausender. Eine expressionistische Erscheinung!

Unsere Expedition 1981 bestand aus vier Alpinisten und zwei nicht extrem bergsteigenden Frauen. Mit dabei waren Gerhard Baur als Kameramann und meine häufigsten Begleiter an den Achttausendern Dr. Oswald Oelz, genannt »Bulle«, und Friedl Mutschlechner. Nachdem Japanerinnen, darunter Junko Tabei, den Gipfel des Shisha Pangma über die Normalroute erreicht hatten, trafen wir am 10. Mai im Basislager ein.

Ausgestattet mit einer Genehmigung des CMA, des chinesischen Bergsteigerverbandes in Peking, hatten wir unsere Anreiseroute über Peking, Chengdu und Lhasa genommen. Auf den Märkten in Lhasa und in den Bergdörfern machten sich inzwischen jene kleinen Freiheiten bemerkbar, die die Chinesen den Tibetern heute gewähren. Von Lhasa ging es nach Shigaze, wo wir Taschilumpo, das Kloster des Panchen Lama, besichtigten. Anschließend zogen wir weiter nach Tingri, in einem Talkessel auf 4400 Meter Meereshöhe, um uns dort etwa zehn Tage lang zu akklimatisieren. Anfang Mai fuhren und wanderten wir dann über die tibetische Hochfläche hinauf bis auf 5000 Meter, wo wir in einer kleinen Talsenke, an einem Bach, der unmittelbar vom Shisha Pangma herunterkommt, unser Basislager aufschlugen.

Die Nordwand des Shisha Pangma, unser Ziel, ist etwa so hoch wie die Matterhorn-Nordwand. Sie beginnt hoch oben im flachen Gletschertal, wo der Normalweg, von chinesischen Bergsteigern 1964 bei der »Eroberung« des Berges als Aufstiegsweg benutzt, nach links in die Nordostflanke leitet. Diagonal durchzieht eine Rampe die Gipfelwand. In der Steilheit ist diese Rampe mit den klassischen Wegen an der Brenva-Flanke des Mont Blanc vergleichbar.

Natürlich wollte ich auch den Shisha Pangma ohne Sauerstoffgeräte, ohne Fixseile und ohne Hochträger klettern. Mein Plan sah folgendermaßen aus: Mit Hilfe der kletter- und höhentüchtigen Yaks, einer einheimischen Rinderrasse, wollten wir unsere Ausrüstung vom Basislager hinaufschaffen bis auf 5800 Meter Meereshöhe. Dort sollte ein vorgeschobenes Basislager errichtet werden. Über die Chinesen-Route wollten wir zu viert bis an den Wandfuß gehen. Unter der Steilwand sollte auf 7000 Meter ein kleines Depot angelegt werden. Weiter oben würde ein winziges Biwak für den Gipfelgang notwendig sein.

Gerhard Baur bekam Schmerzen, vermutlich ausgelöst durch die Höhe. »Bulle« Oelz, Friedl Mutschlechner und ich waren zwar gut in Form, aber das Wetter machte uns einen Strich durch die Rechnung. Etwa zwei Wochen früher als gewöhnlich brach der Monsun herein. Trotzdem drängte Friedl. Er wollte einen Gipfelgang erzwingen. Er wußte wie das schmeckte, ohne Achttausendererfolg nach Hause reisen zu müssen. Als sich am frühen Morgen des 27. Mai der Himmel nur ein wenig lichtete, drängte Friedl zum Aufbruch. Wir mühten uns am Normalweg ab. Im Sturm, der uns den Atem zu nehmen drohte, kamen wir vom letzten Biwak 400 Meter hinauf.

Es hatte keinen Sinn mehr weiterzusteigen. Zwei Stunden lang hatte ich mir selbst etwas vorgemacht. Der Monsun war da. Zwei Wochen früher als in all den Jahren zuvor. Wenn wir nicht rechtzeitig abstiegen, war es zu spät. Dann würde uns hier oben irgendwann einmal jemand finden, wie ich sie auch schon gefunden habe. Bergsteiger, in ihre Daunenanzüge eingemummt, ihre Leichen vom ewigen Eis konserviert.

In kurzer Zeit würde meterhoher Monsunschnee den Abstiegsweg in eine Lawinenhölle verwandeln. Wenn das

Tibet heute

Das tibetische Hochland begeisterte uns alle, als wir es auf gut 1000 Kilometern durchquerten. Einige von uns wünschten sich, für immer dort zu bleiben. Allerdings auch unter der Voraussetzung, daß Tibet wieder ein freies Land sein würde. Ein freies Land, das es jahrhundertelang gewesen war.

Wer länger in Tibet war, kann dieser Landschaft mit ihren hintereinander gestaffelten Hügelketten und dem scheinbar durchsichtigen, gläsernen Horizont nicht mehr entgehen. Unendlich weit entfernt die nächsten Berge! Er möchte weitermarschieren, in die nächste Senke, ja, bis zum fernen Horizont. Er möchte den Strömen entlang nach Norden gehen, um das komplizierte Wassersystem dieser größten Hochfläche der Erde kennenzulernen.

Kein Land, das ich vordem besucht hatte, hat in mir so sehr den Wunsch geweckt, Geheimnissen auf die Spur zu kommen. Ich wollte tiefer eindringen in diese scheinbar öde Weite, die alle Antworten auf die großen Fragen der Menschheit bereitzuhalten scheint. Diese von wenigen Farbstimmungen belebte Landschaft ist wie ein unendlicher Strich, über den weiße Wolken ziehen, vom Morgen bis zum Abend. Weiße Wolken, die von unten aussehen, als wären sie mit dem Messer abgeschnitten.

Blick von Shegar Dzong – eine Klosterfestung, von deren Gipfel man den Chomolungma (Mount Everest) sehen kann – auf das Dorf Shegar (Nähe Tingri). Dahinter verwitterte Bergketten. Die meisten Dörfer und Städte in Tibet sind heute zweigeteilt: da die alten tibetischen Häuserhaufen, dort die Siedlungen der chinesischen Besatzungsmacht mit geraden Straßen, Blechdächern und Verwaltungsgebäuden.

Schneetreiben einsetzte und der Nebel dicker wurde, hatte man keine Orientierung mehr. Friedl, der vor mir den Schnee niedertrat, ging wie ein Stier. Er war es gewesen, der am Morgen trotz des Sturms gekocht, der gedrängt hatte. Und er war es, der jetzt nicht aufgeben wollte. Der Gipfel, vor dem wir standen, sollte so etwas wie eine Ehrenrettung für ihn sein. Zwei Jahre vorher war er kurz unter dem Gipfel des K 2 gescheitert. Und jetzt stand er wieder knapp vor seinem höchsten Ziel, dem Shisha Pangma, dem ersten Achttausender seines Lebens. Doch mein Ziel war ein winziges Zelt, 1200 Meter unter der Bergspitze, das wir an diesem Morgen verlassen hatten und das wir unbedingt erreichen mußten, um zu überleben.

Ich habe mir bei meinen Expeditionen auf die höchsten Gipfel dieser Erde nie etwas vorgemacht. Ich habe immer gewußt, daß irgend etwas passieren kann. Aber ich habe mich auch auf die Gefahren eingestellt und genau studiert, was in solchen Augenblicken zu tun ist. Nur so ist es mir gelungen, von fünf verschiedenen Achttausendern nach unten zu blicken, fünf von 14, die es gibt.

Doch jetzt war etwas ganz Unerwartetes passiert. Der Monsun hatte uns überrascht, und während der Monsunstürme ist kein Achttausender so leicht zu erobern. Die Erinnerungen an andere Expeditionen flogen wie Fetzen durch mein Gedächtnis.

Dann dachte ich an die da unten; vier Tage vorher hatten wir uns von ihnen verabschiedet. An Uschi, die Frau, mit der ich sechs Jahre lang verheiratet gewesen war und die nun 2000 Meter unter uns im Basislager saß. Sicher versuchten sie und Vanessa, »Bulles« Frau, uns mit dem Spezialfernrohr im Massiv der Nordwand zu entdecken. Aber sie konnten uns sicher nicht sehen in diesem Inferno, das auch uns keine Sicht ließ.

Ich dachte an Tibet, das Land, das den Ausländern nach der Eroberung durch China so lange verschlossen gewesen war und das wir jetzt einen Monat lang durchreist hatten. Wir waren eine der ersten Gruppen, denen die Einreise genehmigt worden war.

Wir waren überrascht und erschüttert zugleich, was sich in diesem Land seit der Flucht des Dalai Lama im Jahre 1959 und der Herrschaftsübernahme durch die Kommunisten in Peking alles verändert hatte. Einheimische erzählten uns, daß von den 3600 Klöstern, die einst die Glaubensfestungen von Tibet waren, heute nur noch dreizehn übriggeblieben sind. Alle anderen waren zerstört worden, viele Mönche waren in den Arbeitslagern der Chinesen umgekommen.

Friedl Mutschlechner im Abstieg nach dem ersten Versuch, den Gipfel des Shisha Pangma am Normalweg zu erreichen. Im dichten Nebel und tiefen Schnee war dieser Rückzug gefährlich. Auf 7000 Meter etwa blieben Mutschlechner und Messner im Zelt; Oswald Oelz stieg weiter ab in sein Biwak.

Am Gipfelgrat des Shisha Pangma (28. Mai 1981). »Über uns nur noch Sturm, unter uns Nebel; keine Aussicht nach außen, aber Erfahrungen nach innen.«

Im flachen U-Tal (ca. 7000 m) am Fuße der ▷ Gipfelwand des Shisha Pangma. »Die Welt liegt da wie ein aufgeschlagenes Buch, und du stehst mittendrin, erkennend, ohne noch zu suchen.«

Ich hatte mich dort unten oft gefragt, wie so etwas möglich war. Wie ein Land, das von der Natur so vorbildlich geschützt ist, von Menschen derart zugrunde gerichtet werden konnte. Aber ich habe dort auch gesehen, daß sich die einfachen Menschen von Tibet trotz der Leiden und der Qualen durchgesetzt haben. Sie haben sich ihren chinesischen Eroberern nie unterworfen und so einen Teil ihrer Freiheit behalten. Heute können sie wieder vieles tun, was lange Zeit verboten war. Sie dürfen frei handeln, und, was das Wichtigste für sie ist, sie dürfen ihre Religion wieder frei ausüben.

Peking gewährt den Tibetern Freiheiten, die in China selbst undenkbar wären. Vielleicht hatten die Parteiführer erkannt, daß für sie nur ein selbständigeres Tibet ein Bollwerk gegen die Mächte im Süden und Westen ist.

All diese Gedanken beschäftigten mich dort oben im wütenden Monsunsturm, durch den wir uns vorwärtskämpften.

Es war 8 Uhr früh, als wir ein winziges Zelt fanden. Es war aufgerissen, der Wind jagte Pulverschnee hinein, der sich drinnen drehte wie ein Kreisel. Wir krochen in den Schneehaufen, der sich dort auftürmte, und verstopften den Eingang mit unseren Rucksäcken.

Als »Bulle« mittags von einem tieferen Lager zu uns stieß, war die Lage hoffnungslos. »Bulle« und ich hatten in einer gemeinsamen Expedition den Mount Everest bestiegen. Und hier sollten wir scheitern? Doch die Situation entwickelte sich immer bedrohlicher, die Steilhänge wurden immer lawinenschwangerer. Wir mußten unser Lager, dieses von den Japanern in 7500 Meter Höhe zurückgelassene Zelt, verlassen und zu dem kleinen Biwakzelt absteigen, das wir am Abend vorher aufgebaut hatten.

Den ganzen Abend über zerrte der Sturm an der Zeltplane. Kein Augenblick Schlaf. Um 2 Uhr früh stürmte es noch immer. Friedl schaute nach draußen. »Der Himmel ist klar«, sagte er, und »der Sturm wird sich schon legen.« Wieder war er es, der zum Aufbruch drängte. Er war vom Erfolg so überzeugt, daß ich mich anzog. Ich dachte zwar, das wäre sinnlos, aber ich sagte es nicht. Um 5 Uhr brachen wir auf. Diesmal ohne »Bulle«.

Der Sturm schleuderte uns Eiskristalle ins Gesicht. Es standen wirklich Sterne am Himmel. Da entdeckten wir in einer Rinne der Nordwand, daß dort über Nacht eine Lawine niedergegangen war. Das war unser Glück. Durch diese Rinne kletterten wir nach oben. Über steile Felsen erreichten wir den Grat.

Es dauerte Stunden, bis wir in flacherem Gelände waren. Inzwischen hatte der Sturm wieder eingesetzt, und dicke Nebelschwaden hüllten uns ein. Wir konnten nur wenige Meter weit sehen. Irrsinn, dachte ich. Bei Monsun auf

108

solch einen Gipfel zu steigen, das ist Irrsinn! Aber jetzt gab es kein Zurück mehr.

Der Sturm wurde so stark, daß wir uns immer wieder hinkauern mußten. Doch Friedl war nicht zu bremsen. Er wollte weiter, er wollte nach oben. Er wollte zum Gipfel. Ich wußte seit zwölf Jahren, wie es ist, wenn man sich ohne Sauerstoffgerät in dieser Höhe vorwärtsplagt. Das kostet ungeheuere Kraft. Doch jetzt nahm uns auch noch der Monsun den Atem. Es genügte ein Blick, um zu wissen, daß wir weitergehen. Ein einziger Moment der Aufmunterung von Friedl ließ mich unser Exponiertsein und die sinnlos große Anstrengung vergessen. Wenigstens für Minuten.

Die Nebel um uns waren wie ein Schleier im Kopf. In diesem Benommensein verloren wir rasch die Orientierung. War das da vorn wirklich ein Mensch? Friedl? Wie konnte einer noch aufwärts gehen, wenn Boden und Atmosphäre eins waren? Farblos, amorph lagen Himmel und Erde vor uns. Ein graues Nichts, in das wir starrten: Nebel und Schnee. Weiter oben, weiter unten, ein paar Meter links und ebenso rechts war die Welt aufgehoben. Vielleicht hätte man dort auf dem Kopf gestellt gehen müssen.

Die Spur hinter uns konnte ich ungefähr 10 Meter weit sehen. Die Schatten machten sie deutlich. Weiter unten war sie schon zugeweht. Wie langsam wir waren! Wenn der Sinn für den Raum aufgehoben ist, gibt es auch keine Zeit mehr. Es war nicht die Müdigkeit, die mir Angst einflößte, es war dieses Verlorensein im Nichts. Zeit- und raumlos konnte ich mich nicht ertragen. Wenigstens nicht mit beiden Füßen im Schnee. Nur wenn Friedl mich ansah, konnte ich mich einordnen. Er trug als Spiegel offensichtlich auch meine Welt in sich.

Auf den letzten Metern sagte keiner ein Wort. Wie Roboter bewegten wir uns auf das Ziel zu. Dann standen wir oben.

Ich umarmte meinen »Treiber« und »Doppelgänger«. Für ihn war es der erste Achttausender. Ein Grund zum Feiern. Aber nicht hier. Ich schaute in die dichten Wolken. Da öffnete sich in dem Nebel ein Loch, und ich sah die Hochebene von Tibet. Wie weit ist doch die Welt da unten, dachte ich. Drei Tage später kehrten wir dorthin zurück.

Zurückkommen heißt nicht nur ausruhen, ausspannen, sich sicher sein. Zurückkommen heißt für mich auch eintauchen in den anderen. Mein Bedürfnis, ganz im anderen aufzugehen, war nie größer als nach dem Abstieg aus großen Höhen. Überstandene Gefahren machen mich süchtig nach neuen Grenzerfahrungen, aber auch hungrig nach Liebe und Tod. Dem Tod gehen viele »kleine Tode« voraus. Vielleicht ist das Liebesbedürfnis vor und nach Erfahrungen am Rande des Menschseins deshalb so intensiv, meine Sehnsucht deshalb so groß.

7 1955 Kangchendzönga 8586 m

Die fünf Schatzkammern des Schnees

**Die wichtigsten Daten
der Erschließungsgeschichte**

Geographische Lage: Osthimalaja, Länderdreieck Nepal/Sikking/Tibet 27° 42′ n. Br./88° 09′ ö. L.

1899 Der Brite D. W. Freshfield sowie der italienische Fotograf V. Sella umrunden den Kangchendzönga. Kangchendzönga bedeutet soviel wie »Fünf Schatzkammern des großen Schnees«. Im deutschen Sprachgebrauch wird der Berg auch oft mit »Kantsch« abgekürzt. Das vielgipfelige Massiv besteht aus dem Hauptgipfel, 8586 m, Mittelgipfel, 8482 m, Südgipfel, 8476 m und Westgipfel = Yalung Kang, 8433 m.

1929 Eine deutsche Expedition unter Leitung von P. Bauer erreicht am Nordostsporn eine Höhe von etwa 7400 m.

1930 G. O. Dyhrenfurth leitet eine internationale Expedition zur Nordflanke. Beim Versuch, den Nordgrat zu erreichen, kommt ein Sherpa in einer Eislawine um. Daraufhin wendet sich die Gruppe dem Nordwestgrat zu und gelangt dort auf eine Höhe von etwa 6400 m.

1931 Wieder führt P. Bauer eine deutsche Expedition zum »Kantsch«. Diesmal wird am Nordostsporn eine Höhe von etwa 7700 m erreicht, jedoch stürzen H. Schaller und ein Sherpa tödlich ab; der Sirdar erkrankt und stirbt.

1955 Im Rahmen einer britischen Expedition unter Leitung von Ch. Evans besteigen G. Band und J. Brown am 25. Mai den Kangchendzönga zum ersten Mal. Anderntags folgen N. Hardie und

T. Streather. Beide Seilschaften respektieren den Gipfel als heiligen Ort der Einheimischen und machen wenige Meter unterhalb davon halt.

1973 Die erste Besteigung des Westgipfels (Yalung Kang) erfolgt im Frühjahr durch eine japanische Mannschaft über den Südwestgrat.

1975 Eine deutsch-österreichische Expedition unter Leitung von S. Aeberli und G. Sturm gelangt über einen neuen Weg auf den Westgipfel. Neun Teilnehmer besteigen in drei Gruppen den Yalung Kang.

1977 Eine indische Militärexpedition unter Führung von Col N. Kumar ist am Hauptgipfel erfolgreich. Über Nodostsporn und Nordgrat erreichen ein Teilnehmer und ein Sherpa den Gipfel.

1978 Die Erstbesteigung des Süd- und Mittelgipfels des Kangchendzönga von Südwesten her gelingt einer polnischen Gruppe.

1979 Die dritte Besteigung des Hauptgipfels, diesmal von Norden her, glückt einer britischen Expedition. D. Scott, P. Boardman und J. Tasker erklettern den höchsten Punkt vom Nordcol aus im Alpenstil und ohne künstlichen Sauerstoff.

1980 Im Rahmen einer japanischen Expedition gelingt zwei Gipfelmannschaften unter Leitung von M. Konishi im Frühjahr der Aufstieg zum Gipfel. Dabei wird eine großartige Nordwandroute erschlossen.

1982 R. Messner und der Südtiroler F. Mutschlechner klettern am 6. Mai

ohne Sauerstoffmasken und mit Unterstützung von nur wenigen Sherpas teilweise im Alpenstil über eine Variante in der Nordflanke zum Gipfel (10. Besteigung).

1983 Der Österreicher J. Bachler erklettert den Hauptgipfel vom letzten Lager aus im Alleingang über die Südwestflanke. – Auf der gleichen Route steigt der Franzose P. Beghin allein ohne Maske, ohne Träger und ohne Zwischenlager zum Gipfel auf.

1984 Eine japanische Gruppe scheitert bei dem Versuch, Haupt-, Süd- und Westgipfel kreuzweise zu überschreiten. Die verschiedenen Gipfel (Süd- und Hauptgipfel) werden erreicht.

1986 Im Herbst sind Spanier an der Südwestflanke (Weg der Erstbesteiger) erfolgreich.

Die Route, die Reinhold Messner in der Nordflanke des Kangchendzönga wählte, ist bereits 1930 von einer internationalen Expedition ins Auge gefaßt worden (Dyhrenfurth). Sie war 1982 nur mehr teilweise neu, nachdem Briten links und Japaner rechts davon einen Durchstieg gefunden hatten.
Zum »Kantsch«-Hauptgipfel führen jetzt vier verschiedene Routen, dazu einige Varianten. An der Süd- und Ostflanke gibt es noch Neutouren zu erschließen. Eine extrem schwierige Wand (Gipfel teils Fels) bietet sich an der Ostflanke des Südgipfels an.

Links oben: Reinhold Messner unter der dritten Séracstufe im Eisfall. Nachdem er das senkrechte Eis überklettert hatte, mußte er feststellen, daß es dahinter nicht weiterging. Mutschlechner und Messner fanden eine Umgehungsmöglichkeit durch einen Eiskamin weiter links.

Links unten: Friedl Mutschlechner am Westgrat des Kangchendzönga-Hauptgipfels, wenige Seillängen unterhalb des Gipfels. Im Nebel, weiter unten, der Westgipfel (Yalung Kang).

Vorhergehende Doppelseite: Abend im ersten Lager am Fuße der Kangchendzönga-Nordwand. Sobald die Sonne unterging, erstarrte der aufgeweichte Schnee innerhalb von wenigen Minuten. Am Morgen kam die Sonne erst sehr spät hinter dem »Kantsch« hervor.

Ang Dorje packt seinen Rucksack im letzten Biwak nach der Sturmnacht, in der die Zelte zerstört wurden.

Ang Dorje, der Sherpa, der aus eigenem Antrieb bis zum Gipfel weiterging, zurück im Lager 2. Er blieb als einziger gesund und ohne Erfrierungen.

Reinhold Messner und Friedl Mutschlechner
am Gipfel des Kangchendzönga (6. Mai 1982).
Ang Dorje hat die nepalesische Flagge an einer
Vermessungsstange befestigt, die von
indischen Bergsteigern 1977 dort zurückgelassen worden war.

Ang Dorje und Friedl Mutschlechner steigen im Schneesturm über die Schulter zum Nordgrat ab.

Halluzinierend, todkrank seilt sich Reinhold Messner nach dem Gipfelgang am Kangchendzönga durch die Nordwand ab.

1982

Kangchendzönga
Vom Sturm festgenagelt

Wer nur besorgt ist, daß er »lebe«, vergißt über diese Ängstlichkeit leicht den Genuß des Lebens.

Max Stirner

Am Berg hat man Angst. Je mehr man davon versteht, um so mehr Angst hat man. Denn um so besser kann man die Gefahr erkennen.

Yannick Seigneur

Der Kangchendzönga von Norden vom Basislager aus gesehen. Die Route von Messner und Mutschlechner führt aus dem Kessel unter der Nordwand durch die Séracs (vom Nebel verdeckt) nach links zum Nordgrat. Über diesen, die große Schulter und eine Querung der Gipfelwand nach rechts erreichten die beiden den Westgrat und den Gipfel.

Im Sommer 1981 saß ich in der Hintergrat-Hütte in der Ortler-Gruppe mit Friedl Mutschlechner zusammen, der dort das »Eiszentrum« meiner Bergsteigerschule leitete. Eines Abends rückte er mit einer Idee heraus: Nachdem es mir 1978 gelungen war, in einem Sommer zwei Achttausender zu besteigen, warum sollte es nicht möglich sein, in einer Saison drei Achttausender zu machen, einen Hattrick zu versuchen, wie er bisher noch nie dagewesen war!

Ich fand die Idee großartig. Allerdings wurde mir gleichzeitig bewußt, wie schwierig es sein würde, ein solches Unternehmen bürokratisch vorzubereiten und es zu finanzieren. Das hieß, wir mußten in einer Saison für drei Achttausender drei verschiedene Genehmigungen bekommen, diese zeitlich richtig aufeinander abstimmen und Geld für drei Expeditionen auftreiben. Nur wenn wir ohne großen Zeitverlust von einem Achttausender zum anderen gehen konnten, war der geplante Hattrick machbar.

Ich erreichte in Nepal schließlich ein Vormonsun-Permit 1982 für den Kangchendzönga, den ich schon seit Jahren über die Nordwand klettern wollte, eines für den Gasherbrum II und eines für den Broad Peak in Pakistan für Juni und Juli desselben Jahres. Diese drei Achttausender wären so unmittelbar hintereinander besteigbar gewesen. Daraufhin einigte ich mich mit Friedl auf folgenden Plan: Im Frühling 1982 wollten wir zum Kangchendzönga reisen und diesen über jene Nordwand erklettern, die zu den eindrucksvollsten Himalajawänden gehört. Zwischen der Route von Doug Scott, Peter Boardman und Joe Tasker links und der Japaner-Route rechts war die ideale Linie offengeblieben. Sie war zwar 1930 von der Dyhrenfurth-Expedition versucht, aber nie bis zum Gipfel geklettert worden. Diese Erstbegehungsmöglichkeit auszuschöpfen und damit den ersten der drei Gipfel zu schaffen, sollte der Auftakt für den Hattrick sein. Ein extremes Unterfangen!

Anschlließend wollten wir von Nepal direkt nach Pakistan fliegen, über den Baltoro-Gletscher zum Gasherbrum II gehen und diesen überschreiten: Aufstieg über den noch unbestiegenen Ostgrat, Abstieg über den Normalweg. Als dritten und letzten Achttausender wollten wir dann den Broad Peak überschreiten: vom K2 her über Nord- und Mittelgipfel zum Hauptgipfel, Abstieg über den Normalweg.

Als wir im Frühling 1982 nach drei Wochen Anmarsch zum Kangchendzönga kamen, lag oben über dem letzten Dorf Gunza noch Schnee. Es war kalt und windig. Meine sechs Monate alte Tochter Láyla, die ich auf dem Rücken mittrug, bewies Höhentauglichkeit und Kälteunempfindlichkeit. Sie klagte nie.

Von Medizinern wußte ich, daß es für ein Kind keine gesundheitlichen Probleme in 5000 Meter Meereshöhe geben muß, wenn man den Weg bis ins Basislager langsam angeht, sich also sukzessive akklimatisiert, und vorausgesetzt, daß keine Krankheiten aufkommen. Láyla hat diese Expedition bereichert.

Ich halte allerdings nichts davon, kleine Kinder weiter als bis ins Basislager mitzunehmen. Sie in die Wand hinaufzutragen, ist purer Unsinn. Davon haben weder die Eltern noch die Kinder etwas. Den »Höhenrekord«, 6000 Meter, den Ozaki, der berühmte japanische Bergsteiger, mit seinem Sohn Makoto am Island Peak aufgestellt hat, war etwas anderes. Was aber über bergsteigende Kinder im Himalaja sonst noch in der Zeitung zu lesen war – »Dreijähriger besteigt Makalu, mit Säugling zum Gipfel« –, ist entweder erfunden oder Unfug. Es war für die Kleinen sicher langweilig.

Nur wenige Tage verbrachten Friedl Mutschlechner und ich im Basislager am Kangchendzönga. Wir fixierten die Zelte, bauten aus Steinen eine Küche mit einer Plastikplane als Dach und organisierten die Post, die jeweils nach zwei Wochen von zwei einheimischen Läufern gebracht werden sollte.

Ununterbrochen fegte der Wind über die Zelte. Láyla ließen wir dort in der Obhut ihrer Mutter Nena Hòlguin zurück. Friedl und ich gingen mit einer Handvoll Träger über den Gletscher an den Wandfuß. Zwei Tage brauchten wir, um Lager 1 zu erstellen. Dort lebten wir dann wochenlang.

Oberhalb von Lager 1 war der Weiterweg schwierig. Ein etwa 200 Meter hoher Séracgürtel hing über dem Wandfuß. Dieser verriegelte förmlich den Aufstieg. Und unter ihm machten wir zum ersten Mal mit den Gefahren und Schwierigkeiten dieser Nordflanke Bekanntschaft. Mit lautem Krachen brachen häufig riesige Stücke von diesem Eiswulst ab und donnerten die Wand hinunter. Unten lagen Tonnen grünglänzender Eissplitter. Es war nicht leicht, eine Möglichkeit zu finden, den Eisriegel ohne größeres Risiko zu überwinden. Anfangs erschien uns dies unmöglich.

Bei unseren mehrmaligen Aufstiegsversuchen schafften wir zuerst oft nur 50 Meter am Tag. Oft waren wir ziemlich niedergeschlagen. Hatten wir uns bei der Planung überschätzt? Nun mußten wir erkennen, daß wir zu zweit nicht weiterkamen. Wir konnten uns nicht mit anderen abwechseln. Es war ja sonst niemand da.

Aufgeben aber wollten wir trotzdem nicht. Stück für Stück tasteten wir uns an den glatten Eiswülsten empor und kamen so bis in die Mitte der Séracs. Dort ging es scheinbar weder links noch rechts weiter. Eine 20 Meter dicke Eismauer verstellte den Weg. Schließlich fanden wir einen Spalt, durch den wir uns durch sie hindurchzwängen konnten. Auf der anderen Seite der Eismauer lag ein Labyrinth von Hartschneetrümmern. Wieder fanden wir einen Weg. Es war abenteuerlich, wir kletterten durch ein senkrecht übereinander aufgetürmtes Zauberreich aus Eis und Schnee. Kein Märchenerzähler hätte eine so verwunschene Welt erfinden können. Wenn die Gefahren nicht dagewesen wären, wir hätten das »Da-Sein« genossen.

Anfangs waren wir unsicher und voller Angst durch diesen Eisbruch gestiegen. Inzwischen hatten wir uns an alles gewöhnt: an die Geräusche ganz drinnen im Eis, das stöhnte und barst; an Schneelawinen von oben, die bei Neuschnee niedergingen; an die ständige Gefahr.

Wir kamen recht gut vorwärts. Weit oberhalb des Séracs errichteten wir im zweiten Anlauf Lager 2 und glaubten, die Wand schon »in der Tasche« zu haben. Wir waren bis auf etwa 7200 Meter Meereshöhe, also bis knapp unter den Nordgrat hinaufgekommen, als uns die Seile ausgingen. Das Eis war so hart, daß es nicht zu verantworten gewesen wäre, den Aufstieg ohne Fixseile bis zum Gipfel zu riskieren. Wir wären ohne sie nicht mehr heruntergekommen. Plötzlich mußten wir einsehen, daß wir verspielt hatten. Durch Materialmangel sahen wir uns gezwungen, aufzugeben.

Beim Abstieg dann gerieten wir im Lawinenschnee in Lebensgefahr. Bei diesem Rückzug schneite es ununterbrochen. Der leichte Pulverschnee sammelte sich in den Hängen. Nach jeweils einer halben Stunde fegte er als Schnee-

Friedl Mutschlechner seilt sich im Schneetreiben in die Spalte oberhalb von Lager 2 ab. Wenige Minuten später gingen die ersten Schneerutsche über ihn und Messner nieder, die die beiden stundenlang in dieser Spalte festhalten sollten.

Reinhold Messner spurt den Hang zur kleinen ▷ Scharte unter dem Gipfel hinauf (ca. 8400 m). »Nicht die Kraft, der Wille entscheidet. Der Wille macht den Körper zum Pfeil.«

Todkrank

Ich glaube, daß ich mir beim Anmarsch zum Kangchendzönga durch unsauberen Tschang – das ist tibetisches Reisbier – einen Amöben-Infekt zugezogen habe. Beim letzten Aufstieg Richtung Gipfel fühlte ich mich knapp oberhalb des Basislagers nicht wohl. Ich verspürte ein Stechen in der Magen-Leber-Gegend, das mir unerklärlich war. Auch hatte ich Schwierigkeiten beim Atmen. Ich machte mir Sorgen und war beim Klettern behindert.

Kurz unterhalb von Lager 1 sagte ich zu Friedl Mutschlechner, mit dem ich plötzlich nicht mehr Schritt halten konnte, daß ich mich krank fühle und es wohl besser sei, wenn ich zurückginge. Er stieg dann voraus. Ich bemühte mich trotzdem, ihm zu folgen, ohne viel Hoffnung allerdings. An diesem Tag schaffte ich nur mit Schmerzen und sehr viel Mühe den Aufstieg ins Lager.

Anderntags, als das Wetter gut war und wir voller Hoffnung aufbrachen, spürte ich nichts mehr. Ich war zwar nicht so stark wie bei anderen Expeditionen, aber ich konnte und wollte weitermachen. Ich weiß nicht, ob ich fähig gewesen bin, die Schmerzen ganz zu verdrängen, oder ob die Konzentration auf den Gipfel sie aufgehoben hat. Jedenfalls kam ich bis ins letzte Biwak, und von da an war ich in meiner üblichen Form. Beim Gipfelaufstieg fühlte ich mich sehr gut, und vielleicht habe ich ihn gerade deswegen, trotz des stürmischen Wetters, riskiert.

Erst beim Abstieg machten sich die Schmerzen wieder bemerkbar. Als die Anspannung nachließ, als die Müdigkeit mich übermannte, konnte ich vor Schmerzen nicht mehr schlafen. Im Basislager kam dann der endgültige Zusammenbruch, ich war todkrank.

Beim Rückmarsch verspürte ich immer wieder Stiche in der Leber-Gegend, wie durch Schüsse. Und Müdigkeit. Ich ging so langsam, wenn es galt einen Gegenhang zu nehmen, wie ich mich vorher in der Gipfelregion des Kangchendzönga bewegt hatte.

In Kathmandu dann diagnostizierte ein amerikanischer Arzt einen Amöben-Abszeß in der Leber.

rutsch über die blanken Eispisten. Und diese Neuschneelawinen gingen über uns hinweg. Stundenlang.

Knapp oberhalb von Lager 2 saßen Friedl und ich in einer Gletscherspalte und warteten ab. Es begann zu dämmern. Ohne Biwakausrüstung und in den nassen Kleidern wären wir in dieser Nacht im Freien sicher erfroren. Also mußten wir hinab zum Zelt. Wir beratschlagten, ob es verantwortbar war, eine Lawinenpause zu nutzen, um schnell bis ins Lager 2 zu laufen. Oder sollten wir doch besser die Nacht dort oben verbringen? Trotz der Gefahr zu erfrieren? Nach Stunden erst konnten wir uns zu einem Entschluß durchringen. Wir wagten den Versuch, nach einem Lawinenabgang loszurennen. Wir hatten Glück und kamen heil hinunter.

Nachdem wir uns in Gunza Seile besorgt hatten, Seile, die die einheimischen Bauern Jahre vorher japanischen Bergsteigern abgeluchst hatten, gingen Friedl und ich zusammen mit dem Sherpa Ang Dorje noch einmal in die Wand. Dies sollte unser letzter Versuch werden. Diesmal mußte der Aufstieg gelingen.

123

Am Umkehrpunkt brachten wir die Fixseile an, die fehlten. Der Rückweg war somit abgesichert. Dann stiegen wir gleich weiter Richtung Gipfel. Da und dort fanden wir noch Seilreste von jener kleinen Expedition, die unter Führung von Doug Scott 1979 den Kangchendzönga von Norden bestiegen hatte. In einer schattigen Spalte am Nordgrat biwakierten wir zum ersten Mal.

Am nächsten Tag waren wir zu müde, um weiterzumachen. Erst am übernächsten stiegen wir bis auf 8000 Meter, wo wir auf dem Grat zwei kleine Zelte aufstellten. Wir waren jetzt an der Stelle, wo der Nordostsporn und der Nordgrat zusammentreffen. Wieder biwakierten wir.

Am 6. Mai starteten wir dann zum Gipfelaufstieg. Es war windig, die Sonne wärmte kaum. Ein »antrisches« Licht, ein heller gebrochener Schimmer lag in der dünnen Luft. Als ob ich die Welt da oben im Traum erlebte. Der Schnee reichte uns mal bis zu den Knien, mal war er auch nur schuhtief. Gigantische Tiefblicke! Alle Täler und Berge wirkten in dieser wie vom Weltgeist angehauchten Luftglocke wie unter einem Vergrößerungsglas.

Am Nordgrat überkletterten wir einige Felstürme, wühlten uns durch den tiefen Treibschnee in eine Scharte hinauf. Dann, bei der Querung vom Grat nach rechts bis in den tiefen Sattel westlich des Hauptgipfels, wurde unser Aufstieg langsam. Von Tibet kamen dünne Nebelschleier näher, die ein starker Nordwest herantrieb. Die Stimmung – Licht, Wind, darüber in einem Halo die Sonne – wurde noch unheimlicher. In der Luft lag ein Geruch von zerriebenen Felsen. Das Gelände – Schneefelder zwischen steilen Granitpfeilern – war exponiert. Zudem lagerte da und dort weicher Schnee auf einer Eiskruste.

Die Steigeisen griffen nicht immer gut. Trotzdem gingen wir noch seilfrei. Jeder solo. Wir konnten nicht die ganze Strecke sichern. Wir hätten sonst viel zu lange gebraucht. Vor allem wäre Sichern zu anstrengend gewesen. Auf der Scharte erst, zwischen Süd- und Nordseite des Kangchendzönga, schon hoch überm Westgipfel, banden wir uns zu dritt ans Seil. Über Risse, Rinnen stiegen wir weiter. Zwischen Granitplatten und Schneeresten waren wir immer wieder gezwungen, weiter nach rechts zu queren. So kamen wir am Nachmittag hinauf zum höchsten Punkt.

Sogleich fuhr uns wieder dieser starke Nordwestwind ins Gesicht, vor dem wir an der Südseite kletternd kurze Zeit geschützt gewesen waren. Wir wußten, daß wir rasch wieder absteigen mußten. Trotzdem trödelten wir. Sicher, wir wollten überleben, aber Eile empfanden wir nicht. Am Gipfel lagen alte Sauerstoffflaschen. Eine Vermessungsstange, die indische Bergsteiger dort gelassen hatten, steckte im Schnee. Wir machten Fotos voneinander. Dann, wie in einem Anfall von Wahnsinn, trieb ich Friedl und Ang Dorje plötzlich an.

Fluchtartig brachen wir wieder auf. Abwärts, schnell, zurück ins Biwakzelt, bevor es zu spät war! Mit jedem Meter, den wir hinuntergingen, nahm der eisige Wind von Norden her zu. Er traf uns jetzt mit voller Wucht. Ich hatte mir die Daunenhandschuhe angezogen und bemühte mich, den Pickel, an dem ich mich festhielt, trotzdem im Griff zu behalten. Friedl stülpte seine Daunenhandschuhe wohl einige Minuten zu spät über die Walkhandschuhe und erlitt so böse Erfrierungen. Noch spürte er nichts. Nur abwärts und vorsichtig, daß du nicht hintüber aus der Wand fällst, waren wohl auch seine Gedanken.

Am späten Abend erst kamen wir im Lager an. Wir krochen ins Zelt. Ohne zu kochen, ohne zu trinken lagen wir da. Immer noch ausgefüllt von der Hoffnung, am nächsten Tag in Sicherheit zu sein. Es war lebenswichtig, so schnell wie möglich den Abstieg fortzusetzen.

In dieser Nacht gab es kein Schlafen, keine Erholung. Ununterbrochen rüttelte der Sturm an der Zeltplane. Plötzlich zerriß sie mit lautem Knall. Es war

Die erfrorenen Finger an der rechten Hand von Friedl Mutschlechner nach der »Kantsch«-Besteigung.

Friedl Mutschlechner

Überlebt – obwohl das Zelt riß

Beim Abstieg nahm der Sturm orkanartige Ausmaße an. Es erfordert äußerste Konzentration, den richtigen Weg zu finden und ohne auszurutschen das rettende Zelt zu erreichen. Bei allem Glücksgefühl bin ich müde und ausgelaugt. Jeder von uns hatte für den Aufstieg alles gegeben. Deshalb trifft uns jetzt der Sturm um so härter.

Die Hölle ist los. Der Wind peitscht uns Schneekristalle ins Gesicht, nimmt jede Sicht. Trotz allem können wir uns vor Anbruch der Dunkelheit in das zurückgelassene Zelt retten. Die Steigeisen lassen wir vor dem Eingang liegen. Mit den Schuhen kriechen wir in die vereisten Schlafsäcke. Der Sturm tobt so heftig, daß es keine Möglichkeit gibt, etwas zu kochen.

Nur nicht einschlafen – das wäre das Ende. Mit dem Rücken zur Zeltwand sitzend versuchen wir, dem Wind Widerstand zu leisten. Erbärmlich wenig haben wir diesem Sturm entgegenzusetzen.

Irgendwann merke ich, daß meine rechte Hand gefühllos ist. Die Finger sind steifgefroren. Nur nicht aufgeben – mein ganzes Wesen konzentriert sich nur auf diesen Gedanken. Jedes Gefühl für Zeit habe ich verloren. Minuten werden zu Stunden, Stunden zu Ewigkeiten.

Jetzt darf uns nicht der kleinste Fehler unterlaufen. Während ich um Hilfe rufe – Reinhold, der neben mir sitzt, kann im Heulen des Sturmes nichts verstehen –, reißt die Befestigung am Zeltgestänge. Wir schauen uns an, jeder weiß, was passieren kann.

Mit Handzeichen fordere ich Reinhold auf, sich mehr gegen die Zeltwand zu stemmen. Er schreit mir zu: »Sag den Kanadiern da draußen, sie sollen endlich aufhören, Steine auf unser Zelt zu werfen.« Mich durchfährt ein eisiger Schreck. Einen Moment lang muß ich an Expeditionsberichte denken, wonach Bergsteiger vors Zelt gegangen und seitdem verschwunden sind. Ich spüre Schlimmes auf uns zukommen.

Alles, was ich nun denke, spreche ich Wort für Wort laut vor mich hin. So habe ich die bessere Kontrolle über mich. Die Konzentration läßt merklich nach. Ob ich noch einigermaßen klar denken kann? Irgendwie habe ich keine Angst vorm Sterben mehr. Der Tod ist zur realen Wirklichkeit geworden. Es wäre gar nicht schlimm, liegenzubleiben und zu sterben. Die Versuchung, den winzigen Schritt zum ewigen Schlaf zu tun, ist groß. – Dann reißt das Zelt.

Wir liegen im Freien. Zu unserem Glück haben wir die Schuhe angelassen, geht es mir im Zeitlupentempo durch den Sinn. Ein letztes Aufbäumen meiner Kräfte ermöglicht es mir, die Steigeisen anzuziehen. Der Wind wirft mich dabei immer wieder um. Ang Dorje, unserem treuen Sherpa, geht es genauso. Dann beginnen wir gemeinsam den Abstieg.

Unterhalb vom Grat suche ich Schutz vor dem Sturm, um auf Reinhold zu warten. Anscheinend hat er mehr Probleme mit den Steigeisen als Ang Dorje und ich. Ich schreie mir die Seele aus dem Leib, er solle doch kommen, aber der Sturm ist zu laut, als daß er es hören kann. Immer wieder fällt er zu Boden.

Ich möchte ihm helfen, habe aber keine Kraft mehr, das kurze Stück zu ihm hinaufzusteigen. Das einzige, was ich tun kann, ist, ihn nicht allein zu lassen. Jeder von uns weiß, daß man in solchen Situationen ganz auf sich selbst gestellt ist, daß jeder nur mehr Kraft für sich allein hat.

Bewegungslos stehe ich da und muß zusehen, wie er sich plagt. Es geht ums Überleben. Es klingt hart, wenn man zugeben muß, daß man in solchen Situationen einen Partner liegenlassen würde, um sich selbst zu retten. Es ist aber die Realität. Jeder hat das Recht, vielleicht sogar die Pflicht, so zu handeln. Ich glaube, daß Reinhold mit dieser Einstellung nicht nur diese Grenzsituation überlebte, sondern viele andere große Bergabenteuer. Keiner weiß besser als er, daß ihm hier niemand helfen kann.

Keine Ahnung, wie lange es gedauert hat, bis er neben mir steht. Ohne ein Wort zu sagen, setzen wir den Abstieg fort. Erst als uns die Sherpas im Lager 2 heißen Tee reichen, wissen wir, daß wir überlebt haben.

Friedl Mutschlechner
(Besteiger von drei Achttausendern)

Lager 2 an der Nordwand des Kangchendzönga. Aus Sicherheitsgründen standen die Zelte unter einem Eisüberhang. Hier gab es noch Luxus, einen relativ bescheidenen, aber immerhin Luxus, wenn man eine Nacht hier mit einem Biwak unterm Gipfel vergleicht.

Ein Sherpa und Reinhold Messner beim Abstieg ▷ vom Basislager. Das Schlechtwetter hält an, so auch Schmerzen und Angst. Man wird mit den Jahren und der Erfahrung nicht angstfrei, im Gegenteil.

etwa 5 Uhr morgens. Meine Müdigkeit, der Überlebenswille und die ersten Halluzinationen mischten sich zu einem Rausch von Gefühlen. Nun hatte ich weniger Angst. Erste Anzeichen von Wahnsinn. Wenige Minuten später ging auch das kleine Zelt von Ang Dorje in Fetzen.

Eingehüllt in unsere Schlafsäcke waren wir alle drei schutzlos dem tobenden Unwetter ausgeliefert. Die Kleider voll Schnee, der Pickel irgendwo, starrten wir in diese so unwirkliche Welt da oben: nur Sterne und Schnee weit und breit. Dazu der ohrenbetäubende Lärm des Windes. Plötzlich ein gutes Gefühl dabei. Jetzt keinerlei Angst mehr. Die Handschuhe flogen weg. Wir hatten äußerste Mühe, unsere Siebensachen zusammenzuhalten. Der Sturm, der mit über 100 Stundenkilometern über den Grat fegte, drohte uns zu ersticken.

Wortlos stand Friedl auf. Jeder versuchte, sich anzuziehen, sich irgendwie zu schützen. Friedl, obwohl müde von den Strapazen des Vortages, war wieder in guter Verfassung und als erster fertig. Auch Ang Dorje war bereits im Absteigen begriffen, als ich mich noch bemühte, die Steigeisen an die Schuhe zu schnallen. Es gelang mir nicht. Ich war so ungeschickt. Von der Kälte geschüttelt konnte ich meine Hände nicht kontrollieren.

Ich hatte nur den Wunsch, oben sitzen zu bleiben. Da kam Friedl einige Schritte zurück und bedeutete mir, daß ich sofort absteigen müßte. Als ich endlich die Steigeisen an den Schuhen befestigt hatte und losgehen wollte, merkte ich, daß ich nicht vom Fleck kam. So sehr ich mich gegen die Gewalt des Sturmes stemmte, er warf mich um. Wie ein Vogel ließ ich mich gegen den Wind fallen, auch das vergeblich. Es ist ein sonderbares Gefühl, dazustehen und immer wieder hinzufallen wie ein Betrunkener. Es steigert den Wahnsinn. Erst nach mehreren Versuchen und nur weil Friedl da war, kroch ich, zur Seite gewandt, nach unten. Friedl zwang mich förmlich ab-

zusteigen. Vielleicht ging ich nur noch, weil jemand auf mich wartete, mich mit seinen Blicken und Handbewegungen dirigierte.

Als ich dann bei ihm stand, war alles leichter. Wir waren nicht mehr so sehr exponiert, der Wind nicht mehr so stark. Wir konnten miteinander weiterklettern. In totaler Erschöpfung und geplagt von Halluzinationen stiegen wir an diesem einen Tag bis ins Lager 2 ab. Ich entging dabei nicht nur dem Tod, ich entging dem Wahnsinn. Erstmals im Leben hatte ich erfahren, was es heißt, wahnsinnig zu sein, klare Gedankenketten umzudrehen und sie durcheinander auszusprechen. Ich redete in Bildern wie in Fieberträumen.

In der Nacht des anderen Tages erreichten wir das Basislager. Wir waren beide todmüde. Friedl hatte sich so schwere Erfrierungen an Händen und Füßen zugezogen, daß er kaum noch gehen konnte; ich litt unter starken Schmerzen im Nierenbereich. Ob ich da-

mals ein Lungenödem hatte oder einen Amöbenabszeß, weiß ich nicht, ich weiß nur, daß ich sterbenskrank war.

Der Rückmarsch war entsetzlich. Ich konnte nicht schlafen, mich vor Schmerzen nicht einmal hinlegen. Auch hatte ich nicht mehr die Kraft, Láyla zu tragen; das übernahm nun Nena.

Noch schlimmer erging es Friedl. In der Wärme waren seine Füße aufgeschwollen, seine Schmerzen wurden von Stunde zu Stunde stärker. Er mußte sich in den schweren Plastikstiefeln zwei Wochen lang vom Berg ins Tal hinunterschleppen.

Warum wir damals keinen Hubschrauber angefordert haben? Es hätte eine Woche gedauert, einen rufen zu lassen. Bis er gekommen wäre, wären nochmals Tage vergangen. Wer weiß, ob er bei schlechtem Wetter überhaupt geflogen wäre.

Auf dem Rückweg vom Kangchendzönga, nach diesem großen Erfolg, machte ich mir Vorwürfe. Ausgehöhlt von Wind, Kälte und den Strapazen war ich von Selbstzweifeln erfüllt. Ich konnte keinen Sinn in solchen Expeditionen sehen. Es waren weniger Müdigkeit und Resignation, die meine Begeisterung für unser Vorhaben dämpften, es war meine Krankheit. Vor allem war es das Mitansehenmüssen, wie Friedl litt. Während des Aufstiegs hatte ich mir nie die Frage nach Sinn oder Unsinn gestellt; durch den Einsatz, durch dieses mein Steigen, war ich mir selbst die Antwort gewesen.

In dieser Lage wollte ich die Expedition aufgeben. Was bedeutete es schon, den Achttausender-Hattrick zu Ende zu bringen? Der Kangchendzönga war ja nur ein Anfang einer großartigen Idee gewesen. Mit dem Aufbruch zu Gasherbrum II und Broad Peak standen mir innerhalb der nächsten Monate vielleicht noch schlimmere Strapazen bevor. Das Wissen nur, daß wir um ein Haar davongekommen waren, ließ mich aufrecht gehen. Ich war ein Mensch.

Todesintensiv

Die Durchsteigung der Kangchendzönga-Nordwand zusammen mit Friedl Mutschlechner war für mich eines der gefährlichsten Unternehmen meines Lebens.

Mein todesintensivstes Erlebnis aber bleibt nach wie vor mein erster Achttausender, die Überschreitung des Nanga Parbat 1970. Wenn ich Schwierigkeiten, Anstrengung, Gefahr und Ausweglosigkeit zusammennehme, gibt es kein Abenteuer, das dieses Unternehmen übertroffen hätte. Ich glaube auch, daß der Nanga Parbat, so wie Günther und ich ihn 1970 überschritten haben, heute nicht wiederholbar ist. Würden es tausend Bergsteiger versuchen, vielleicht käme einer durch. Ich bin sicher, daß auch ich diese Tage ein zweites Mal nicht überleben könnte.

Beim Kangchendzönga war es vor allem der Sturm, der uns im Abstieg festnagelte und der uns an die Grenze unserer Leidensfähigkeit, unseres Durchhaltevermögens brachte. Dazu Krankheit und Erfrierungen. Der Sturm kam in dem Augenblick, als wir müde waren, als wir vom Gipfel zurückkehrend jene Neugierde verloren hatten, die uns bis dahin getrieben hatte. Und er brach so vehement über uns herein, daß er uns beinahe vom Berg gefegt hätte. Fast wäre es ihm gelungen, unseren Lebensgeist auszublasen.

8 1956 Gasherbrum II 8035 m

Der leichteste Achttausender

**Die wichtigsten Daten
der Erschließungsgeschichte**

Geographische Lage: Karakorum,
Baltoro Mustagh
35° 46′ n.L./76° 39′ ö. Br.

1909 Eine Expedition des Herzogs der Abruzzen, an der auch der italienische Fotograf V. Sella teilnimmt, erkundet die Gasherbrum-Gruppe von Norden (Sella-Paß) und von der Chogolisa aus.

1934 Eine internationale Expedition unter der Leitung des Schweizers G. O. Dyhrenfurth studiert eine Aufstiegsmöglichkeit zum Gipfel des Gasherbrum II, wobei sie auf der Südseite bis auf etwa 6250 m kommt.

1956 Diese und weitere Erkundungen sind eine wichtige Vorarbeit. Der österreichischen Expedition unter Leitung von F. Moravec gelingt die erste Besteigung des Gasherbrum II über den Südwestgrat. Nachdem eine kleine Lagerkette aufgebaut ist, steigen S. Larch, H. Willenpart und F. Moravec mit einem Biwak bei etwa 7700 m am 7. Juli über den Ostgrat zum Gipfel auf.

1975 Östlich der Route der Erststeiger, über die Südrippe, gelingt im Sommer einer französischen Mannschaft unter J.-P. Frésafond der zweite Aufstieg zum Gipfel. Ein Teilnehmer kommt dabei ums Leben. – Die dritte Besteigung (zugleich teilweise Überschreitung) geht an eine polnische Gruppe unter Führung J. Onyszkiewicz. Dabei klettern drei Teilnehmer vom Sattel zwischen Gasherbrum II und III (7600 m) durch die 500 m hohe felsige Nordwestwand auf einer neuen Route

zum Gipfel. Der Abstieg erfolgt auf dem Normalweg. Kurz darauf gelangen drei weitere Teilnehmer auf dem Weg der Österreicher zum höchsten Punkt. – Drei Tage später wird der Gasherbrum II auch von zwei polnischen Bergsteigerinnen erreicht. Sie gehören einer von W. Rutkiewicz geleiteten Expedition an, die vorrangig die Erstbesteigung des Gasherbrum III zum Ziel hat, aber gut mit der Männerexpedition zusammenarbeitet.

1979 Eine chilenische Expedition bringt angeblich zwei Teilnehmer über den Normalweg auf den Gipfel. – Im Juli glückt dem Deutschen R. Karl mit dem Gasherbrum II sein zweiter Achttausender. – Auch die beiden Österreicher H. Schell und K. Diemberger sammeln ihren dritten bzw. fünften Achttausender mit der Besteigung des Gasherbrum II.

1982 R. Messner erreicht zusammen mit den beiden erfahrenen pakistanischen Bergsteigern S. Khan und N. Sabir am 24. Juli den Gasherbrum II über den Südwestgrat. (8. Besteigung. Diese Zählung wird immer schwieriger. Wegen der ungenauen Informationen, die nach Europa gelangen und mehrerer Aufstiege ohne Permit, sog. »Schwarzbesteigungen«, müssen diese Angaben als aproximativ gesehen werden. Nicht gezählt sind hier nachweislich nicht erfolgte »Gipfelbesteigungen«.) – Im gleichen Sommer steht das französische Ehepaar L. und M. Barrad auf dem Gipfel.

1983 Im Rahmen einer Drei-Achttausender-Besteigung erklettert eine Schweizer Expedition unter S. Wörner

als erstes den Gasherbrum II über den Südwestgrat. S. Wörner, F. Graf, A. Meyer, E. Loretan, M. Ruedi und J.-C. Sonnenwyl stehen auf dem Gipfel. – Im gleichen Sommer gelangen Polen in drei Tagen über den langen Ostgrat zum höchsten Punkt. W. Kurtyka und J. Kukuczka eröffnen die neue Route aus dem Sattel zwischen Gasherbrum I, den sie vorher bestiegen haben, und Gasherbrum II.

1984 Im Zuge ihrer Überschreitung Gasherbrum II – Gasherbrum I (Hidden Peak) eröffnen R. Messner und H. Kammerlander im Abstieg einen neuen Weg, der im Gipfelbereich des Gasherbrum II in die Route der Polen vom Vorjahr mündet. Auf einem neuen Weg klettern die beiden ins Gasherbrum-Tal ab, wo die Nordwestwand des Gasherbrum I ansetzt. – Im gleichen Sommer fahren ein Franzose und ein Schweizer mit Ski vom Gasherbrum II-Gipfel ab.

Zweimal bestieg Reinhold Messner den Gasherbrum II (Normalweg, 1956): 1982 mit Sher Khan und Nazir Sabir aus einem Hochlager im Gasherbrum-Tal mit zwei Biwaks, 1984 vom Basislager aus mit zwei Biwaks im Aufstieg und einem im Abstieg (B_2), von wo er mit Hans Kammerlander im Rahmen der großen Gasherbrum-Überschreitung über eine neue Route abstieg.
Am Gasherbrum II gibt es fünf verschiedene Routen, die allerdings alle im Gasherbrum-Tal beginnen. An der pakistanischen und chinesischen Seite bestehen weitere Erstbegehungsmöglichkeiten.

Vorhergehende Doppelseite:
Balti-Träger im Schneetreiben auf dem Baltoro-Gletscher. Jeder Träger schleppte etwa 20 Kilo Expeditionsgut, dazu sein eigenes Essen, Holz, Decken und Schlafmatten. Der Anmarsch ins Basislager an den Gasherbrums dauert heute etwa zehn Tage, wobei die Träger täglich zwischen sechs und zwölf Stunden marschieren.

Links oben: Tiefblick vom Gasherbrum II ins Gasherbrum-Tal (1982). 1984 stiegen Hans Kammerlander und Reinhold Messner vom Basislager (auf dem schmutzigen Gletscher ganz unten) über den Südwestgrat auf den Gasherbrum II, über die Südflanke zurück ins Gasherbrum-Tal und weiter über die Nordflanke auf den Gasherbrum I (links im Bild). Über den Westgrat und den Gletscher kamen sie nach sieben Tagen zurück ins Basislager.

Links unten: Der tote Österreicher (links, 1982) wurde bei der Gasherbrum-Überschreitung (rechts, 1984) von Messner und Kammerlander im Eis begraben.

Oben: Gasherbrum III und Gasherbrum II von Südwesten. Die Abstiegsroute von 1984 verläuft über die Hängegletscher rechts des Franzosengrates (1975), der diagonal von rechts zum Gipfel des Gasherbrum II zieht. Nochmals weiter rechts die große Schulter am Südostgrat, über die die Polen Kurtyka und Kukuczka (1983) erstmals zum Gipfel stiegen.

Oben: Hans Kammerlander 1984 am Gipfel des Gasherbrum II. Hinten in der Bildmitte der Gasherbrum I, den die beiden drei Tage später in einer einzigen Gewalttour erreichten.

Reinhold Messner einen Meter unterhalb des Gipfelgrats am Gasherbrum II (1984, Blick nach Norden, Singkiang), den er schon zwei Jahre vorher in einem Schneesturm erklettert hatte.

Rechts: Hans Kammerlander steigt die ersten Meter vom Gipfel des Gasherbrum II ab, Blick nach Norden (25. Juni 1984). Das kleine Felshorn unter ihm ist ein Nebengipfel, der etwa 8000 Meter hoch sein dürfte.

1982/1984

Gasherbrum II
Begegnung mit dem Tod

Ich habe noch nie in meinem Leben wirklich gearbeitet. Ich habe mehr getan als viele, die ihre acht Stunden haben und einen Dünkel, dem nichts entspricht. Aber ich habe stets nur getan, was mir gefiel, was mich lockte. Das ist es!

Max Frisch

Der Himalajismus könnte ohne Gefahr nicht bestehen. Denn ohne Risiko wäre es eben kein Abenteuer. Ich glaube, das macht den Wert dieser Himalaja-Unternehmen aus.

Maurice Herzog

Blick vom Westgrat des Gasherbrum I auf den Gipfel der Chogolisa, den die erste Morgensonne trifft. Der Mond steht noch am Himmel. Am linken, leicht von der Sonne beschienenen Grat, stürzte 1957 Hermann Buhl ab, der erste westliche Bergsteiger, der zwei Achttausender bestiegen hatte (1953 den Nanga Parbat, 1957 den Broad Peak).

Nachdem Friedl Mutschlechner und ich am Kangchendzönga an die Grenze unserer Möglichkeiten und damit auch an den Rand der Verzweiflung geführt worden waren, zögerte ich lange, die Hattrick-Idee weiterzuverfolgen. Kangchendzönga, Gasherbrum II und Broad Peak in einer Saison zu besteigen, war vielleicht zuviel. Allein konnte ich dieses Vorhaben nicht zu Ende führen. Friedl flog nach Europa, um seine Erfrierungen behandeln zu lassen. Er konnte sowieso nicht mehr mitmachen. Ich mußte mich erst einmal erholen.

Ich blieb in Asien. Nachdem ich in Kathmandu einen Arzt gefunden hatte, der mir gegen den diagnostizierten Amöbenabszeß in der Leber eine ausgezeichnete Therapie verschrieb, reiste ich nach Ladakh. Glücklicherweise genas ich innerhalb von drei Wochen und kam langsam wieder zu Kräften.

Einerseits weil in Pakistan bereits zwei einheimische Bergsteiger, alte Freunde, auf mich warteten, andererseits weil mich mein alter Ehrgeiz wieder packte, flog ich im Juni nach Pakistan. Das Material lag bereits dort. Die Träger standen zur Verfügung. Alles war vorbereitet. Ich konnte meine Unternehmung fortsetzen. Natürlich war mir klar, daß ich ohne Friedl am Gasherbrum II und Broad Peak nicht wie ursprünglich geplant Überschreitungen durchführen konnte, von neuen Routen ganz zu schweigen.

Mit Nazir Sabir, dem wohl erfolgreichsten pakistanischen Bergsteiger, und Sher Khan, einem jungen Offizier, zum Clan der königlichen Hunza-Familie gehörend, hatte ich vage vereinbart, daß wir zu viert eine Expedition unternehmen könnten. Jetzt waren wir nur noch zu dritt. Trotzdem wollte ich das Unternehmen mit den beiden wagen.

Als ich nach Rawalpindi kam und die beiden traf, waren sie Feuer und Flamme für die beiden Achttausender. In Skardu stellten wir einen kleinen Expeditionstrupp zusammen, bestehend aus 25 Balti-Trägern, einem Koch, einem Läufer und drei Bergsteigern. Wir gingen hinauf an den Fuß des Gasherbrum II.

Der Gasherbrum II gilt als leichter Achttausender. Doch so leicht wie wir ihn zunächst nahmen, war er in Wirklichkeit nicht. Nicht in diesem Jahr. In diesem Sommer 1982 lag ziemlich viel Schnee.

Zwei österreichische Alpinisten, ein Arzt und ein Wissenschaftler, waren seit einigen Tagen am Berg verschollen. Als wir ins Basislager kamen, hatte gerade eine amerikanische Expedition ihren Aufstieg abgebrochen, weil ein Mitglied von einer Lawine getötet worden war. Es war noch eine deutsche Gruppe unterwegs, die den Gasherbrum I über die Nordwand erklettern wollte, aber auch sie berannte den Berg seit Wochen vergeblich. Die Leitung dieser Expedition hatte Günter Sturm, den ich seit Jahren kannte. Zwar hielt er mit seiner Mannschaft den Weg ins Gasherbrum-Tal offen, am Gasherbrum II aber war niemand, der uns hätte spuren helfen können.

Nach wenigen Tagen der Akklimatisation gingen wir hinauf ins Gasherbrum-Tal, um dort oben ein vorgeschobenes Lager einzurichten. Als wir wieder ins Basislager zurückkehrten, glaubten wir in der Verfassung zu sein, um den Aufstieg wagen zu können. Mich drängte die Zeit. Auch die Ungewißheit, ob die beiden Österreicher noch am Leben waren. Vielleicht konnten wir ihnen helfen?

Bei gutem Wetter stiegen Nazir Sabir, Sher Khan und ich mit den berühmten Hochträgern Rosi Ali und »Little Karim« ins Lager 1 am Fuße des Gasherbrum II auf. Von dort gingen wir am nächsten Tag weiter. Bis auf etwa 6200 Meter in der Südwestflanke begleiteten uns die Träger. Dann schlugen wir ein Zelt auf, wo wir biwakierten. Am anderen Morgen schulterten wir das Zelt und kletterten weiter in Richtung Gasherbrum-Gipfelpyramide, unter der wir ein letztes Mal vor dem Gipfel biwakieren wollten. Es war ein sonderbares Gefühl zu wissen, daß da irgendwo zwei Bergsteiger verschollen waren.

137

Das letzte Biwakzelt der beiden verschollenen Österreicher, von denen Reinhold Messner und Hans Kammerlander später einen tot auffinden konnten. Rechts im Vordergrund Nazir Sabir, hinten der Gasherbrum IV, der 1958 von Walter Bonatti und Carlo Mauri erstbestiegen worden ist. Der Gasherbrum IV ist der höchste aller Siebentausender.

Über Leichen gehen

1982, als ich am Gasherbrum II einen toten Österreicher fand, den ich dann 1984 bestattete, warf man mir vor, ich würde »über Leichen gehen«. Sogar die Angehörigen des Verstorbenen reagierten anfangs mit bösen Worten, als sie erfuhren, daß ich ihren Freund, ihr Kind, ihren Mann tot aufgefunden und abgelichtet hatte. Dabei habe ich bei der ersten Expedition nichts anderes getan, als den Toten zu fotografieren. Um später feststellen zu können, wer er war, mußte ich Bilder haben. Die Tagebücher und Filme, die ich in einem verlassenen Zelt weiter unten vorgefunden hatte, gab ich unveröffentlicht an die Angehörigen weiter. Natürlich versuchte ich, die Tragödie zu rekonstruieren.

Beim zweiten Mal dann – die Leiche war zwei Jahre lang offen da oben gelegen – bestattete ich den Toten im Auftrag der Familienangehörigen. Das kostete Zeit und Kraft, war bestimmt keine angenehme Aufgabe. Wieder verurteilten andere Bergsteiger mein Verhalten. Nur die Tatsache, daß ich davon erzählte, wurde mir als Sensationshascherei, als Geschäftemacherei ausgelegt. Wie froh wäre ich gewesen, vorbeigehen zu können, als ob nichts gewesen wäre. Wenigstens ein Dutzend Expeditionen stieg zwischen 1982 und 1984 auf den Gasherbrum II, niemand hat sich um den Toten gekümmert.

Ich vertrete den Standpunkt, daß die Toten ebenso zu diesen Bergen gehören wie die Lebendigen. Wenn wir immer nur von unseren Erfolgen reden, wenn wir die Toten verschweigen, glauben die jungen, unerfahrenen Alpinisten nicht, wie gefährlich dieses Spiel an den höchsten Bergen der Welt ist. Vielleicht geht sogar uns selbst langsam das Gefühl für die Realität da oben verloren. Mir sind in den letzten Jahren fast an jedem Achttausender »Tote begegnet«, um die sich makabre Geschichten rankten. Ich habe diese und einige Bilder nicht etwa veröffentlicht, weil man mir Geld geboten hat. Sie gehören mit dazu. Vielleicht auch, weil sie den einen oder anderen davon abhalten können, hinaufzusteigen.

Nicht derjenige ist ein Narr, der hinaufsteigt, obwohl er weiß, daß diese Art von Bergsteigen lebensgefährlich ist, sondern derjenige, der vom Tod nichts wissen will, der nicht einsehen will, daß auch er an einem hohen Berg umkommen könnte.

Sher Khan und Nazir Sabir (hinten) im Nebel am Gipfelgrat des Gasherbrum II. Messners ganzes Leben war eine solche Gratwanderung zwischen zwei Abgründen gewesen. »Als Arbeit habe ich es nie empfunden.«

Ich war auf dieser Strecke den beiden Pakistani weit voraus, als ich plötzlich ein Zelt vor mir sah. Es war olivgrün, offensichtlich das Biwakzelt der beiden vermißten Österreicher. Niemand hatte seit Tagen etwas von ihnen gehört oder gesehen.

Im Zelt war niemand. Ich fand nur Filme und ein Tagebuch, aus dem klar hervorging, daß die beiden dieses Lager als letzten Stützpunkt benutzt und eine Woche zuvor verlassen hatten, um den Gipfel zu besteigen. Offensichtlich waren sie nur mit der notwendigsten Biwakausrüstung aufgebrochen, um den höchsten Punkt unter allen Umständen zu erreichen.

Es war für mich aufregend und bedrückend zugleich, in diesem Tagebuch zu lesen. Es war aber schwierig, das alles nachzuvollziehen. Nachdem die Kameraden nachgekommen waren, gingen wir sofort weiter. Gemeinsam machten wir uns Gedanken um die Verschollenen. Gedrängt von dem Wissen, von der kleinen Hoffnung, die beiden Männer könnten vielleicht doch noch am Leben sein, irgendwo oben im Gipfelbereich des Gasherbrum II auf Hilfe warten, beschleunigten wir das Tempo. Wir fanden noch einige Spuren im Schnee. Auf etwa 7500 Meter Meereshöhe einen Skistock, der dort zurückgelassen worden war. Unmittelbar unter der Gipfelpyramide des Gasherbrum II biwakierten wir in unserem Drei-Mann-Zelt.

Wo waren die Österreicher? Wir stellten alle möglichen Theorien auf, konnten keine schlüssige Antwort finden.

In dieser Nacht schlug das Wetter um. Am Morgen heulte der Sturm ums Zelt. An den Bergen ringsum hingen dunkle Wolken. Der Gasherbrum-Gipfel über uns war nicht mehr zu sehen.

Trotz Sturm und schlechter Sicht gingen wir los. Wir wollten in der Querung unter der Gipfelpyramide nach den Österreichern zu suchen. Das war zwar wenig erfolgversprechend, aber wir taten es. Wir brauchten dort oben unser Tun vor uns selbst nicht zu rechtfertigen, es war alles so selbstverständlich.

Wir querten die Hänge nach rechts, in Richtung Gasherbrum-Nordostgrat. Knapp unter dem Grat, unter einem Felsen, entdeckten wir einen leblosen Körper. Einer der beiden Vermißten! Er lag in halb sitzender Haltung da, als habe er auf jemanden gewartet. Er war wohl im Biwak eingeschlafen und gestorben. Wo aber war der andere?

Wir rührten den Toten nicht an, fotografierten ihn nur und merkten uns Details seiner Ausrüstung, um später die Angehörigen verständigen und aufklären zu können. Dann suchten wir weiter. Höher oben mußte der zweite Mann zu finden sein. Eine Zeitlang konnten wir seine Spur verfolgen. Sie war zwar teil-

139

weise vom Wind zugeweht worden, zwischendurch aber immer wieder eindeutig zu erkennen. Schließlich verlor sie sich auf einem Felsvorsprung unter dem Gipfel.

Daß wir trotz Sturm und Nebel an diesem 24. Juli hinauffanden zur Spitze des Gasherbrum II, wurde von der Tatsache begünstigt, daß der Weg immer gerade aufwärts führt und oben ein messerscharfer Gipfelgrat zum höchsten Punkt leitet.

Beim Abstieg wurde unsere Situation allerdings dramatisch. Wir benützten dieselbe Route wie im Aufstieg, aber der Wind hatte unsere Spur inzwischen über lange Strecken mit Neuschnee zugedeckt. Auf dem Grat, wo wir irgendwo wieder in die Südwestflanke hätten einsteigen müssen, wurden wir plötzlich unsicher. Wo genau lag die Stelle, an der wir die Kuppe verlassen mußten? Keiner von uns konnte sich eindeutig an einen bestimmten Felszacken erinnern, an eine Schneeverwehung oder sonst eine Orientierungshilfe, wo die Route abbog.

Hektisch begannen wir zu suchen. Einmal waren wir viel zu weit unten, ein andermal viel zu weit oben. Als wir merkten, daß wir falsch gegangen waren, wurde uns bewußt, wie leicht man da oben den Tod finden konnte. Es dauerte lange, bis wir schließlich auf dem richtigen Weg waren, auf dem sicheren Weg zurück ins letzte Biwak, zurück ins Leben.

Jeder der 14 Achttausender, auch ein im Normalfall relativ leichter wie der Gasherbrum II, ist schwierig, wenn die Verhältnisse schlecht sind. Wenn es Sturm gibt und der Bergsteiger nicht die nötige Kraft besitzt, fluchtartig abzusteigen, sitzt er bald in einer tödlichen Falle. Jeder Achttausender kann lebensgefährlich sein, wenn man nicht vorsichtig ist oder Glück hat.

Am nächsten Tag kletterten wir zurück bis ins Basislager. Dort übergaben wir den Kameraden der beiden Österreicher die Notizen und Filme der Toten. Wir hatten immer noch keine endgültige

Antwort dafür bereit, wie diese Tragödie hatte geschehen können.

Zwei Jahre später, 1984, als ich zusammen mit Hans Kammerlander die beiden Gasherbrum-Gipfel überschreiten wollte, wiederholte ich den Aufstieg auf den Gasherbrum II. Ursprünglich war es unsere Absicht gewesen, die Überschreitung umgekehrt zu machen: Aufstieg auf den Gasherbrum I, Abstieg über die Nordwand, Aufstieg über die steile Wand zwischen dem Polengrat und dem Normalweg, Abstieg über den Normalweg. Auf diese Weise hätten wir das leichteste Stück für das Ende der Überschreitung aufgespart. Aufgrund der Lawinengefahr am Westgrat des Gasherbrum I entschlossen wir uns jedoch, die Traverse umgekehrt anzugehen. Es war Hans' Idee. Somit stieg ich ein zweites Mal über den Normalweg auf den Gipfel des Gasherbrum II. Bekanntes Gelände.

Dieser Aufstieg war im Verhältnis zu meinem ersten leicht. Wir hatten bestes Wetter, auch die Schneeverhältnisse waren gut. Schließlich kletterten wir in dem Bewußtsein, daß der Gipfel des Gasherbrum II erst einen Teilerfolg unseres Unternehmens darstellte. Wir wußten, daß wir uns bei der Überschreitung des ersten Gipfels nicht verausgaben durften. An diesem Achttausender durften wir nur ein bißchen von unserer Kraft hergeben.

Ich wollte diesmal den Toten von 1982 wiederfinden und bestatten. Dieser junge Mann war nicht vergessen worden. In der Zwischenzeit hatte ich seine Angehörigen kennengelernt, und sie hatten den eindeutigen Wunsch geäußert, daß er am Berg oben bleiben sollte. Eine Bergung wäre äußerst schwierig, sicher auch gefährlich und überaus kostspielig gewesen.

◁ Aufstieg im ersten Stück des Südwestgrats am Gasherbrum II. Unten das Gasherbrum-Tal, weit draußen der Abruzzi-Gletscher, darüber der Sia Kangri.

Wer von uns ist fremdbestimmt? Niemand riskiert sein Leben für einen Sponsor. Viele aber sind bereit, bewußt ein Risiko einzugehen, um in dieser Wildnis leben zu können. Abenteuer ist ohne Risiko nicht möglich.

Ich wußte, daß zwischenzeitlich mehrere Expeditionen an ihm vorbeigekommen waren, daß sich aber keiner die Mühe gemacht hatte, den Aufstieg zu unterbrechen, um die Leiche in einer Gletscherspalte zu versenken.

Hans und ich haben dies auch nicht gleich beim Aufstieg getan. Wir waren uns nicht sicher, ob unsere Zeit reichte und wollten nicht gleich am Beginn unserer kühnen Unternehmung mit dem Tod konfrontiert werden. Noch brauchten wir die innere Ruhe, unser Ziel mit ungetrübter Begeisterung zu verfolgen.

Beim Abstieg aber hielten wir an. Wir hackten mit unseren Pickeln das Eis um den Mann weg, der inzwischen etwas talwärts gerutscht war, und bestatteten ihn ein Stück weiter unten in einer Spalte. Das kostete viel Zeit und Kraft, aber es war notwendig gewesen. Jeder, der auf den Gasherbrum II gestiegen war, war an dem Toten vorbeigekommen. Jeder hatte ihn bei gutem Wetter sehen können. In dieser Höhe, im Schatten unter dem Felsen, hätte es wohl Jahrzehnte gedauert, bis er so weit ausgetrocknet gewesen wäre, daß ihn der Wind hätte mittragen können.

Bei dieser Überschreitung des Gasherbrum II gab es nur einen einzigen kritischen Moment, besser einige kritische Stunden. Das war, als wir anderntags über die Wand zwischen der Franzosen- und der Polen-Route abstiegen. Diese Wand wäre im Aufstieg die reinste »Selbstmörderroute«. Sie ist mit Séracs besetzt und im unteren Teil konkav, so daß sich die Lawinen, alle Sérac-Abbrüche an einer Stelle treffen. Hans und ich aber bewältigten diesen Wandabbruch im Abstieg im Laufschritt und in den ersten Morgenstunden.

Der Gletscher war noch relativ zäh. Trotzdem war uns natürlich bewußt, daß wir viel riskierten. Mit der Wahl der besten Zeit waren wir nur relativ kurz einer verminderten Gefahr ausgesetzt – jedoch immer noch einer immensen Gefahr.

Das oberste Stück unterhalb des Biwaklagers war relativ einfach. Wir querten – im Sinne des Abstiegs – nach links, dorthin, wo wir am Vortag den Toten begraben hatten. Aufrecht gehend querten wir die Schneeflanke mit dem Gesicht talwärts. Von einer Firnrippe kamen wir dann durch eine sehr steile Passage hinunter zwischen die Séracs. Es war wirklich so, daß diese uns von allen Seiten »bedrohten«. Es bedurfte keines Gedankens dafür, wir spürten die Gefahr förmlich am ganzen Körper, vor allem im Rücken, wenn wir an diesen Eistürmen vorbeikletterten. Sie konnten jeden Augenblick zusammenstürzen.

Überlebt –
die Doppelüberschreitung

Die Überschreitung der beiden Gasherbrum-Gipfel zählt meines Erachtens zu den härtesten Touren, die bisher durchgeführt worden sind. Zugleich war sie vom Stil her eines der saubersten Unternehmen an den Achttausendern.

Das wichtigste Kriterium: die lange Zeit, die wir in sehr großer Höhe verbrachten. Wir haben Neuland nicht nur in alpinistisch-topographischer Hinsicht betreten (ein Großteil der vier Auf- und Abstiegsrouten war unbekanntes Gelände), sondern auch in seelischer Hinsicht. Auch andere Faktoren spielten eine Rolle. Etwa die medizinischen, psychologischen und materialtechnischen Reaktionen bei einem solchen »Parforceritt«.

Acht Tage Todeszone ohne Abstieg ins Basislager sind nicht gleichbedeutend mit der Addition kritischer Situationen: Eine Woche fürchterlicher Schinderei ohne vernünftigen Schlaf, ohne Fixseile, wenig Geländekenntnis sind mit der bekannten Bergsteigersprache nicht zu erfassen. »Du mußt..., es braucht..., du darfst nicht...« zählt hier nicht mehr. Ich glaube, daß jede neue Grenzsituation, ob am Berg, in der Kunst oder Wissenschaft, eine kleine Revolution bedeutet für die bis dahin bestehenden Normen und deren Semantik.

Reinhold hat vor einigen Jahren ein Buch veröffentlicht – »Bergsteiger werden mit Reinhold Messner« –, ein Fachbuch mit den Zehn Geboten des verantwortungsvollen Bergsteigens: Schuhe mit Profilsohle, Reserveunterwäsche, Personalausweis, zwei Prusikschlingen, Klopapier... Der »Katechismus des Alpinismus«. Dieses Buch lehrt jene Einstellung, die Reinhold Messner in seiner Kletterschule vermittelt.

Hans Kammerlander

Er hat es selbst ad absurdum geführt. Lustig genug, wie wir an den Gasherbrums unterwegs waren. Wir hatten weder Klettergurt noch -sitz dabei, keine Bussole und keinen Helm. Kerze und Apotheke fanden sich in unserer Ausrüstung, aber die 20 Meter Reepschnur (6 mm) läßt sich nicht als Seil bezeichnen.

Ein ungläubiger Glaubensvater also unterwegs mit seinem Jünger? Zwei Kletter-Heiden, die den elementarsten Satzungen nicht gehorchen können?

Gewiß nicht. Das Projekt Gasherbrum-Überschreitung war mit den Spielregeln des klassischen Alpinismus nicht zu verwirklichen. Allein der Rucksack ließe sich – aufgerüstet nach dem Gebot der Sicherheitstheoretiker – nicht von der Stelle bewegen.

Wir haben für diese Überschreitung – es wurden acht Tage in unserem Leben – die Spielregeln des Messnerschen Korans (wir befinden uns ja in Pakistan) aufgehoben. Wir haben jede Buch-Doktrin hinter uns gelassen, um etwas zu versuchen, was nach hausbackenen Rezepten nicht möglich gewesen wäre.

Der Erfolg hat uns recht gegeben, und wenn ich nun in meiner Erinnerung einige Situationsbilder dieser Überschreitung zurückrufe, dann mit der Absicht, die Offenbarungen der Lehrbücher etwas zu dehnen. Keine Umwertung, nur Ergänzungen.

Es war unser vierter Klettertag, als wir den Abstieg vom Gasherbrum II über einen steilen, zerklüfteten Hängegletscher begannen. Von der Vernunft her zweifellos verbotenes Gelände. Wir sind sicher hinuntergekommen, weil wir am frühen Morgen auf hartgefrorenem Eis kletterten. Am Vortag hatten wir den ganzen Nachmittag verschenkt, weil wir die günstigsten Stunden für diesen Abstieg brauchten, den frühen Morgen. Wir stiegen ungesichert hinunter. Ich kenne kaum einen Bergsteiger, der mit den Steigeisen im Abstieg so schnell und geschickt »fuhrwerkt« wie Reinhold Messner.

Zwei Tage später, beim Abstieg von der Gipfelwächte des Gasherbrum I, ist Reinhold buchstäblich hinausgeflogen. Ja, er ist so richtig rücklings ins Leere getreten, und weg war er. Ich habe Leute gekannt, trainierte Sportkletterer, die in solchen Situationen erst am Wandfuß zum Stehen gekommen sind.

Reinhold hat sich in der Luft herumgeworfen, ist mit dem Gesicht zur Tiefe mehrere Meter gesprungen und sicher auf steilen, vereisten Felsplatten gelandet. Fern sei mir eine Laudatio auf den über Vierzigjährigen, den mittlerweile auch schon allerlei Wehwehchen plagen, aber Reaktion und Gleichgewicht lassen sich eben nicht im Sportgeschäft kaufen.

Ganz unten, vor dem flachen Gletscherboden, hätte uns beinahe eine Steinlawine erschlagen, die aus dem Nebel auf uns zuraste. Ein großer Felsturm war hoch oben am Grat umgefallen. Warum wir auch da noch davongekommen sind? Blankes Glück!

Was uns immer wieder vorgeworfen wird, ist die Signalfunktion solcher Touren, das je nach Blickpunkt gute oder schlechte Beispiel, das wir geben. Es soll angeblich viele junge Leute in diese Art Abenteuer, in solche Risiken hineintreiben. Reinhold hat diesen Vorwurf immer abgelehnt mit dem Hinweis auf die Entscheidungsfreiheit und die Vernunft jedes einzelnen Menschen.

Spitzenleistungen in jedem Bereich des Lebens sind nicht per Rezeptur erreichbar. Sie sind nicht übertragbar von einem Menschen auf den anderen. Die Summe aus Talent, Intelligenz, Instinkt und harter Arbeit ist meist nur für eine Tätigkeit, eine einzige Aufgabe ausreichend. Sich selber richtig einzuschätzen, ist das Hauptproblem.

Wer im Himalaja fast 20 Jahre lang praktisch unfallfrei schwierigste Wege gegangen ist, ist in jeder Hinsicht eine Ausnahmeerscheinung. Das ist nicht kopierbar. Sogar das Glück, das immer mit dabei war, ist kein Abziehbildchen. Wer alle Schranken überschritten hat, darf auch ein Buch schreiben über diese Schranken. Nicht um sie niederzureißen, sondern um ihre Richtigkeit zu bestätigen.

Dein Lehrbuch, lieber Reinhold, entstammt langer Erfahrung, darin liegt sein Wert. Nur ein Gebot hast du vergessen hinzuschreiben, als Orientierungshilfe für alle jungen Grenzensprenger. Es ist das Elfte: »Quod licet Jovi, non licet bovi.« Auf gut Deutsch: »Was Jupiter erlaubt ist, darf ein Rindvieh noch lange nicht«.

Hans Kammerlander
(Besteiger von sieben Achttausendern)

Erst als wir ganz unten waren, als wir aus der Steilwand hinaus ins freie Gasherbrum-Tal rannten, kam etwas wie Schadenfreude auf. Es hatte uns nicht erwischt! Wir konnten aufatmen.

In gebührender Entfernung von der Wand setzten wir uns auf die Rucksäcke, um auszurasten. Nochmals schauten wir hinauf, zogen die Linie des Abstiegs im Geiste nach. Über diesen Eisbruch waren wir abgestiegen! Unglaublich, auch für uns.

Wenn ich bedenke, wie müde ich nach jedem Achttausender gewesen bin, kann ich heute noch nicht begreifen, wie wir ohne Unterbrechung zwei Achttausender besteigen konnten. 1970 am Nanga Parbat war ich dem Tode nahe. 1972 nach dem Manaslu war ich traurig, ausgebrannt. 1975 nach dem Hidden Peak, nach meinem dritten Achttausender, plagten mich Halluzinationen. Jetzt, nach dem Abstieg vom Gasherbrum II, fühlte ich mich noch frisch.

Das hing sicherlich mit der Tatsache zusammen, daß wir uns von vornherein auf die Gesamtüberschreitung eingestellt hatten. Wir wußten, daß nach dem ersten Achttausender die eigentliche Anstrengung erst folgen würde.

Allerdings hatte es über diese veränderte Einstellung hinaus auch eine starke Entwicklung im Bergsteigen gegeben. Klettereien im 10. Grad, zusammenhängende Wanddurchsteigungen in den Alpen, wie Matterhorn-, Eiger- und Grandes-Jorasses-Nordwand an einem Tag, Alleingänge an Achttausendern, die zehn Jahre vorher undenkbar gewesen waren, standen nun auf dem Plan mehrerer »Berufsbergsteiger«. Warum sollte man nicht auch zwei Achttausender in Kombination besteigen können?

Daß dieser bis heute letzte Schritt möglich geworden ist, verdanken wir verbesserter Ausrüstung und einer ausgetüftelten Diät. Drogen allerdings habe ich weder hier noch anderswo eingesetzt, um zum Gipfel zu kommen. Ich lehne sie ab wie Sauerstoffmasken, Bohrhaken und jene falsche Rhetorik, die so viele benützen, um sich mit ihren vorgetäuschten Idealen zu Helden hochzustilisieren.

Diese Überschreitung der beiden Gasherbrum-Gipfel zählt sicherlich zu meinen kühnsten Abenteuern an den Achttausendern. Sie ist weder von den Fachleuten noch von den Laien richtig verstanden und gewertet worden. Vielleicht weil dieses Unternehmen kaum nachvollziehbar ist.

Wenn ich die Gasherbrum-Überschreitung heute rückblickend betrachte, weiß ich, daß dieses Unternehmen zukunftweisend sein wird. Es gibt noch unendlich viele ähnliche Möglichkeiten wie die Überschreitung der beiden Gasherbrums. Etwa die Überschreitung von Lhotse und Everest, ebenfalls zwei nebeneinanderliegende Achttausender. Auch die Überschreitung der fünf Kangchendzönga-Gipfel, bisher vergeblich versucht, ist möglich. Vier dieser fünf Gipfel sind über 8000 Meter hoch. Es müßte auch möglich sein, Makalu, Lhotse und Mount Everest zusammenhängend zu überschreiten. Vielleicht nicht heute, aber in zehn Jahren. Immer vorausgesetzt natürlich, daß jemand nicht nur die Befähigung dafür mitbringt, sondern auch die notwendige Erfahrung, die er sich im Laufe von Jahren erwerben muß.

Hoffentlich werden diese Herausforderungen »by fair means« gelöst, das heißt, ohne daß andere Expeditionsgruppen oder Helfer Depots anlegen oder den Weg vorbereiten. Andernfalls sind sie nicht die logische Fortführung dessen, was Hans Kammerlander und ich am Gasherbrum I und II vorgemacht haben.

9 1957 Broad Peak 8047 m

Breiter Berg im Karakorum

**Die wichtigsten Daten
der Erschließungsgeschichte**

Geographische Lage: Karakorum,
Baltoro Mustagh
35° 48′ n.l./76° 34′ ö.L.

1892 Eine britische Kundfahrt unter W. M. Conway gibt dem Broad Peak seinen heutigen Namen. Frühere Bezeichnung: Falchen Kangri.

1909 Der Italiener V. Sella bringt Fotos von der Nord-, West- und Südseite des Berges mit nach Hause.

1954 Eine deutsch-österreichische Expedition unter K. M. Herrligkoffer kommt erst im Herbst zum Broad Peak. Statt über die günstige Westrippe versucht man über gefährliche Rinnen und einen Eiswall in der Südwestflanke aufzusteigen. Es kommt zu mehreren Unfällen. Anfang November muß das Unternehmen in etwa 6900 m Höhe abgebrochen werden.

1957 Eine Kleinexpedition aus Österreich unter der Leitung von M. Schmuck ist am Broad Peak erstmals erfolgreich. Der starken Viererseilschaft H. Buhl, M. Schmuck, K. Diemberger und F. Wintersteller gelingt der Aufstieg zum Gipfel. Sie verzichten dabei sowohl auf Hochträger als auch auf den Einsatz von künstlichem Sauerstoff und schaffen selbst ihre Ausrüstung für die drei Hochlager bis auf etwa 6950 m Höhe. Nachdem sie bei einem ersten Gipfelversuch den »falschen Gipfel« erwischt haben, steigen sie ins Basislager ab, um sich zu erholen. Am 9.Juni glückt ihnen schließlich der Gipfelgang beim zweiten Anlauf. 18 Tage später bleibt H. Buhl an der Chogolisa verschollen.

1975 Polnische Bergsteiger unter Leitung von J. Fereński steigen wie die Österreicher 1957 bis zum Sattel über die vereiste Westrippe auf. Anschließend wird über den felsigen Südostgrat der Mittelgipfel (8016 m) erreicht. Beim Abstieg stürzen drei der fünf Gipfelmänner zu Tode. – Die zweite Besteigung des Hauptgipfels erfolgt im gleichen Jahr durch zwei Japaner auf dem Weg der Erstbegeher.

1978 Nachdem Y. Seigneur zwei Jahre zuvor unverrichteter Dinge vom Broad Peak zurückkehren mußte, versucht er sein Glück noch einmal. Diesmal erreicht er beim zweiten Vorstoß zusammen mit G. Bettembourg den langen Gipfelgrat auf dem Normalweg.

1982 R. Messner erklettert am 2.August seinen dritten Achttausender in einem Jahr. Er sowie die beiden pakistanischen Bergsteiger N. Sabir und S. Khan erreichen den Gipfel des Broad Peak mit einer Einstiegsvariante über den Normalanstieg (6. Besteigung).

1983 Dem Italiener R. Casarotto, der sich bereits im Vorjahr daran versucht hatte, glückt nun die Erstbesteigung des Nordgipfels (7800 m) über den schwierigen Nordgrat. – Polnische Bergsteigerinnen stellen Ende Juni am Broad Peak einen neuen Rekord im Frauenbergsteigen auf. In nur zwei Tagen steigen K. Palmowska und A. Czerwinska ohne künstlichen Sauerstoff und ohne Hochträger zum Hauptgipfel auf. – Am selben Tag wie die Polinnen erreichen auch der Schweizer M. Ruedi und der Franzose E. Loretan den Gipfel. Ihnen folgen, im Rahmen der schweizerischen Drei-Acht-tausender-Besteigung, F. Graf und S. Wörner sowie später P. Morand und J.-C. Sonnenwyl.

1984 Die Überschreitung des Broad Peak von Westen (Nord-, Mittel-, Hauptgipfel) gelingt V. Kurtyka und J. Kukuczka. – Die »niedrigen« Achttausender des Karakorum werden immer mehr zum Spielplatz für ausgefallene Ideen. So schafft z.B. der Pole K. Wielicki den Aufstieg zum Broad-Peak-Gipfel in einem Tag: 0.20 Uhr Aufbruch im Basislager (4900 m), 16 Uhr auf dem Gipfel, 22.30 Uhr wieder im Basislager. Den größten Teil der 3150 Höhenmeter legt der junge Hochleistungssportler im Alleingang zurück. Es handelt sich dabei allerdings wie auch bei den »Rekordbesteigungen« von 1983 nicht um eine selbständige Achttausender-Tour. Der Weg ist gesichert, ausgetreten und mit Essen und Lagern ausgestattet. Übrigens sind viele Teile der Route seit 1957 ausgeapert.

Der Broad Peak von Westen. Eingezeichnet die Route mit den Biwakplätzen, die Reinhold Messner 1982 mit Nazir Sabir und Sher Khan wählte. Bis auf eine Variante im untersten Teil verläuft sie auf dem Weg der Erstbesteiger (1957).
Der Broad Peak ist wenig erschlossen. Alle drei Gipfel sind öfter bestiegen worden. Es bietet sich noch ein halbes Dutzend logischer Erstbegehungen an.

Vorhergehende Doppelseite:
Tiefblick auf das erste Biwak am Broad Peak. Darunter der breite Strom des Godwin-Austen-Gletschers, der vom K2 (rechts) nach Concordia fließt. Die beiden pakistanischen Bergsteiger Sher Khan und Nazir Sabir packen ihre Rucksäcke, nachdem das Biwakzelt bereits abgebaut ist.

Oben: Das Basislager mit dem Koch Rosi Ali am Broad Peak. Im Hintergrund der K2. Bei all seinen Expeditionen baute Reinhold Messner ein Mannschaftszelt auf, in dem sich alle zum Essen trafen: Teilnehmer, Koch, Hochträger. Zu zweit oder allein wohnten sie in den darum herum angeordneten Schlafzelten.

Unten: Der Broad Peak von Concordia (Südwesten) gesehen. Links der breitkammige Mittelgipfel, rechts der Hauptgipfel. Der Aufstieg führt in die Scharte zwischen den beiden Gipfelmassiven.

Rechts: Balti-Träger auf dem Baltoro-Gletscher. Bei der Expedition 1982 ließ Reinhold Messner sein Expeditionsgut zuerst in ein Depot am Fuße des Broad Peak bringen, wohin er nach der Besteigung des Gasherbrum II zurückkehrte.

Blick aus der Scharte zwischen den beiden großen Broad-Peak-Gipfeln auf den Vorgipfel (wirkt höher) und den Hauptgipfel (links hinten). 1957, bei der Erstbesteigung, gingen Schmuck, Wintersteller, Diemberger und Buhl bis ins Basislager zurück, nachdem sie den Vorgipfel erreicht hatten und aus Zeitmangel den Hauptgipfel nicht hatten betreten können. Nach einer Erholungspause stiegen sie nochmals auf und gelangten bis zum höchsten Punkt. Heute begnügen sich viele Broad-Peak-Aspiranten mit dem Vorgipfel.

Rechts oben: Nazir Sabir mit der pakistanischen Flagge auf dem Gipfel des Broad Peak (2. August 1982). Im Hintergrund der K 2, den er zusammen mit japanischen Bergsteigern erstmals über den Westgrat erklettert hatte (linke Horizontlinie).

Rechts unten: Nazir Sabir rastet beim Abstieg vom Broad-Peak-Gipfel. Anstrengung, Hitze und der weiche Schnee haben ihn mürbe gemacht. Abspannung nach dem erreichten Ziel.

1982

Falchen Kangri
Meßbar ist höchstens die Höhe

Es liegt ein Raum zwischen der schöpferischen Einbildungskraft eines Menschen und dem, was ein Mensch erreicht, den er nur durch seine Sehnsucht durchschreiten kann.

Khalil Gibran

Es ist eine phantastische Landschaft, der Baltoro-Gletscher, den ich die Champs Elysees des Himalaja getauft habe. Stellen Sie sich einen Eis-Boulevard vor, ungefähr 60 bis 80 Kilometer lang, unglaublich lang, und die Landschaft verändert sich nicht, auch wenn man den lieben langen Tag marschiert.

Marcel Ichac

Der Broad Peak (links Mittelgipfel, rechts Hauptgipfel) vom K 2-Basislager aus gesehen. Die Route der Erstbesteiger, über die Reinhold Messner mit seinen beiden pakistanischen Begleitern aufstieg, verläuft von rechts (Mitte) diagonal nach links in die Scharte zwischen den beiden Gipfeln und über den Grat nach rechts zum höchsten Punkt, der im Bild nicht zu sehen ist.

Im Sommer 1982, ein paar Tage nachdem wir auf dem Gipfel des Gasherbrum II gestanden hatten, gingen Nazir Sabir, Sher Khan und ich zum Broad Peak oder Falchen Kangri, wie ihn die Einheimischen früher nannten. Mit einigen wenigen Helfern verlegten wir das Basislager. Überzeugt davon, den Berg innerhalb von zwei, drei Tagen schaffen zu können, wartete ich gutes Wetter ab.

Meine pakistanischen Begleiter, die jetzt ebenso gut akklimatisiert waren wie ich, erwiesen sich als ideale Partner. Natürlich war es nicht denkbar, mit den beiden, die klettertechnisch nicht so geschult waren wie Friedl Mutschlechner, die Überschreitung des Broad Peak zu machen, wie wir beide es ursprünglich geplant hatten. Diese war damals noch nicht versucht worden.

Wir wollten über den Buhl-Weg aufsteigen. Genau 25 Jahre nach Hermann Buhl hatte ich so die Möglichkeit, seinem letzten Gipfelgang zu folgen. Es war nicht reiner Zufall, daß ich den Nanga Parbat, den Mount Everest, den K 2, später den Dhaulagiri und jetzt auch den Broad Peak 25 Jahre nach der Erstbesteigung versuchte. Es sollte meinen Respekt vor den Pionieren beweisen.

Der Broad Peak war für mich alpinhistorisch von großem Interesse. 1957 haben Buhl, Schmuck, Diemberger und Wintersteller hier erstmals an einem Achttausender den »Alpenstil« angepeilt und ihn großteils damals schon verwirklicht. Sie haben mit dem Verzicht auf Hochträger gezeigt, daß man noch einen Schritt weitergehen und auch auf die Hochlager verzichten könnte. Was mich noch mehr beeindruckte, war die Tatsache, daß die vier noch einmal vom Vorgipfel zum Basislager abgestiegen sind, nachdem sie oben festgestellt hatten, daß der Hauptgipfel noch weit entfernt und am selben Tag nicht erreichbar gewesen wäre. In einem zweiten Anlauf kletterten sie dann bis zum Hauptgipfel.

Mit dem Aufstieg auf den Broad Peak würde der Hattrick, drei Achttausender in einer Saison, zu Ende gebracht werden, trotz Krankheit, trotz Friedls Ausfallen.

Wir starteten bei guten Schneeverhältnissen. Vom Basislager in einer Linksschleife aufsteigend übersprangen wir Lager 1, das Buhl und seine Kameraden benützt hatten. In der Wand hingen da und dort noch Reste von Fixseilen. In der Mitte der gut 3000 Meter hohen Steilflanke bezogen wir ein erstes Biwak.

Voytek Kurtyka gehört zu den eigenwilligsten polnischen Bergsteigern. Reinhold Messner lud ihn zu seiner Winter-Expedition am Cho Oyu ein.

Als wir am anderen Morgen ausgeruht weitergehen wollten, kamen uns von oben unerwartet zwei Bergsteiger entgegen. Da ich wußte, daß wir die einzige Genehmigung hatten, jetzt auf den Broad Peak zu steigen, war ich sehr überrascht. Als die beiden dann aber bei uns waren, erkannten wir sie: Jerzy Kukuczka und Voytek Kurtyka. Die beiden polnischen Bergsteiger, die mit zu den besten der Welt zählen, hatten einen Abstecher vom K 2 zum Broad Peak unternommen und diesen im Alpinstil bestiegen. Am K 2 blieb es später beim Versuch. Wir unterhielten uns kurz, dann stiegen die beiden weiter ab. Wir setzten unseren Aufstieg fort.

153

Hätten wir es darauf angelegt, so hätten wir an diesem zweiten Tag den Gipfel erreichen können, obwohl wir etwa 20 Kilo in unseren Rucksäcken mitschleppten. Aber wir biwakierten noch einmal. Etwa an der gleichen Stelle, an der das letzte Lager der Erstbesteiger gestanden hatte, stellten wir unser Zelt auf, das wir am Morgen am ersten Biwakplatz abgebaut hatten.

Am nächsten Tag, dem 2. August, hatten wir phantastisches Wetter. Der Weg hinauf in die Scharte zwischen Mittel- und Hauptgipfel erschien mir zwar weit, trotzdem kam keinen Augenblick lang Zweifel am Gelingen unseres Vorhabens auf. Von dort aus kletterten wir immer am Grat entlang. Es wurde ein langer Weg auf den Vorgipfel. Über brüchige und immer flacher werdende Felskämme gelangten wir hinüber zum höchsten Punkt.

Der Broad Peak war für mich relativ unproblematisch. Vielleicht der leichteste all meiner Achttausender-Aufstiege, nicht viel anstrengender und klettertechnisch leichter als eine große klassische Alpentour. Er ist objektiv sicher nicht der leichteste Achttausender. Für mich aber, also ganz subjektiv, war er der leichteste, wenn ich Schwierigkeiten, Verhältnisse und Wetterlage in Betracht ziehe.

Es hing ein leichtes, hohes Gewölk am Himmel, aber das Wetter schlug nicht um. Wir gerieten nie in Bedrängnis, weder wegen äußerer Einflüsse noch durch Nachlassen unserer Kräfte. Trotzdem, gewaltig war auch der Ausblick von diesem Gipfel. Wie von einem anderen Stern! Im Norden der K2, unmittelbar davor der Mittelgipfel, der fast genau 8000 Meter hoch ist, aber eindeutig als ein Nebengipfel erkannt werden kann.

Diese vielen Nebengipfel der 14 Achttausender, bis auf einen alle bestiegen, haben geographisch nicht die Bedeutung, die ihnen einige Bergsteiger zudichten möchten. Als Zwischengipfel aber, bei Überschreitungen, geben sie als Komplex mit dem Hauptgipfel den

entsprechenden Achttausendern einen besonderen Reiz.

Wie viele messen diesen Achttausendern einen besonderen Wert bei, nur weil sie 8000 und mehr Meter hoch sind. Die »Quote 8000« ist ein Markenzeichen geworden, als ob dieses allein schon ausreiche, Qualität zu garantieren. Wie oberflächlich ist dieser Standpunkt! Der Wert einer Bergtour läßt sich nicht messen, 8000 ist nur eine Zahl – dahinter steht jeweils ein Berg, ein Erlebnis.

Ins Basislager zurückgekehrt, spürten wir, daß wir nicht vollkommen ausgelaugt waren. Wir hätten einen vierten, vielleicht sogar einen fünften Achttausender besteigen können, wenn wir es darauf angelegt hätten. – Damals war es, daß ich den Entschluß faßte, alle Achttausender zu besteigen.

Ich wollte dieses Ziel als erster erreichen. Ja. Dies aber nicht etwa im Konkurrenzkampf mit Jerzy Kukuczka oder Kurt Diemberger, die damals zu weit von diesem Endziel entfernt waren, um mich überholen zu können. Ich hatte nur erst einmal die Idee. Später erzählte ich dem einen oder anderen davon. Damit aber kam eine Lawine ins Rollen, die mich schließlich selbst mitreißen sollte. Der »Wettlauf« um die Achttausender wurde zu einem direkten Vergleichskampf Mann gegen Mann hochgespielt, als die Massenmedien meinen Plan aufgriffen. Diesen konstruierten Vergleichskampf hat es in Wirklichkeit nicht gegeben.

Die Verwirklichung dieser meiner neuen Idee, alle Achttausender zu besteigen, war in den nächsten Jahren aber nicht mein ausschließliches Ziel. Auch nicht mein wichtigstes. Es war vielmehr eine Vorgabe, eine weitere Möglichkeit und sollte am Ende als Summe herauskommen.

Bei dieser Broad-Peak-Expedition, wie vorher am Gasherbrum II, hatte ich mit den einheimischen Bergsteigern nur gute Erfahrungen gemacht. Daß es in Pakistan, Tibet und China mindestens so fähige Leute gibt wie bei uns, ist bekannt. Jetzt hatte ich endgültig die

Überzeugung gewonnen, daß uns diese in einigen Jahrzehnten an ihren Bergen ebenbürtig, wenn nicht überlegen sein werden. Sie sind mit Sicherheit besser akklimatisiert als wir. In großer Höhe sind sie fast immer stärker als europäische Bergsteiger. Die Technik können sie sich aneignen, wie wir sie uns angeeignet haben.

Der Alpinismus ist in Europa entstanden. Wir haben uns den Einheimischen in Asien gegenüber vielfach wie Kolonialherrn verhalten. Bis gestern sind die Einheimischen vorwiegend als Träger, als Helfer eingesetzt worden. In Zukunft müssen sie darauf hinarbeiten, selbständige Alpinisten oder gar Bergführer zu werden. Die Himalaja-Bevölkerung aber wird in Zukunft eine größere Rolle bei der Besteigung ihrer eigenen Berge spielen als bisher.

Heute ist es so, daß die Sherpas in Nepal oder die Baltis im Karakorum bei vielen Expeditionen die Hauptarbeit leisten. Am Everest soll es sogar vorkommen, daß die Sherpas den gesamten Weg für die Sahibs vorbereiten, ehe diese auf der gelegten Spur, wie an einem Klettersteig, ihre »Heldentaten« beginnen.

Sherpas und Baltis sind derzeit unterbezahlt, vor allem jene, die oberhalb des Basislagers arbeiten, die Verantwortung tragen. Ich würde es begrüßen, wenn die einheimischen Hochträger in den nächsten Jahren neben ihrer Einsatzbereitschaft Organisationstalent entwickeln. Sie müssen sich sozialpolitisch organisieren. Sie müssen lernen, daß sie alle zusammen eine wichtige Stimme haben, ein Wort mitreden können. Sie sollten in die Lage kommen, den gerechten Lohn für ihre harte Arbeit zu fordern.

Langfristig hoffe ich, daß sich Balti-, Sherpa- und die tibetischen Hochträger zu einer Art Himalaja-Bergführer entwickeln. Wenn sich das Himalaja-Bergsteigen endgültig in zwei Disziplinen aufgespalten haben wird, hätten sie Arbeit. Zum einen wird es meiner Meinung nach künftig viele Normalweg-Expeditionen geben, Gruppenreisen gleich, die

Die Achttausender und ihre Nebengipfel (über 8000 m) – Erstbesteigungen

(Aus »Pyrenaica«)

Nr.	Name: Haupt-/Nebengipfel	Weitere Namen	Höhe	Datum	Expedition	Erstbesteiger
1	Everest	Chomolungma, Sagarmatha	8848 m	29. Mai 1953	britische	E. Hillary, Tenzing Norgay
a	Südgipfel	—	8760 m	26. Mai 1953	britische	C. Evans, T. Bourdillon
b	Nordostschulter	—	8393 m	unbestiegen	—	—
2	K2	Chogori	8611 m	31. Juli 1954	italienische	A. Compagnoni, L. Lacedelli
a	Westgipfel	—	8230 m	Sommer 1982	japanische	N. Sabir und Japaner
b	Südgipfel	—	8132 m	unbestiegen (?)	—	
3	Kangchendzönga	Kangchenjunga, Kanchanfanga	8586 m	25. Mai 1955	britische	G. Band, J. Brown
a	Mittelgipfel	—	8482 m	22. Mai 1978	polnische	W. Branski, Z. Heinrich, K. Olech
b	Südgipfel	—	8476 m	19. Mai 1978	polnische	E. Chobrak, W. Wroz
c	Yalung Kang	Westgipfel	8433 m	14. Mai 1973	japanische	T. Matusuda, Y. Ageta
4	Lhotse	—	8516 m	18. Mai 1956	schweizerische	F. Luchsinger, E. Reiß
a	Westl. Zwischengipfel	—	8426 m	unbestiegen	—	—
b	Östl. Zwischengipfel	—	8376 m	unbestiegen	—	—
c	Lhotse Shar	Ostgipfel	8400 m	12. Mai 1970	österreichische	S. Mayerl, R. Walter
5	Makalu	Makalufeng	8463 m	15. Mai 1955	französische	J. Couzy, L. Terray
a	Südostgipfel	—	8010 m	22. Mai 1970	japanische	H. Tanaka, Y. Ozaki
6	Cho Oyu	—	8201 m	19. Oktober 1954	österreichische	H. Tichy, S. Jöchler, Pasang Dawa Lama
7	Dhaulagiri	—	8167 m	13. Mai 1960	schweizerische	K. Diemberger, A. Schelbert, Nawang Dorje
8	Manaslu	Kutang	8163 m	9. Mai 1956	japanische	T. Imanishi, Gyaltsen Norbu
9	Nanga Parbat	Diamir	8125 m	3. Juli 1953	deutsch-österr.	H. Buhl
a	Südgipfel	—	8042 m	17. August 1982	schweizerische	U. Bühler
10	Annapurna	Morshiadi	8091 m	3. Juni 1950	französische	M. Herzog, L. Lachenal
a	Mittelgipfel	—	8051 m	23. Mai 1981	polnische	M. Beberka, B. Probulski
b	Ostgipfel	—	8029 m	29. April 1974	spanische	J. Anglada, E. Civis, J. Pons
11	Hidden Peak	Gasherbrum I, K 5	8068 m	5. Juli 1958	amerikanische	P. Schoening, A. Kauffman
12	Broad Peak	Falchen Kangri	8047 m	9. Juni 1957	österreichische	M. Schmuck, F. Wintersteller, K. Diemberger, H. Buhl
a	Mittelgipfel	—	8016 m	28. Juli 1975	polnische	K. Glazek, M. Keṣicki, J. Kuliś, B. Nowaczyk, A. Sikorski
13	Shisha Pangma	Xixabangma, Goisainthan	8046 m	2. Mai 1964	chinesische	6 Chinesen und 4 Tibeter
14	Gasherbrum II	K 4	8035 m	7. Juli 1956	österreichische	F. Moravec, H. Willenpart, S. Larch

von europäischen Reiseveranstaltern organisiert werden. Die Einheimischen könnten die wenig erfahrenen und nicht besonders gut trainierten »Abenteurer« auf die Gipfel führen. Zum anderen wird es Expeditionen geben mit immer ausgefalleneren Zielen. Starke, überaus schlagkräftige Bergsteiger aus aller Welt werden ohne Hilfe von Hochträgern neue Wege an diesen Bergen gehen. Sie werden nicht nur neue Routen suchen,

Überschreitungen wagen, zusammenhängende Grate erklettern, sie werden sich selbst so viele Einschränkungen auferlegen, daß neue Stile entstehen können. Was heute noch nicht machbar ist, wird morgen schon Anreiz sein. Ein Neuerer ist nur, wer jenen Schritt mehr wagt, den wir bis heute als letzten im Himalaja gemacht haben. Nicht derjenige, der nur schneller nachahmt, was andere schon lange nachmachen.

Die Nebengipfel der Achttausender, obwohl mehr als 8000 Meter hoch und oft schwierig zu besteigen, können nicht als eigenständige Berge bezeichnet werden. Bei der Himalaja-Konferenz in München (1983, DAV) wurde dies bestätigt. Die hier angegebenen Zusatzgipfel sind die wichtigsten Nebengipfel. Am Gasherbrum II, Gasherbrum I, Shisha Pangma, Nanga Parbat und Lhotse gibt es noch weitere kleinere Gipfel. Nur Bergsteiger, die dort waren, können die Bedeutung der Nebengipfel erkennen. Es gibt derzeit »offiziell« nur 14 Achttausender.

Nach diesem ersten gelungenen Achttausender-Hattrick in der Bergsteigergeschichte stieg mein Bekanntheitsgrad weiter an. Das brachte mir wirtschaftlichen Erfolg, aber auch einige zusätzliche Tücken. Ich war »öffentlich« geworden, wurde schärfer beobachtet. Es war für mich jetzt schwieriger, mein praktisches Leben zu organisieren, ohne dauernd dabei gestört zu werden. Schwieriger auch, die notwendige Zeit zu erübrigen, um mich einer neuen Idee, einem neuen Expeditionsziel zu widmen.

So lernte ich, mich dort einzuschränken, wo ich früher zum vollen Einsatz gezwungen gewesen war: Bei der »Arbeit«. War ich anfangs drei Monate im Jahr auf Expedition gewesen und hatte neun damit verbracht, mein Leben und diese Expeditionen zu finanzieren, wollte ich dieses Verhältnis nach und nach umdrehen. In Zukunft sollte ich neun Monate »frei« sein und nur drei Monate lang »arbeiten«. Arbeit war für mich auch mit Fremdbestimmung verbunden: Termine, Kompromisse, Öffentlichkeit. Leider ist auch schöpferische Arbeit nicht davon zu trennen.

Reinhold Messner, 1944 geboren, war 1964, als der letzte Achttausender bestiegen wurde, 20 Jahre alt. Er war also zu jung für die Erstbesteigung eines der 14 Achttausender. Mit dem Hidden Peak gelang ihm die Zweitbesteigung eines so hohen Gipfels. Zwei weitere Achttausender erkletterte er als dritter, zwei als vierter, einen als fünfter usw. Alle seine Achttausender-Besteigungen fallen unter die ersten 20 erfolgreichen Expeditionen. Niemand sonst wird je so niedrige Besteigungszahlen verbuchen können. – Der Südtiroler Maler Luis Stecher hat ihm zu den 14 Achttausendern diese Radierung gewidmet. 1982 faßte Reinhold Messner den Entschluß, alle 14 Achttausender zu besteigen. Dabei war eine starke Sehnsucht nach Grenzerfahrungen seine Triebfeder.

Dreimal habe ich mit Einheimischen den Gipfel eines Achttausenders erreicht: 1982 mit Ang Dorje, dem stärksten Sherpa, den ich je kennengelernt habe, den Kangchendzönga; 1982 mit Sher Khan und Nazir Sabir, zwei Hunza-Männern, Gasherbrum II und Broad Peak. Bei diesen Expeditionen verspürte ich mehr Verantwortung als bei Expeditionen, die ich mit europäischen Bergsteigern unternahm. Und zwar deshalb, weil das Klettenkönnen der Einheimischen an das unsere nicht heranreicht. Weil ich aber ihre Einstellung zu den Bergen kannte, ihre Ausdauer, ihren Willen, war ihr Dabeisein keine Belastung. Ganz im Gegenteil. Ich habe von den lokalen Bergsteigern im Himalaja und Karakorum viel gelernt. Sie sehen ihre Umwelt anders als wir, sind uns vom Instinkt her überlegen. Doug Scott hat sich einige Gedanken dazu gemacht (siehe Seite 75).

Ang Dorje, Sher Khan und Nazir Sabir waren besessen davon, die Spitze zu erreichen. Sonst hätte ich sie zu einem Gipfelgang gar nicht erst eingeladen. Aber sie sahen in diesen gewaltigen Bergen etwas Göttliches, das es zu respektieren galt. Zwischen diesem Respekt und dem Willen, zum höchsten Punkt zu steigen, waren sie unsicherer als wir europäischen Bergsteiger, dafür aber ruhiger. Wir denken rationaler und können uns eindeutiger auf einen Gipfel einstellen. Wir in Europa haben in den 200 Jahren des modernen Alpinismus viel Erfahrung aufgehäuft und sind technisch geschulte Kletterer. Sie leben in den Bergen.

Ich hätte weder mit Ang Dorje noch mit Nazir Sabir oder Sher Khan eine extrem schwierige Route machen können. Für Ang Dorje bereiteten wir am Kangchendzönga den Weg vor, indem wir Fixseile anbrachten, wo er ohne diese nicht ausgekommen wäre. Im Alpenstil bewältigten wir nur das letzte Stück, wo er sicher klettern konnte.

Ang Dorje hat den Mount Everest zweimal und auch den Kangchendzönga ohne Maske bestiegen. Er war damit der

Der Sherpa Ang Dorje am Gipfel des Kangchendzönga. Er ist später am Mount Everest tödlich verunglückt.

Nazir Sabir (links), Reinhold Messner und Sher Khan in Dassu vor ihrem Aufbruch zum Gasherbrum II und Broad Peak.

erste nepalesische Bergsteiger, der einzige Sherpa auch, der die beiden höchsten Berge seines Landes ohne künstlichen Sauerstoff erklettert hat. Beim dritten Versuch, den Everest zu besteigen, ist Ang Dorje ums Leben gekommen.

Sher Khan und Nazir Sabir klettern immer noch. Nazir Sabir hat nicht nur den K2 und den Gasherbrum II sowie den Broad Peak bestiegen, sondern viele kleinere Sechstausender in seiner pakistanischen Heimat. Sher Khan stand schon dreimal auf dem Gipfel des Gasherbrum II.

Überlebt – an großen Bergen

Im Jahre 1957, als ich nach dem Absturz Hermann Buhls über die vom Nebel verhüllten kilometerweiten Schneefelder und Eisbrüche der Chogolisa meinen Weg zu Tal suchte, habe ich sicher eins meiner sieben Leben aufgebraucht. Im Sommer 1986, als bei Julie Tullis' und meinem Gipfelvorstoß zum K2 nicht nur meine Gefährtin, sondern noch weitere vier Bergsteiger aus der siebenköpfigen Gruppe ihr Leben ließen, habe ich beim tagelangen Ausharren im Schneesturm und dem nicht enden wollenden Abstieg sicher ein weiteres meiner Leben hingegeben. Allein mit dem »Niemals aufgeben!« läßt sich das Überleben nicht erklären. – Und so habe ich mir schon öfter Gedanken darüber gemacht.

Auch wenn Reinhold Messners und mein Bergsteigen unterschiedlich und eigentlich nicht vergleichbar ist, weiß ich, daß wir das Überleben zum Großteil der strikten Befolgung von Regeln verdanken, die wir für richtig halten, mögen andere sie gutheißen oder nicht; und das kann auch fern der Ratio in den Bereich des Gefühls hineinreichen. Wenn ich daran denke, wie oft man sich an den großen Bergen des Himalaja auf dem Weg zum Gipfel und vor allem zurück, hinunter, im Grenzbereich bewegt, kann ich jemandem, der alle 14 Achttausender zum Teil auf schwierigsten Routen bestiegen hat – und noch immer lebt – meine Bewunderung nicht versagen.

»Ein Achttausender gehört dir erst, wenn du wieder unten bist – denn vorher gehörst du ihm«, habe ich irgendwann in mein Tagebuch geschrieben.

Für mich sind große Berge wie Personen, jede mit anderem Charakter, mit Launen, Stimmungen, verschieden von Tag zu Tag. Der Berg mag mich oder er mag mich nicht. Habe ich eine

Kurt Diemberger

Beziehung zu ihm gefunden, so möchte ich mein Leben mit ihm verbinden, indem ich zu seinem Gipfel aufsteige. Und das nenne ich die »Regel der inneren Stimme«, die ja oder nein sagt und auch den rechten Tag erkennt. Ihr habe ich sicher schon oft, ohne es genau zu wissen, mein Leben verdankt.

Etwas anderes, das auch hierher gehört, ist ein gewisser Zustand der Meditation, ja einer Art Trance, in der man viele Tage des Sturms im Zelt, aber auch ein freies Biwak in großer Höhe überdauern kann. Dem verdanke ich sicher mein Leben am K2 während der Tragödie des Sommers 1986.

Last not least die »Ratio«. Vor jedem Aufstieg ein Countdown der nötigen Ausrüstung, ganz genau, ich möchte sagen: pedantisch, ferner ein Abschätzen aller Möglichkeiten. Meine Seilgefährtin Julie Tullis, mit der ich in den letzten Jahren fast immer an den Achttausendern zum Filmen und Bergsteigen unterwegs war (wir hatten das »höchste Filmteam der Welt« gegründet, und an unserem Traumberg K2 filmten wir von Norden und Südosten während dreier Expeditionen), hatte mit mir eine seltene Perfektion in der Weise, wie wir die Berge angingen, erreicht. Wir mußten den Bedürfnissen des »kreativen Bergsteigens« und gleichzeitig den Ansprüchen der Sicherheit Rechnung tragen. Bei uns durfte das Hauptgewicht nicht allein auf der Schnelligkeit liegen, wie in einer der letzten Entwicklungen des sportlichen Bergsteigens an Achttausendern. Wir mußten vor allem die Möglichkeit des Durchhaltens in großer Höhe im Auge behalten, natürlich notfalls mit raschem Abstieg. Am K2 haben wir zweimal ein eigenes Lager 4 in den 8000-Meter-Bereich der Schulter hinaufgetragen, und hätten wir für unseren Gipfelgang den geplanten 3. August einhalten können, wäre Julie noch am Leben.

Ich halte es für sehr wichtig, daß jeder, der so hoch hinaufsteigt, sich vor Augen hält, daß es aus dem Bereich um und über 8000 Meter keine Rettung gibt. Und daß man dort oben keinen Tag unnötig verlieren darf. Mit den vielen Expeditionen, die man heutzutage auf manchen Achttausender-Routen findet, kann es zwar schon einerseits zu internationaler Zusammenarbeit kommen, aber ebensogut auch zur Gefährdung.

Ich glaube, es wird gerade in unserer Zeit für das Überleben wichtig sein, daß die Menschen, die so hoch hinaufsteigen, nicht nur das Ziel sehen, sondern auch sehr kritisch bei der Durchführung ihres Unternehmens sind. Reinhold Messner hat mich als den »einzigen, der alle Perioden des Achttausender-Bergsteigens überlebt hat – und noch aktiv ist« bezeichnet. Ich muß sagen, ich habe sehr viele Änderungen miterlebt.

Kurt Diemberger
(Besteiger von sechs Achttausendern)

10 1954 Cho Oyu 8201 m

Die Göttin des Türkis

**Die wichtigsten Daten
der Erschließungsgeschichte**

Geographische Lage: Nepal Himalaja,
Mahalangur Himal
28° 06′ n.Br./86° 40′ ö.L.

1952 Eine britische Mannschaft erkundet die Nordwestzugänge des Cho Oyu. E. Shipton, E. Hillary und W. Lowe steigen dabei bis zur großen Eisbarriere in etwa 6800 m auf.

1954 Der österreichischen Kleinexpedition unter H. Tichy gelingt die erste Besteigung des Cho Oyu. H. Tichy, trotz Erfrierungen, S. Jöchler sowie der Sherpa-Sirdar Pasang Dawa Lama erreichen am 19. Oktober ohne Sauerstoffmasken über den Westgrat und die Westwand den Gipfel. – Zur gleichen Zeit versuchen die Französin C. Kogan und der Schweizer R. Lambert einen unerlaubten Gipfelgang. Nachdem Tichys Mannschaft ihre Arbeit beendet hat, steigen sie ebenfalls auf, scheitern jedoch im Sturm auf etwa 7600 m.

1958 Im Rahmen der indischen Expedition unter K. Bunshah kommt der Sherpa Pasang Dawa Lama, zusammen mit S. Gyatso (Sikkim), auf dem Weg der Österreicher zum zweiten Mal auf den Gipfel des Cho Oyu. Ein Expeditionsteilnehmer stirbt an Lungenentzündung.

1959 Im Rahmen einer internationalen Frauenexpedition geht die Französin C. Kogan noch einmal zum Cho Oyu. Sie wird zusammen mit einer Belgierin und zwei Sherpas in Lager 4 von einer Lawine erschlagen.

1964 Die angeblich dritte Besteigung durch den Deutschen F. Stammberger,

Teilnehmer der »Ski-Expedition« von R. Rott, bleibt wegen unglaubwürdiger Gipfelfotos umstritten. Stammberger muß beim Abstieg seine beiden Kameraden A. Thurmayr und G. Huber erschöpft in der Todeszone im Lager 4 zurücklassen. Nachdem erst nach neun Tagen ein Rettungstrupp zu ihnen vordringen kann, ist es für sie zu spät. Beide sterben.

1978 Einen nichtgenehmigten Gipfelaufstieg unternehmen die Österreicher E. Koblmüller und A. Furtner. Dabei durchklettern sie erstmals die schwierige Südostwand. Als Trekking-Touristen eingereist, haben sie kein Gipfel-Permit. Ihr »Husarenstück« macht im Lande böses Blut und bringt den Alpinisten eine mehrjährige Einreisesperre.

1982 Vom Unglück verfolgt sind Deutsche, Österreicher und Schweizer, die im Frühjahr über die Südostwand zum Gipfel aufsteigen wollen. R. Karl wird im Zelt von einer Eislawine getötet, W. Nairz dabei schwer verletzt. O. Oelz muß mit einem Hirnödem nach Zürich geflogen werden, und R. Meier zwingen Zahnschmerzen nach Kunde ins Hillary-Hospital.

1983 Nachdem er im Winter an der Südostwand wegen schlechten Schneeverhältnissen gescheitert ist, bricht R. Messner im Frühjahr erneut zum Cho Oyu auf. Zusammen mit H. Kammerlander und M. Dacher gelingt ihm am 5. Mai der Aufstieg zum Gipfel über eine teilweise neue Route durch die Südwestflanke (4. Besteigung).

1984 Von einer tschechoslowakisch-amerikanisch-nepalesischen Expedi-

tion unter V. Komarkova gelangen im Frühjahr zwei Frauen und zwei Sherpas auf den Gipfel. – Im Herbst kommen Jugoslawen am Südpfeiler bis auf etwa 7600 m.

1985 Auf dem Weg der Jugoslawen von 1984 erkämpfen sich Polen, unter ihnen J. Kukuczka, im Winter (12. und 15. Februar) den Aufstieg zum Gipfel. – Im Frühjahr klettern Chinesen auf dem Normalweg zum höchsten Punkt. – Ebenso Spanier. – Eine polnisch-amerikanische Expedition ist am Ostgrat erfolglos, schafft jedoch den Aufstieg am Normalweg. – Desgleichen eine kanadisch-amerikanisch-tschechoslowakische Mannschaft im Winter.

1986 Polen erreichen den Gipfel im Frühjahr über den Südwestgrat. – Desgleichen eine internationale Expedition, der drei Gipfelbesteigungen zufallen. – Eine an der Südwestwand gescheiterte Schweizer Expedition unter E. Loretan hat im Herbst einen Toten zu beklagen (P. A. Steiner).

Zweimal hintereinander war Reinhold Messner am Cho Oyu. Im Dezember 1982 an der Südostwand, die die Österreicher Koblmüller und Furtner erstmals durchstiegen hatten (1978), und im Frühling 1983. Im Winter 1982 scheiterte Messner mit seiner Südtiroler Expedition etwa 700 Meter unter dem Gipfel. Fünf Monate später stieg er mit Michl Dacher und Hans Kammerlander über die Südwestflanke bis zum höchsten Punkt. Mit nur zwei Biwaks gelang den drei Bergsteigern der Aufstieg im alpinen Stil, nachdem sie knapp unterhalb des Nangpa-La ein vorgeschobenes Basislager erstellt hatten. Heute gibt es am Cho Oyu vier verschiedene Routen, dazu einige Varianten zum Normalweg. Vor allem die Nordseite (Tibet) des Berges bietet mehrere lohnende Erstbegehungsmöglichkeiten.

Sherpa-Frau in Solo Khumbu. Für sie ist der Cho Oyu ein heiliger Berg.

Hans Kammerlander, der Reinhold Messner im Dezember 1982 am Cho Oyu erstmals auf Expedition begleitete und der 1983 mit dem Cho Oyo seinen ersten Achttausender bestieg.

Altes Yak im Neuschnee auf dem Weg ins Basislager unter dem Nangpa-La (1983).

Maskentänzer im Kloster von Thame (Solo Khumbu) am Fuße des Cho Oyu. Einmal im Jahr, meist im Mai, findet in Thame das Mani-Rimdu-Fest statt.

Neuschnee in Namche Bazar. Dieser Hauptort der Sherpas ist ein Touristenzentrum.

Oben: Hans Kammerlander und Reinhold Messner an der Südwestflanke des Cho Oyu.

Links: Hans Kammerlander im Winter an der Cho-Oyu-Südostwand. Unten machte Blankeis den Aufstieg schwierig, oben angewehter Lawinenschnee ein Weiterklettern schier unmöglich.

Rechts: Michl Dacher und Reinhold Messner am Gipfel (riesengroße Schneekuppe) des Cho Oyu (5. Mai 1983). Der Blick geht in Richtung Norden nach Tibet.

Vorhergehende Doppelseite:
Hans Kammerlander und Michl Dacher unter der Scharte, die es erlaubt, den Grenzkamm zu überschreiten und so südlich des Nangpa-La an die Südwestflanke des Cho Oyu zu gelangen.

1983

Cho Oyu
Grenzgänger zwischen zwei Welten

Das Innere oder Innerliche ist um so wirklicher, als ich es mir immer wieder erst erobern muß.
Peter Handke

Ist es zu spät? Bergsteigen wird zu einem kommerziellen Wettrennen. Individuelle Spontaneität und Kreativität werden verdrängt von mechanistischen Egotrip-Ritualen, gesponsert von Fabrikanten, gutgeheißen von sozialen Wohlfahrtseinrichtungen und propagiert durch die Massenmedien.
Rob Wood
in »Mountain«

Der Cho Oyu von Süden. Diagonal von rechts unten zum Gipfel verläuft die Südostwand (1978), die Reinhold Messner mit einer Südtiroler Expedition 1982 im Winter versuchte und an der er oberhalb der letzten Séracs scheiterte. Die Südwestseite des Berges (links) ist im Bild verdeckt.

Am 17. Februar 1980 gelang es polnischen Bergsteigern, den Mount Everest erstmals im Winter zu erklettern. Offiziell wurde diese Besteigung zunächst allerdings nicht als erste Winterbesteigung gezählt. Eine solche hätte gemäß den nepalesischen Richtlinien zwischen dem 1. Dezember und dem 15. Februar durchgeführt werden müssen. Für mich war es trotzdem die erste Besteigung eines Achttausenders im Winter.

Als die Regierung in Nepal für die höchsten Gipfel des Landes Genehmigungen für die Wintermonate ausgab, eröffnete sich eine neue Spielmöglichkeit. Obwohl ich anfangs skeptisch war, ob eine Achttausender-Besteigung im Winter »by fair means« möglich wäre, vor allem ohne Maske, wollte ich 1982/83 einen ersten Versuch wagen. In den »offiziellen« Winterwochen war bis dahin noch keiner der Achttausender bestiegen worden.

Während wir aber im Dezember den Cho Oyu über die Südostflanke versuchten, gelang japanischen Bergsteigern Anfang Dezember die Besteigung des Dhaulagiri. Nachdem sie von den extremen Bedingungen im Winter genau wußten, planten sie eine Nachmonsun-Winterexpedition. Im November arbeiteten sie vor. Sie bauten die unteren Lager vor Beginn des Winters auf, um so in den ersten Dezembertagen zum Gipfel steigen zu können. Eine derartige Taktik – es war ein Trick – wollten wir am Cho Oyu nicht anwenden.

Zu dieser Expedition hatte ich außer fünf Bergsteigern zwei Südtiroler Künstler eingeladen: den Maler Luis Stecher und den Schriftsteller Bruno Laner. Die beiden sollten ihre Eindrücke von den großen Bergen, von der Auseinandersetzung Mensch – Natur mit ihren Mitteln festhalten. Diese »barocke« Winterexpedition am Cho Oyu wurde so zu einer neuen Erfahrung; sie sollte eine Bereicherung für mich sein.

Wir Kletterer konnten uns besser entspannen, wenn wir ins Basislager herunterkamen. Ja, ich konnte den Berg völlig vergessen, wenn wir bis spät in der Nacht in unserem großen Gemeinschaftszelt zusammensaßen und diskutierten. Dabei ging es nicht nur ums Bergsteigen oder die Achttausender, wir redeten über Gott und die Welt.

Nachdem wir uns tiefer unten im Gokyo-Tal akklimatisiert hatten, stiegen wir auf den Island Peak unter der Lhotse-Südwand. Mit der eigentlichen Besteigung begannen wir am 1. Dezember. Alle Bergsteiger verließen das Basislager. Wir kamen schnell voran, denn die Verhältnisse waren gut. Im unteren Bereich des Berges brachten auch Kälte und Wind keine allzugroße Belastung. Erst in 7500 Meter Meereshöhe, von wo aus wir zum Gipfel hätten gehen wollen, blieben wir im Neuschnee stecken.

Bei der Vorbereitung für diese Expedition war mir ein Denkfehler unterlaufen. Meine Überlegungen gingen dahin, daß man in einer Südostwand im Winter vor den fürchterlichen Nordweststürmen sicher sein müßte. An allen anderen Flanken war der Wind, der in dieser Jahreszeit, von Tibet kommend, über die hohen Berge fegt, das größte Hindernis. Dieser »Jetstream«, wie er auch genannt wird, kann hoch oben am Berg sogar tödlich sein. Im Windschatten aber, in der Gegenflanke, hoffte ich, gut voranzukommen zu können.

Dies war auch der Fall, soweit wir in steilen Passagen kletterten, wo der Neuschnee abrutschte. Den Wind wurden wir nur hoch über unseren Köpfen als Schneefahne gewahr. Als wir aber die Hauptschwierigkeiten an der Cho-Oyu-Südostwand hinter uns hatten, dort, wo die Wand flach war, lag der Schnee bauchtief. Es war einfach unmöglich, uns durch diese Schneemassen hinaufzuwühlen. Abgesehen davon ahnten wir, was passieren hätte können, wäre der Hang losgebrochen. Hans Kammerlander und ich, die wir an der Spitze kletterten, entschlossen uns, auf den »nahen Gipfel zu verzichten«. Es war zu riskant und zu anstrengend, den Aufstieg weiter zu forcieren. Die Angst trieb uns zurück.

169

Letztendlich war jede Achttausender-Expedition, auch die am Cho Oyu, nur eine Auseinandersetzung mit mir selbst. Der Einblick nach innen war wichtiger als der Ausblick am Gipfel. Ich bin der letzte, der seinen Ehrgeiz versteckt, trotzdem, Bergsteigen war für mich zuallererst Suche. Kein Kampf, kein Krieg gegen den »nackten Fels«, kein Wettlauf mit anderen. Es war auch der Versuch, etwas in die Tat umzusetzen, was ich vorher ausgedacht hatte.

Bei dieser Cho-Oyu-Expedition im Winter 1982/83 kamen wir öfter an der Stelle vorbei, an der ein halbes Jahr vorher Reinhard Karl umgekommen war. Er hatte versucht, mit einer Expedition unter Leitung von Wolfgang Nairz die Südostwand in der Vormonsunzeit zu durchsteigen. Am Fuße der eigentlichen Gipfelwand, auf etwa 6500 Meter Meereshöhe, wurden die beiden am frühen Morgen von einer Eislawine überrascht; Reinhard Karl kam dabei ums Leben.

Die beiden waren zu diesem Zeitpunkt noch weit vom Gipfel entfernt gewesen, aber voller Zuversicht, voller Lebenslust. Wolfgang Nairz brach die Expedition aufgrund des Unglücks ab. Die Frage, warum ein so erfolgreicher und gleichzeitig so selbstkritischer Bergsteiger wie Reinhard Karl an einer derart exponierten Stelle lagern konnte, bleibt unbeantwortbar. Alles Grübeln über diese Tragödie hat keinen Sinn mehr. Wer mit Haut und Haaren Bergsteiger ist, weiß, daß er gefährlich lebt, auch wenn er die Gefahr nicht sucht, um darin umzukommen.

Wir kamen gut 1000 Meter höher als Karl und Nairz. Doch diese Leistung änderte nichts an der Tatsache, daß auch wir scheiterten.

Bei dieser Winterexpedition war Hans Kammerlander zum ersten Mal mein Partner in großer Höhe. Ich habe zu diesem jungen Südtiroler Kletterer innerhalb weniger Tage so viel Vertrauen gewonnen, wie vorher nur zu wenigen

Die Gedenkpyramide (Tschorten) von Reinhard Karl im Gokyo-Tal. Hinten links der Cho Oyu.

Bergsteigern. Er war nicht nur stark, für ihn war alles selbstverständlich. Ähnlich wie »Bulle« Oelz, Friedl Mutschlechner oder wie früher mein Bruder Günther war er mir bald mehr als nur Kletterpartner. Und so lud ich Hans im Frühling 1983 erneut ein, mit mir zum Cho Oyu zurückzukehren. Außerdem war Michl Dacher dabei, der inzwischen erfolgreichste bundesdeutsche Höhenbergsteiger.

Für die Expedition 1983 hatte ich ein Permit für die Südwestseite des Cho Oyu erhalten. Diese Seite des Berges war leichter. Nur war sie schwer zugänglich. Die Regierung in Nepal hatte es mir zur Auflage gemacht, nicht über den Nangpa-La nach Tibet zu gehen. Wir zogen also von Namche Bazar in Solo-Khumbu hinein Richtung Thame und weiter ins Tal unter den Nangpa-La, jenen Himalaja-Paß, über den das Sherpavolk im 17. Jahrhundert von Tibet nach Nepal übergewechselt war.

Noch weit unterhalb des Passes, auf 5000 Meter Meereshöhe, stellten wir unser Basislager auf. Von dort schickten wir unsere Yaks zurück, die durch brusthohen Schnee bis unter den Nangpa-Gletscher hinaufgewatet waren. Oben auf dem Nangpa-La errichteten wir dann ein erstes Hochlager, eine Art vorgeschobenes Hauptlager.

Von hier aus versuchten wir, über den Nangpai Gosum hineinzuqueren in die Südwestflanke »unseres« Berges. Es war da ein kleiner Paß, eine Scharte, die relativ leicht zugänglich war und die mit einem Abstieg auf der anderen Seite den Zugang nach Tibet möglich machte, ohne daß wir die verbotene Grenze hätten überqueren müssen. So kamen wir über einen Umweg an den Cho Oyu heran. Wir waren zwar in einer verbotenen Welt, hatten dies aber mit legalen Methoden erreicht. Ich hatte mich an die Weisung der Verantwortlichen im Ministerium für Tourismus gehalten und war trotzdem an unsere genehmigte Route herangekommen. Da uns keine Sherpas begleiteten, trugen wir schwer.

Das vorgeschobene Basislager unterhalb des Nangpa-La 1983. Im kleinen Zelt wohnten abwechselnd zwei Sherpas, die das Camp aus dem Hauptlager mit Nahrungsmitteln versorgten. Im großen hausten wir. Hinten der Nangpai Gosum.

171

Steinschlag

Das schwierigste Stück in der Cho-Oyu-Südostwand war eine Eisflanke zwischen 7000 und 7400 Meter Meereshöhe. Wir wagten es nicht, jene Rinne als Aufstiegsweg zu benützen, durch die Koblmüller und Furtner 1978 zum Gipfel geklettert waren. Sie verläuft unterhalb eines mächtigen, gefährlichen Séracstückes. Der Aufstieg dort ist mörderisch gefährlich. Wir hielten uns also weiter rechts. Dort allerdings war die Wand nahezu senkrecht. Eisrippen, wie an die Wand geklebt, und Treibschnee dazwischen! Das Ganze sah aus wie ein gigantischer Zuckerguß, statt mit Sahne mit Schnee überladen. Die Kletterei verlangte äußerste Konzentration.

Hans Kammerlander, Hans Peter Eisendle, Voytek Kurtyka und ich hatten zehn Tage lang den Weg abgesichert. Nun befand ich mich mit Hans im letzten Stück dieser Wand, dort, wo sie sich langsam zurückzulehnen beginnt. Ich hing gerade 40 Meter unter Hans am Standplatz und sicherte. Hans, der wie immer überlegt kletterte, querte unter senkrechten Felsen nach links in eine Rinne. Plötzlich löste sich hoch über uns ein tischgroßer Felsbrocken. Ich sah, wie er aus der Wand fiel. Er rutschte zuerst, sprang dann in einigen Sätzen durch die Luft, flog an Hans vorbei und direkt auf mich zu. Wie hypnotisiert schaute ich dem Geschehen zu, hing gefangen in den Seilen und konnte mich nicht befreien. Auch mit dem Messer hätte ich das Seil nicht rechtzeitig lösen können, so schnell kam der Stein auf mich zu.

Wie ein zum Tode Verurteilter wartete ich bis zum letzten Augenblick, bis der Stein knapp über mir war, dann erst riß ich mich zur Seite. – Der Felsbrocken schwirrte wenige Zentimeter neben mir in die Tiefe, verschwand Minuten später unten im großen Gletscherkessel am Fuße der Wand.

Paul Hanny, der weiter unten aufstieg, um Material nachzubringen, starrte ebenfalls gebannt auf den Stein, so als wollte er ihn mit seiner ganzen seelischen Kraft von mir ablenken. Als die Gefahr vorüber war, atmete er tief durch und war genauso kreidebleich vor Schreck wie ich selbst.

Dieser Moment am Cho Oyu wurde mir erst nachher als besonders gefährlich bewußt. Wenn ich heute zurückdenke, nimmt dieser Felsbrocken vor meinem geistigen Auge wieder Gestalt an. Ich sehe, wie er sich löst, wie er genau auf mich zukommt. Wie damals weiß ich, daß ich nur dann eine Überlebenschance habe, wenn ich bis zum letzten Augenblick warte, um richtig ausweichen zu können.

Die Fallrichtung eines Steins kann man erst in diesem letzten Moment genau bestimmen. Nur die eine richtige Drehung im richtigen Moment entscheidet dann über Leben oder Tod.

Paul Hanny in der steilen Eisflanke (ca. 7300 m) am Cho Oyu, kurz nachdem das Felsstück an Reinhold Messner vorbeigeschwirrt ist. Am selben Tag wurde der Versuch an der Südostflanke aufgegeben. Im Hintergrund rechts Mount Everest und Lhotse.

Der Cho Oyu von Südwesten, im linken Teil die Aufstiegsroute von Michl Dacher, Hans Kammerlander und Reinhold Messner. Nicht zuletzt wegen der vielen Achttausender-Erfolge von Michl Dacher waren es die deutschen Bergsteiger in ihrer Gesamtheit, die als erste vor den Bergsteigern aus anderen Nationen alle Achttausender besteigen konnten. Bei der »Eroberung« (1950–1964) war ihnen allerdings keine der 14 Erstbesteigungen geglückt. Später, und dies gilt heute noch, begnügten sie sich mit der Wiederholung der Normalwege oder häufig begangener Routen. Die innovativsten Bergsteiger sind heute Polen, Amerikaner, Franzosen und Spanier.

Der Aufstieg zum Gipfel dauerte drei Tage und verlief ohne besondere Zwischenfälle. Ernste Schwierigkeiten gab es nicht. Am letzten Tag legten Michl, Hans und ich eine lange Strecke zurück, mehr als 1000 Höhenmeter. Vor allem ganz oben, am riesig großen Gipfelplateau, schien der Berg nicht mehr enden zu wollen. In den von Windgangeln zerfurchten Schneefeldern erkannten wir in jedem höchsten Hügel den Gipfel. Dahinter aber war ein noch höherer Höcker, dann noch einer und noch einer. War da kein Ende?

Wir schafften es. Am 5. Mai standen wir auf dem höchsten Punkt. Wir fotografierten uns gegenseitig, stiegen ab. Am nächsten Tag waren wir wieder zurück im vorgeschobenen Basislager im Süden des Nangpa-La.

Bei dieser Expedition hatten wir nicht wie beim ersten Mal Zeit und Muße gehabt, den Berg zu studieren, zu schreiben oder zu lesen. Der Aufstieg ging schnell vonstatten. Alles andere kam zu kurz. Ich glaube, daß zuvor nie eine Expedition ohne vorherige Akklimatisation in so kurzer Zeit bis zum Gipfel gegangen ist. Genossen allerdings habe ich diese Art von Unterwegssein weniger. Das Beschauliche am Bergsteigen war mir inzwischen so wichtig geworden wie die Notwendigkeit, von Zeit zu Zeit »menschliche Grenzen zu verschieben«.

Ich habe bei dieser Frühjahrsexpedition 1983 nicht nur die Grenze zwischen China und Nepal überschritten, ich habe auch die Grenze überschritten zu einem neuen Leben. Die Gefahren am Berg, Leben in der Natur waren mir etwas Notwendiges, Selbstverständliches geworden. Ich war wie ein Süchtiger davon abhängig. Ich wurde unleidlich, wenn ich zu lange in Europa bleiben mußte. Ich brauchte es, wochenlang, monatelang in der Einsamkeit der Himalaja-Berge zu leben, allein oder nur mit wenigen Freunden.

Dies war die eine Hälfte meines Wesens. Zurück in Europa, war ich dann ebenso zufrieden, wenn ich irgendwo bei einem Vortrag in die Masse eintauchen konnte. Auf der einen Seite brauchte ich das Alleinsein, auf der anderen kehrte ich immer wieder gern in die Zivilisation und damit zu »Arbeit« und Alltagsstreß zurück. Ich bin ein von den eigenen Ideen getriebener Mensch, der aktiv sein muß, um körperlich und seelisch gesund zu sein; der Pausen braucht, um nachher mit einer neuen Idee explosiv sein zu können. Mein Leben spielte sich nun zur Hälfte in der totalen Einsamkeit des Himalaja ab, zur anderen im hektischen Lebensrhythmus mitteleuropäischer Städte. Ich suchte die Höhen und Tiefen, ich brauchte diese Gegensätze, nicht nur am Berg.

173

Der Wechsel von einem Extrem zum anderen wurde für mich im Laufe der Jahre so selbstverständlich, daß ich das Leben im Hotel mit dem Leben im Zelt von einem Tag auf den anderen vertauschen konnte, ohne darunter zu leiden, ohne etwas dabei zu entbehren.

Den Widerspruch, den andere in diesem »Doppelleben« zu sehen glaubten, habe ich nie als solchen empfunden. Denn im Augenblick, als ich genug hatte von Terminen, fragenden Menschen, Hektik, war ich schon wieder unterwegs. Der Lebensrhythmus in Asien stülpte mein Wesen in vieler Hinsicht um. Meine »Götter« waren wieder die Berge, die Bäche, die Wolken.

Die Menschen dort beobachteten mich mit ebensolcher Neugierde, wie ich sie beobachtete. Indem ich wieder und wieder kam, brauchten sie mir nicht nur zu glauben, daß ich ihr Land, ihre Berge mochte. Sie sahen es. Ich nahm einige ihrer Riten an, trug seit 1981 einen Xi-Stein um den Hals und handelte mit derselben Begeisterung, wie die Khampas oder die Kashmiri handeln. Ich war auch im Himalaja daheim.

Mit seinen wiederholten Expeditionen hatte Reinhold Messner vor allem zu den Sherpas und Tibetern eine intensive Beziehung gewonnen. Er trug einen Xi-Stein (Bild Mitte) zwischen zwei versteinerten Korallen am Hals, den er in Tingri, am Nordfuß des Cho Oyu, erworben hatte. Diesen Steinen wird eine magische Kraft zugesprochen, sie sollen ein Barometer der Seele sein. Die Sherpas und Tibeter, die heute noch über den fast 6000 Meter hohen Nangpa-La mit Yaks den Himalaja überqueren, bewunderten Messners »Schmuck« ebenso wie die Hunzas in Pakistan. Immer wieder und allerorts faßten sie seinen Stein an; viele sahen Messner als einen der ihren.

Überlebt – mit immer neuen Einblicken

Mehr als 30 Jahre sind vergangen, seit wir – die Tiroler Sepp Jöchler und Helmut Heuberger, der Sherpa Pasang Dawa Lama und ich – den Gipfel des Cho Oyu erstbestiegen haben. Damals hatte der Wettlauf um die Achttausender gerade erst begonnen. Unser Erfolg lag ungefähr in der Mitte – der Cho Oyu war der fünfte bestiegene Berg über der magischen Achttausender-Grenze. Übrigens ist er inzwischen »gewachsen« – als wir hinaufkamen, war seine offizielle Höhe 8153 Meter, heute wird sie mit 8201 Metern angegeben. Ist das Wachstum des Himalaja daran schuld, sind es neue Vermessungen oder beides?

In der Zwischenzeit war ich viel unterwegs. Durch die wachsende Zahl der Expeditionen habe ich den Überblick im Himalaja-Bergsteigen verloren. Vielleicht auch hatte ich – selbst kein Bergsteiger im extremen Sinn des Wortes – zu wenig Interesse an solchen alpinen Unternehmungen. Selbst in Nepal, wo ich oft längere Zeit lebte, war es schwierig, Einzelheiten über geglückte oder »vom Pech verfolgte« Expeditionen zu erfahren.

Über »unseren« Cho Oyu aber haben wir einmal nächtelang gesprochen und Vergangenes hervorgekramt. Das war in Bhaktapur bei Kathmandu, als ich unseren Sirdar Pasang nach Jahrzehnten wieder traf. An seinem oft fernen Blick war zu erkennen, daß er nicht mehr lange zu leben hatte, und tatsächlich, er ist ein paar Monate später in Darjeeling gestorben. Die Erinnerung an geteilte Erlebnisse hatten ihn hellwach werden lassen, die Nacht war zum Tage geworden – waren wir doch monatelang gemeinsam in einem Himalaja unterwegs gewesen, der damals weltabgeschieden und abweisend gewesen war.

Herbert Tichy

Dieses lange Gespräch zwischen Pasang und mir fand 1982 statt, als Reinhold Messner seinen ersten Versuch auf den Cho Oyu unternahm. Davon wußten wir damals kaum etwas. Und auch jetzt, da ich diese Zeilen schreibe, sind mir die Einzelheiten von Reinholds Triumph am Cho Oyu nicht geläufig. Aber die benötige ich gar nicht, um die Größe seiner Leistung zu begreifen.

Nehmen wir die sogenannte Todeszone, in der jeder länger oder kürzer ausharren muß, wenn er auf einen Achttausender will. Dort wird das Leben zu einem aufregenden und beglückenden Erlebnis. So wenigstens habe ich es bei unserem Gipfelgang empfunden. Die Gedanken werden zwar verwirrter, die Sicht aber – ich meine nicht nur die Fernsicht, sondern die innere Sicht – wird immer klarer. Sie läßt die oft mühseligen Einzelheiten des gewöhnlichen Alltags vergessen. Das klingt irgendwie widersprüchlich, aber die meisten, die über 8000 Meter waren – und das sind jetzt schon sehr viele – werden diese Erfahrung bestätigen.

Bei unserem Gang zum Gipfel erlebten wir im Lager 4 – nur 7000 Meter hoch, aber den Stürmen schutzlos ausgesetzt – eine schlimme Nacht. Die Zeltstäbe brachen, und die Leinwand preßte sich an uns wie das Netz an einen Fisch. Wir dachten damals, daß wir dem »Fischer« nicht standhalten könnten. Die Kräfte des Orkans waren zu gewaltig.

Zugegeben: die Ausrüstung wurde seither wesentlich verbessert, und die Erfahrung lehrt neue Möglichkeiten des Überlebens. Seitdem und auch vorher haben manche Bergsteiger viel schlimmere Situationen überlebt. Vom heutigen Standpunkt aus gesehen befanden wir uns vielleicht nur in einer mißlichen Lage. Aber ich erinnere mich der vielen einsamen Gedanken, die damals durch meinen Kopf gingen. Mein Leben wäre ohne dieses Lager 4 am Cho Oyu um einiges ärmer.

Als ich jetzt über Reinhold Messner nachdachte, fielen mir die Stunden im Lager 4 ein. Für ihn war der Cho Oyu nur einer unter mehr als einem Dutzend Gipfel der höchsten Berge. Zweifellos hat er kritischere Stunden überstanden als wir in unserem Lager. Die Ausblicke und Einblicke, die er in solchen Grenzsituationen gewonnen haben mag, scheinen mir genauso wertvoll zu sein wie der »Rekord an allen Achttausendern«.

Herbert Tichy
(Erstbesteiger des Cho Oyu)

11 1950 Annapurna 8091 m

Der erste Achttausender

**Die wichtigsten Daten
der Erschließungsgeschichte**

Geographische Lage: Nepal Himalaja, zwischen Kali Gandaki und Marsiandi 28° 36′ n.Br./83° 49′ ö.L.

1950 Bis zu diesem Zeitpunkt ist die Annapurna so gut wie nicht erforscht. Die französische Expedition unter M. Herzog, von ihrem ursprünglichen Ziel, dem Dhaulagiri kommend, muß auch die Zugänge selbst erkunden. Von Westen her gelangt sie in das Gletscherbekken nördlich der Annapurna, von dem schließlich eine Aufstiegsmöglichkeit zu einem sichelförmigen Gletscher ins Auge gefaßt wird. Da der Monsuneinbruch immer näher rückt, darf keine Zeit verloren werden. Trotz ungenügendem Schuhwerk wagen M. Herzog und L. Lachenal einen Aufstiegsversuch und stehen am 3. Juni 1950 auf dem Gipfel. Damit ist die Annapurna der erste bezwungene Achttausender. Der Rückzug jedoch gestaltet sich alles andere als triumphal. Durch Drogen in ihrer Selbstkontrolle eingeschränkt, werden Herzog und Lachenal zusammen mit ihren Rettern beim Abstieg durch Spaltenstürze, Lawinen und Freibiwaks arg in Mitleidenschaft gezogen, und der Expeditionsarzt Dr. Odout muß noch auf dem Rückmarsch erfrorene Finger und Zehen amputieren.

1970 Die zweite Besteigung des Hauptgipfels der Annapurna schafft eine britische Expedition auf dem Weg der Erstbesteiger. – Kurz darauf erfolgt die dritte Besteigung durch D. Whillans und D. Haston. Sie gehören zu einem Team ausgezeichneter Alpinisten, mit

denen Ch. Bonington zur Annapurna aufbricht, um zum ersten Mal die äußerst schwierige Südwand zu durchsteigen. 4500 m Fixseile werden montiert; der neue Himalaja-Stil hat sich bewährt. I. Clough verunglückt tödlich.

1974 Eine spanische Expedition unter J. Anglada erklettert zum ersten Mal den Annapurna-Ostgipfel, 8026 m.

1977 Holländer eröffnen eine neue Route an der Nordseite der Annapurna, wobei sie den »Sichel-Gletscher« links umgehen. Drei Mann gelangen auf den Gipfel.

1978 Den Weg über die Holländer-Route nimmt auch eine amerikanische Frauenexpedition, wobei zwei Teilnehmerinnen und zwei Sherpas den Gipfel erreichen. Eine Engländerin und eine Amerikanerin stürzen tödlich ab.

1979 Bei der französischen Ski-Expedition steigen zwei Teilnehmer auf dem Weg der Erstbegeher zum Gipfel auf. Bei der Skiabfahrt verunglückt Y. Morin tödlich.

1981 Eine polnische Expedition unter Führung von R. Szafirskis klettert den rechten Pfeiler in der Südwand. Zwei Teilnehmern gelingt die erste Besteigung des Mittelgipfels, 8051 m, und eine neue Route. – Eine japanische Expedition unter H. Yoshino bringt zweimal zwei Teilnehmer über die britische Südwand-Route auf den Gipfel.

1982 Eine britische Gruppe findet rechts der Bonington-Route einen neuen Anstieg durch die Südwand. Die Expedition wird abgebrochen, nachdem McIntyre bei einem Steinschlag ums Le-

ben kommt. Zwei Spanier vollenden diesen extrem schwierigen Weg ein paar Jahre später im Alpenstil.

1984 Eine Schweizer Gruppe wagt sich an die schon mehrmals versuchte Traverse des Ostgrats. Nach nur dreitägigem Aufstieg stehen E. Loretan und N. Joos auf dem Ostgipfel und gehen dann über den Mittelgipfel zum Hauptgipfel, von dem sie auf der Holländer-Route absteigen. Damit haben sie die drei Annapurna-Gipfel im alpinen Stil überschritten.

1985 R. Messner durchklettert zusammen mit dem Südtiroler H. Kammerlander die noch unbezwungene Nordwestwand und steht am 24. April auf dem Gipfel der Annapurna (12. Besteigung).

Die Nordwestwand der Annapurna ist streckenweise schwierig und sehr gefährlich. Vor allem bei Neuschnee. Der Eisbruch unterhalb von Lager C_1 ist nicht besonders zerklüftet und großteils links über Felsen umgehbar. Der Gipfelgrat ist langwierig und exponiert. Links der Route, die Reinhold Messner mit Hans Kammerlander 1985 erstbeging, scheiterte die Seilschaft Troillet/Steiner zweimal. Eine faszinierende Möglichkeit. Auch der Pfeiler (zweite Wandhälfte sichtbar) links ist noch unbegangen.

Alle Wege auf die Annapurna sind steil und schwierig, ausgenommen der Weg der Erstbesteiger (1950), der extrem gefährlich ist. Alle Flanken sind gut erschlossen.

176

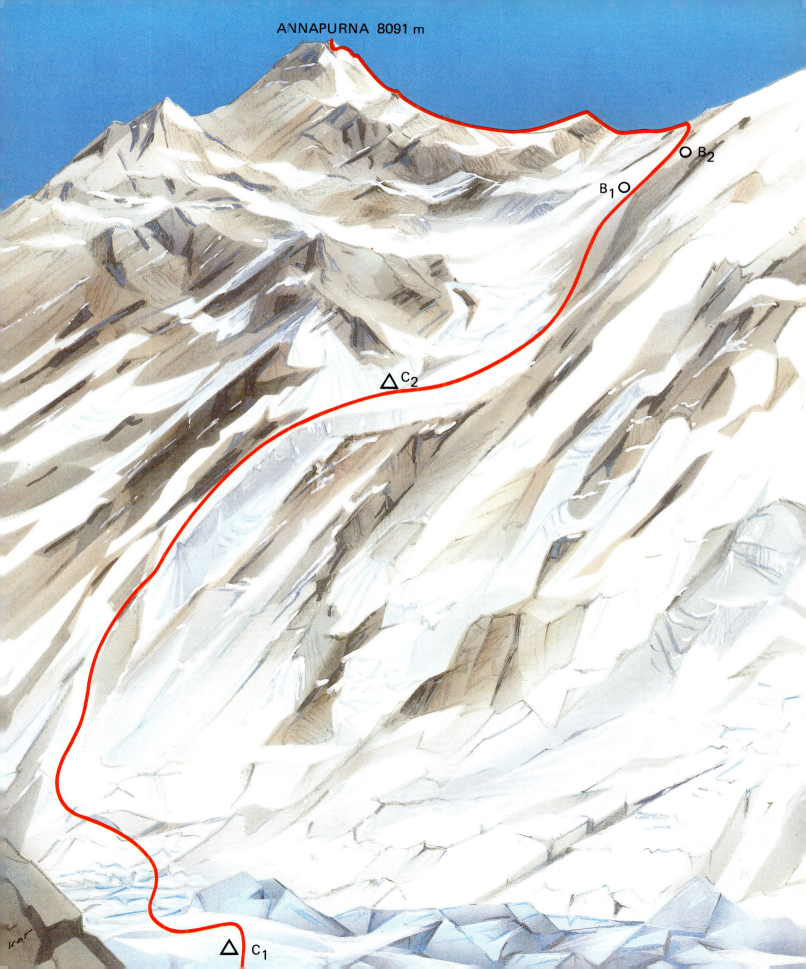

Links: Swami Prem Darshano (früher Luggi Rieser), Teilnehmer der Annapurna-Expedition 1985, im Gespräch mit einem indischen Guru in Nepal.

Rechts: Lager 1 am Fuße der Annapurna-Nordwestwand. Reinhard Patscheider, Hans Kammerlander, Prem Darshano und Reinhard Schiestl in der Nähe des Zeltes. Die Route verläuft über die kombinierte Wand zum großen Sérac, über diesen nach rechts und über die Platten zum Grat. Von der Schulter geht es von rechts nach links zum Gipfel.

Unten links: Träger und Swami Prem Darshano überqueren den Kali Gandaki auf einer Hängebrücke. Anmarschweg zur Annapurna von Norden.

Unten rechts: Träger unterhalb des Thulo Begin, der beim Annapurna-Anmarsch überschritten werden muß.

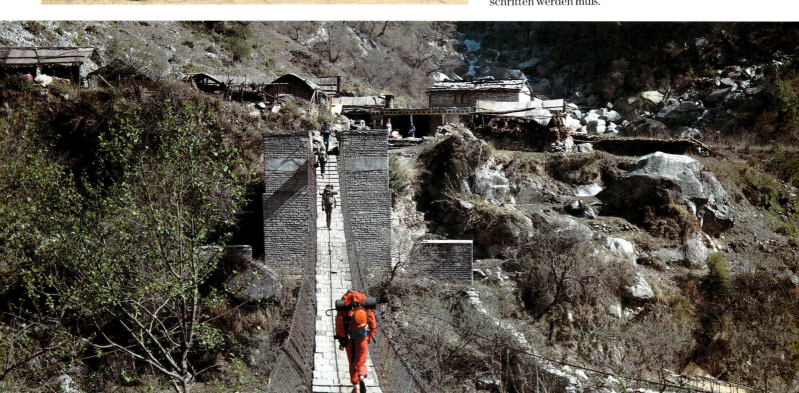

Links: Reinhard Schiestl überwindet eine Spalte unterhalb der Randkluft seilfrei.

Vorhergehende Doppelseite:
Annapurna (ganz links), Schulter und Fang (Felsturm im Hintergrund) nach einem Neuschneefall. Der Sturm jagt den Schnee von den Flanken der Nordwestverschneidung. Eine riesige Lawine überspült den Einstieg jener Route, über die Franzosen und Kanadier unter der Leitung von Henri Sigayret diese Seite des Berges erstmals versuchten (1983). Reinhold Messner und Hans Kammerlander erreichten den Gipfel der Annapurna als erste über diese Wand (24. April 1985).

Oben: Reinhard Schiestl im Eisbruch unterhalb von Lager 1 an der Annapurna.

Rechts: Blankes Eis am Ausstieg aus der kombinierten Wand zum ersten Eisbalkon in etwa 6000 Meter Meereshöhe.

1985

Annapurna
Die »Hürden« sind im Bauch

Es ist ein verzweifeltes Tun, die Verzweiflung herunterzumachen, denn die Verzweiflung macht unser Leben zu dem, was es ist.
Erich Fried

In 8000 Meter Höhe gibt es dreimal weniger Sauerstoff als normalerweise. Das heißt, man braucht alle Willenskraft nur, um wieder Atem zu schöpfen. Der ganze Körper konzentriert sich auf ein einziges Ziel: den nächsten Atemzug. Und erst nach einigen Minuten, wenn die Atemzüge langsam regelmäßiger werden, beginnt man wieder zu leben.
Maurice Herzog

Blick auf die Annapurna von Norden. Die Überschreitung von links her (Ostgrat), die im Herbst 1984 den beiden Schweizern Norbert Joos und Erhard Loretan gelungen ist (Ost-, Mittel- und Hauptgipfel sind als Felsspitzen deutlich zu erkennen), wobei sie über den Holländer-Sporn absteigen mußten, ist eine Glanztat des modernen Himalaja-Bergsteigens. Der Weg der Erstbesteiger (Herzog/Lachenal, 1950) verläuft links der scharfen Kante (Nordpfeiler, unbegangen), die die Nordwestwand von der Nordflanke trennt.

Meine jeweils nächste Aufgabe sah ich nicht darin, in den Bergen etwas schneller zu wiederholen, was andere zehn Jahre vor mir gemacht hatten, sondern darin, einen Schritt weiterzugehen als alle anderen vor mir. Ich wollte Neues versuchen. Darin lag mein Qualitätsbewußtsein.

Mit der Durchsteigung der Rupal-Wand am Nanga Parbat 1970 war ich von allem Anfang an mit dabei gewesen, als es in einer zweiten Phase des Himalaja-Bergsteigens darum ging, die schwierigsten Wände auf die höchsten Berge zu durchklettern. 1985 waren die meisten dieser Flanken durchstiegen, einige unversucht. Nur einige wenige waren niemandem gelungen. Zu diesen gehörte die Annapurna-Nordwestwand.

Die Annapurna – war es Zufall oder Fügung – war einerseits der erste Achttausender, der, im Jahre 1950, erklettert werden konnte; andererseits wurde ihre Südwand, 1970, als erste große Achttausenderwand durchstiegen. Die Nordwestwand, eine der schwierigsten Himalaja-Wände, hatte ich 1977 vom Dhaulagiri aus bei meiner Expedition in der Südwand entdeckt. Damals schon habe ich die Gefährlichkeit dieser konkaven Riesenflanke begriffen. Im Frühling 1985 wollte ich dorthin. Ich stellte eine Mannschaft zusammen, mit der ich mir eine kleine Chance ausrechnete, die Wand durchsteigen zu können.

Mit dabei waren die Tiroler Reinhard Schiestl und Swami Prem Darshano sowie die Südtiroler Hans Kammerlander und Reinhard Patscheider, der die Eiger-Nordwand in etwa fünf Stunden durchstiegen hatte. Noch schneller war dort nur Thomas Bubendorfer gewesen, der auch mit mir zur Amapurna-Wand wollte. Leider mußte ich ihm absagen, weil er nicht in meine Mannschaft paßte. Bei einer solchen Expedition müssen die Teilnehmer nicht nur harmonieren, sie müssen sich gegenseitig beflügeln. Bei der Auswahl der Teilnehmer merkte ich damals, daß die jungen Kletterer diese Art von Expeditionen anders

sahen als wir 15 Jahre vorher. Es ging ihnen nicht allein um die Wand, es ging auch um die Vermarktung. Und dies war verständlich. Mit einer erfolgreichen Expedition konnte einer den Wert seines Namens steigern. Damit auch sein Einkommen. Ein legitimes Anliegen.

Es gibt zwischenzeitlich so viele gute Profibergsteiger, daß der Konkurrenzkampf härter geworden ist. Das ist gut so. Was mir nicht gefällt, ist eine neue Art von Scharlatanerie, die mit Halbwahrheiten hausieren geht. Da verkaufen einige ihre Touren mit zweifelhaften Informationen, vergleichen ihre Taten mit denen früherer Epochen, um herauszuragen aus der Vielzahl der heutigen Kletterer, mit denen sie sich nicht messen könnten. Andere täuschen Solobegehungen vor, die nur mit Hilfe von außen oder nach langer Vorbereitung durchgeführt werden. Wieder andere haben kürzlich ihre Expedition in die Zeitungen gebracht, nachdem sie behaupteten, mit einem dreijährigen Kind auf den Gipfel des Makalu steigen zu wollen. Ich möchte nicht noch mehr ausholen und an dieser Stelle keine weiteren konkreten Beispiele nennen. Ich muß lediglich anmerken, daß in Bergsteigerkreisen viele unkorrekte Informationen im Umlauf sind und daß es schwierig geworden ist, wirkliche Pioniertaten von aufgebauschten Sensationsberichten zu unterscheiden. Scharlatane hat es in jeder Epoche gegeben, früher aber wurden diese häufiger als solche erkannt und anerkannt.

Wir fuhren also im Frühling 1985 von Kathmandu nach Pokhara. Von dort ging es über den Gore-Pani-Paß in das Kali-Gandaki-Tal. Dann stiegen wir über den Thulo Begin, einen über 4000 Meter hohen Felskamm, hinunter an den Fuß der Annapurna. Dieser Anmarsch war schwierig, es schneite, und die Träger drohten mehrmals mit Streik. Als einige nicht mehr weitergehen wollten, entließ ich sie, rüstete die anderen mit Schuhen und Jacken aus und organisierte einen Pendeldienst. Wir verloren so viel Zeit.

185

Gedenktafeln (Ausschnitt) für die vielen Toten an der Annapurna (Basislager am Fuße der Nordflanke). Wenn man bedenkt, daß die Todesquote bei den Achttausender-Bergsteigern 3,4% beträgt, hätte Reinhold Messner bei seinen bisher 29 Expeditionen zu den 14 höchsten Bergen der Welt mit 99%iger Wahrscheinlichkeit umkommen müssen.

Als wir Anfang April endlich am Wandfuß ankamen, ging ich mit Reinhard Patscheider voraus, um einen günstigen Platz für das Basislager zu finden. Als ich die Wand dabei aus unmittelbarer Nähe sah, sank meine Hoffnung, sie durchsteigen zu können, fast auf Null. Hätte nicht Reinhard darauf gedrängt zu bleiben, doch einen Versuch zu wagen, vielleicht wäre ich in diesem Augenblick schon auf den Normalweg, den Franzosen-Weg von 1950, ausgewichen.

Die wirklichen »Hürden« bei den ganz großen Bergen sind oft nicht in der Wand zu finden, sie sind in unserem Bauch, in unserem Inneren: die Einsamkeit, die Angst vor der Angst, dieses häufige Ohnmachtsgefühl, das ich hier am Fuße der Annapurna besonders intensiv verspürte. Sie waren es, die mir häufig die Begeisterung, den Mut und damit die Kraft raubten. Einmal in der Wand, beim Klettern, bin ich psychisch stabiler. Wenn ich weiterkomme, auch nur Schritt für Schritt, wenn ich merke, daß ich den Schwierigkeiten gewachsen bin, weichen die Zweifel, ja es gibt keinen Platz mehr für sie. Nur beim Warten, auch im Zelt, kommen sie manchmal wieder.

Daß ich Kälte ertragen kann, weiß ich, und ich wachse am Wind, dem ich entgegensteige. Kaum bin ich am Morgen aus dem Schlafsack, sind diese Ängste und Zweifel verflogen. Sie sind meine Hemmschwelle beim Morgengrauen, am Wandfuß, oft auch beim Organisieren und Vorbereiten einer Tour. In der Aktivität gibt es sie kaum, auch nicht, wenn das Unternehmen unabwägbar ist, wenn man nicht weiß, wie es ausgehen wird.

Unsere Taktik an der Annapurna sah folgendermaßen aus: Hans Kammerlander und ich sollten, nachdem wir den Weg bis an den unmittelbaren Wandfuß erkundet und dort ein erstes Hochlager aufgebaut hatten, den Franzosen-Weg erkunden. In 6000 Meter Höhe wollten wir ein kleines Materialdepot hinterlassen, um im Notfall diese Route im Abstieg benützen zu können. Wir wußten ja nicht, ob es im Fall eines Durchkommens möglich sein würde, über die schwierige Annapurna-Nordwestwand auch wieder herunterzuklettern.

Nachdem ich mich entschieden hatte, beim Aufstieg im konkaven Zentrum der mächtigen Flanke zu bleiben, gingen Schiestl, Patscheider und Swami Prem Darshano in die Wand und sicherten den unteren Teil mit Seilen ab. Sie bewiesen dabei viel Geschick, und vor allem die beiden Reinhards waren für »Anfänger« im Himalaja ungemein schnell.

Während dieser Vorbereitungsarbeiten waren Hans und ich zweimal aufgebrochen, um den Berg von weiter weg zu sehen. Einmal stiegen wir über den Normalweg, einmal am Gegenhang an. Die Einblicke waren beängstigend und anregend zugleich. Als die drei anderen wieder ins Basislager zurückkehrten, um auszuruhen, stiegen Hans und ich auf, um Lager 2 in der Wand zu erstellen. Auch wollten wir gleich herausfinden, ob wir darüber im Alpenstil weitermachen konnten oder ob wir auch in der zweiten Wandhälfte Fixseile anbringen mußten.

Zwei Tage später bauten wir das Lager auf. Vorerst ein einziges Zelt. Unter eine senkrechte Eiswand gestellt, am Rande einer Gletscherspalte. Kein idealer Standort, aber wenigstens sicher. Darüber erhob sich die Gipfelwand, steil und gefährlich.

Da wir alles Nötige an Ausrüstung und Proviant in den Rucksäcken mit uns trugen, trieben wir andertags den Aufstieg weiter vor. Viel schneller als gedacht kletterten wir rechtshaltend hinauf zum zweiten großen Sérac. Hans gelang es dabei, in einer diffizilen Serie von kleinen Quergängen einen kompakten Felsriegel zu umgehen, der von unten unüberwindbar ausgesehen hatte.

Auf einer Firnrampe weit über diesem Eisbalkon bezogen wir am Nachmittag ein erstes Biwak. Ein Gewitter hatte uns gezwungen, haltzumachen. Von dort stiegen wir am nächsten Tag 300 Höhenmeter weiter und mußten wieder wegen eines Gewitters biwakieren. Die Gunst der Stunde nützend, wagten wir am 24. April trotz Sturm den Gipfelgang.

Ohne die Wand vorher richtig erkundet zu haben, kletterten wir am Gipfelgrat. Diese Exposition! Die Umgehung des zweiten großen Sérac im oberen Wanddrittel war schwierig gewesen, der Gipfelgrat, der nicht besonders scharf, aber brüchig ist, sollte trotzdem die Schlüsselstelle dieser Route werden. Immer wieder steile, ausgesetzte Aufschwünge. Einmal kletterten wir links, einmal rechts vom Grat. Hier, zwischen Nordwestwand und Südwand, war flacher Boden eine Rarität. Und dazu dieser Orkan!

Der große »Zorn« traf uns nicht erst im Gipfelbereich: ein starker Sturm aus Nordwesten, der uns vom Grat zu fegen drohte. Er hatte sich vom Morgen an stetig gesteigert. Stundenlang bewegten wir uns an der Leistungsgrenze. Und dann würde uns ja auch noch der Abstieg bevorstehen. Endlich der Gipfel!

Reinhold Messner, fotografiert von Hans Kammerlander, im oberen Drittel der Nordwestwand: »Wenn ich dieses Bild sehe, erinnere ich mich nur an die schönen Momente. Die Verzweiflung, die Kälte, der Sturm sind vergessen, obwohl sie das Leben da oben ausmachten.«

Reinhold Messner am Gipfelgrat der Annapurna. Sturm und Kälte machten diese letzten 200 Höhenmeter zu einem Gang an der Leistungsgrenze.

Der andere als Spiegelbild

Am Gipfelgrat der Annapurna kletterte Hans Kammerlander voraus. Der Wind kam von links, von Nordwesten. Rechts von uns, im Windschatten, hing der Schnee fast senkrecht in der Wand. Schneemassen, die ich nicht zu betreten wagte, weil sie mit uns abgebrochen wären. Der Sturm prallte uns mit ganzer Kraft entgegen; und am Grat selbst konnte man sich kaum halten. Hans kletterte unbeirrt. Öfter rief ich ihm etwas zu, wollte ihn aufhalten. Aber er verstand meine Worte nicht; der Wind erstickte sie vor meinem Mund. So ging er unaufhaltsam weiter, und ich stieg hinter ihm her.

Er ahnte die Gefahr, genau wie ich sie ahnte. Er hörte sie, weil er den Sturm hörte. Er roch sie, weil er den brüchigen Fels roch. Er spürte sie, weil die Windstöße manchmal wie Peitschenhiebe in unseren Gesichtern schmerzten.

In dieser Situation war es für mich eine große Hilfe, Hans bei mir zu haben, ihn zu sehen. Ich sah, daß er vom Sturm nicht weggeblasen wurde. Das beruhigte mich. Zu wissen, daß er noch Kraft hatte, weiter aufwärts zu gehen, gab auch mir Kraft. Als ob ich in einem Spiegel mich selbst sähe, sah ich ihn. Durch ihn meinen Zustand erkennend, folgte ich seinen Bewegungen. Mit diesem bedingungslosen Hinaufsteigen wuchs die Gefahr, ohne daß die Angst zunahm. Wäre ich nicht eingebettet gewesen in das Bewußtsein, ein Team zu sein, wenn auch nur das kleinstmögliche, eingebettet in die Kraft des anderen, ich wäre vom Grat gesprungen.

Wir stiegen sofort ab, nahmen das Zelt mit, riefen die anderen zu Hilfe. Nur so haben wir überlebt.

Beim Abstieg wurde die Situation immer kritischer. Es lag jetzt viel Schnee in der Wand. Zum Glück kamen uns Patscheider und Schiestl von unten entgegen. Sie lotsten uns durch das große, relativ flache Couloir in der Wandmitte hinunter, betreuten uns im Camp, halfen uns, die Nacht zu überstehen. Ununterbrochen fegten Lawinen über unsere Zelte, und hätte Reinhard Patscheider diese nicht Stunde um Stunde freigeschaufelt, vielleicht wäre ich in meiner Müdigkeit unter den Schneemassen im Zelt erstickt.

Es schien bei diesem Gipfelgang eine Gesetzmäßigkeit zu geben, die die Risiken mit zunehmender Höhe wachsen ließ. Beim Abstieg dann trafen wir Entscheidungen, die wir rational nicht hätten erklären können, die sich hinterher aber als richtig herausstellen sollten.

Nach diesem Schneefall gingen wir alle gemeinsam zurück ins Basislager. Dort erholten wir uns schnell. Hans und ich warteten jetzt, daß auch die zweite Seilschaft eine Chance bekommen würde, zum Gipfel zu gehen. Patscheider und Schiestl waren in blendender Verfassung. Sie hatten alle Voraussetzungen, die Spitze des Berges zu erreichen. Swami Prem Darshano wollte sie begleiten. Obwohl zu dritt, kamen sie zunächst recht gut voran.

Auf etwa 7200 Meter Meereshöhe, wo sich die Wand steil aufbäumt, bemerkten sie jedoch, daß zuviel Schnee lag, und drehten um. Da, bei den ersten Schritten abwärts, passierte Reinhard Patscheider ein »Fehler«. Er sackte in ein Schneeloch ein, kippte um, verlor das Gleichgewicht und fiel rücklings aus der Wand. 400 Meter weit stürzte er die Eisflanke hinunter. Glücklicherweise konnte er den Rucksack abwerfen und seinen Sturz im letzten Augenblick bremsen, bevor er über einen mehr als 100 Meter hohen Eisabbruch fiel. Dies wäre sein sicherer Tod gewesen.

Ich konnte den Absturz von unten nicht beobachten. Es war neblig, die Wand verhüllt. Wir erfuhren erst nachher davon, als die drei im zweiten Lager eintrafen. Patscheider war wieder einmal davongekommen. Was hatte dieser Selfmade-Bergsteiger nicht alles schon überstanden: Stürze, eisige Biwaknächte ohne jeden Schutz, den Verlust der Steigeisen in steilen Eiswänden. Die Kunst des Überlebens beherrscht er besser als viele andere Spitzenbergsteiger.

Reinhard Patscheider

Die drei beschlossen, keinen weiteren Versuch mehr zu unternehmen, und stiegen ins Basislager ab. Sie hatten erkannt, daß in den Himalaja-Bergen andere Gesetze herrschen als in den Alpen, daß bei diesen Dimensionen, bei dieser Anhäufung von Gefahren nicht nur Können und Ausdauer zählen, sondern auch ein bißchen Glück. Um bis zum Gipfel zu kommen, müssen alle Voraussetzungen erfüllt sein.

Man kann heute ganz allgemein sagen, daß etwa die Hälfte der Achttausender-Expeditionen erfolgreich sind, die andere Hälfte nicht. Bei den kleinen Expeditionen, die so schwierige Ziele wählen wie wir an der Annapurna, ist es nicht einmal die Hälfte. Mit der Annapurna-

Im mittleren Drittel der konkaven Wandeinbuchtung, knapp unter den Felsbändern in der Gipfelwand, stürzte Reinhard Patscheider ab. 400 Meter hoch fiel er über den zwischen zwei Felsflanken eingebetteten Hängegletscher. Oberhalb des großen Séracgürtels (von links nach rechts ansteigend, Ende des ersten Wanddrittels) blieb er liegen.

Nordwestwand hatte ich nun zehn Erstbegehungen an Achttausendern gemacht, im Himalaja 15 Jahre lang einen Erfolg an den anderen gereiht. Aber ich hatte auch oft aufgegeben. Während dieser Zeitspanne war ich zehnmal an einem Achttausender gescheitert.

Jedesmal wenn ich merkte, daß ich nicht stark, nicht ausdauernd genug war, intensivierte ich mein Training. Mein Wille war durch das jahrelange Trainieren geschult. Auch durch das Bergsteigen selbst. Ein Scheitern gab mir jeweils den Ansporn, besser zu werden, beim nächsten Schritt frühere Leistungen zu überbieten. Dies konnte mir nur gelingen, wenn ich in der Konzentration, im Einsatz, im Können wuchs.

Nach außen hin fanden meine Aktivitäten nicht mehr das Interesse, das sie 1978 erregt hatten. Sie waren zu häufig, vielleicht zu erfolgreich gewesen. Mich beschäftigte das weniger als die Erkenntnis, daß ich ohne den Stimulus einer Grenzerfahrung nicht auf Dauer leben konnte. Meine Motivation war nicht mehr dieselbe wie 1970 am Nanga Parbat, sie war zweifellos stärker. Von Resignation keine Spur.

Das Achttausender-Bergsteigen ist weniger eine Frage von Kraft und Geschicklichkeit, wie sie das Felsklettern erfordert; es bedarf vielmehr einer optimalen Kombination von Ausdauer und Willenskraft, von Leidensfähigkeit und Instinkt. Im richtigen Augenblick das Richtige zu tun ist nur in Jahrzehnten erlernbar. Eine solche Expedition könnte man auch mit einer Art Tour de France oder dem Giro d'Italia vergleichen. Diese Rundtouren dauern auch wochenlang und verlangen von den Radprofis Tag für Tag das Letzte.

An den Achttausendern ist es unwichtig, ob einer ein Profi im wirtschaftlichen Sinn des Wortes ist wie ich oder ein Amateur. Es ist wie in der Kunst. Ein Profi hat nicht mehr Zeit zu trainieren

Überlebt – die schwierigste Route

Die Annapurna nimmt in der Geschichte der Himalaja-Expeditionen einen wichtigen Platz ein. Warum?

Wir schreiben das Jahr 1950. Engländer hatten ihr Glück mehrmals am Mount Everest versucht. Sie waren auf Höhen von mehr als 8500 Meter geklettert. Aber vor 1950 war noch keiner der Gipfel über 8000 Meter, keiner der Achttausender, erreicht worden. In diesem Jahr bricht eine französische Expedition zur Annapurna auf. Es ist eine fantastische Zeit, sogar der Zugang zum Basislager muß erst entdeckt werden.

Man findet die Route, baut Hochlager auf. Eines Tages verlassen zwei Männer das Camp 5: Maurice Herzog, Louis Lachenal. Das Wetter ist schön, aber es ist sehr kalt. Nach ungezählten Stunden erreichen die beiden den Gipfel. Der erste Gipfel über 8000 Meter ist erklommen. Der Abstieg aber wird dramatisch: Lawinen, Biwaklager, Erfrierungen. Zehen und Finger müssen amputiert werden.

Der Weg der Erstbesteiger verläuft an der Nordseite. Er schlängelt sich zwischen Felsrippen und zerklüfteten

Henri Sigayret

Gletschern durch. Eisstücke, die durch das Vorrücken des Gletschers in ein Ungleichgewicht geraten, lösen sich manchmal und stürzen mit furchtbarem Getöse ab. Nach Schlechtwetterperioden gibt es dort gigantische Schneelawinen. Diese zerstören alles, was an den Abhängen liegt. Auch an benachbarten Kämmen und Vorsprüngen. Man stelle sich vor: In zehn Jahren gab es allein auf dieser Route mehr als 25 Tote!

Auch die Südseite wurde »erobert«. 1970 kletterten Engländer, angeführt von Chris Bonington, an dieser steilen Wand. Es gelang ihnen – was bis dahin für unmöglich gehalten wurde –, äußerst schwierige Passagen in über 7000 Meter Höhe zu klettern. Während des Abstiegs wurde ein Mitglied der Gruppe durch herabstürzendes Eis getötet. Wieder eine Tragödie.

Heute gibt es im Westen keine nationalen Expeditionen mehr. Die Ausrüstung wurde leichter. Die Sauerstoffflaschen wurden »abgeschafft«.

1984, als meine Kameraden und ich versuchten, eine neue Route an der Nordseite der Annapurna zu eröffnen – rechts vom Hauptgipfel über eine Schulter, die wir »Gipfel ohne Namen« tauften –, wurde ein Zelt, in dem zwei meiner Freunde schliefen, von einer Lawine in den Abgrund hinuntergeschleudert. Sie wurden nie gefunden.

als ein Amateur, als jemand, der im Berufsleben steht. Ob einer nun in seiner Freizeit trainieren und in seinem Jahresurlaub auf Expedition gehen kann oder ob ein anderer seine Zeit zwischen Aktivitäten am Berg, in Vortragssälen und beim Management aufteilt, ist unwichtig. Wesentlich ist nur, wie ernst er sein Tun nimmt, wie kreativ er dabei sein kann.

Auch ich, der ich indirekt vom Bergsteigen und direkt vom Verkauf der »Abfallprodukte« des Bergsteigens nicht nur meine Expeditionen, sondern auch mein Leben finanziere, sitze einen Großteil der Zeit, die ich in Europa verbringe, am Schreibtisch. Oder ich stehe am Rednerpult, verhandle mit Geschäftspartnern, entwerfe verbesserte Ausrüstungsgegenstände. Es gehört sehr viel Professionalität dazu, diese Tätigkeit mit Erfolg auszuüben. Professionalität wiederum kostet Einsatz, Kraft und Zeit, die für das Training verlorengehen.

Nur dann, wenn ein Bergsteiger sich immer wieder zwingt zu trainieren, wenn er sich von seinem Besessensein an seine eigene Leistungsgrenze treiben läßt, kann er Grenzen verschieben, seine eigenen und die »Grenze des Alpinismus«. Sich voll belasten heißt in Schwung bleiben, heißt mitgerissen werden. Nur so ist er fähig, die inneren »Hürden« abzubauen, die dann auftreten können, wenn er nach monatelanger Arbeit und Vorbereitung unter einer Wand steht. Nur so lassen sich die Einsamkeit, die Angst und das Ohnmachtsgefühl meistern, die schwieriger zu überwinden sind als alle Kletterfelsen der Welt. Glück und den günstigen Zufall schenken uns allenfalls die Götter, wie die Tibeter sagen. Sie sind eine Zugabe. Die Voraussetzungen für den Erfolg heißt es selbst zu schaffen. Sie werden einem nicht geschenkt, nie und nirgends.

Seit 1950 versuchten sich zahlreiche Expeditionen an der Annapurna. Ein Dutzend Varianten und neue Routen wurden erschlossen. Nur diese Nordwestflanke wurde nie durchstiegen. Ihr Anblick schreckte auch die Wagemutigsten ab. Sie ist ein Sammelbecken für Lawinen. Dazu große Steilheit, Barrieren aus splitterndem Fels, überhängende Eisbalkone. Ein Gletscher mit sehr vielen Spalten zieht sich am Wandfuß hin und macht den Zugang zur Wand problematisch. Er scheint das Besteigen dort zu verbieten.

In einem Artikel, der 1983 erschien, schrieb ich: »Diese Wand ist sehr steil und sehr hoch (das Basislager kann nur auf 4000 Meter Höhe errichtet werden, die Route präsentiert also einen Höhenunterschied von mehr als 4000 Metern). Beim gegenwärtigen Stand des Expeditions-Alpinismus stellt sie ein ernstes, gewagtes Ziel dar; aufgrund von Steinschlag und Lawinen ist sie zweifellos sehr gefährlich.«

1985 wollte Reinhold Messner die Annapurna besteigen. Er hätte in seiner gewohnten Schnelligkeit über die Nordwand, den Normalweg, klettern können. Leicht hätte er so seinen »elften Sieg« über einen Achttausender verbuchen können. Aber er lehnte das Einfache und die Gewißheit, den Berg in zwei oder drei Tagen schaffen zu können, ab. Er ging zur Nordwestwand. Entschlossen, in einer beispielhaften Expedition entschied er sich für eine direkte Route, einen komplexen Weg. Zwei Camps wurden errichtet. Nach zwei weiteren Biwaklagern stieg er bis zum Gipfel.

Zu jeder Zeit gab es einige wenige Alpinisten, die über die anderen hinausragten. Dies waren immer Menschen, die zu den von der Natur gegebenen Problemen mehr oder weniger interessante Lösungen einbrachten. Rarer aber sind jene Bergsteiger, die – das Einfache ablehnend – diese Probleme mit originellen und eleganten Lösungen gemeistert haben. Nur diese wurden zu Neuerern, zu Vorläufern späterer Trends. Oft kritisiert von Mittelmäßigen oder Eifersüchtigen, haben sie mit Brillanz und Leichtigkeit das geschafft, was anderen unmöglich schien.

Reinhold Messner gehört zu ihnen.

Rarer waren Alpinisten, die ihren Zeitgenossen in so unterschiedlichen Disziplinen voraus waren wie Freiklettern, Eisgehen, Himalaja-Bergsteigen.

Reinhold Messner gehört zu ihnen.

Wie selten sind jene Alpinisten, deren Leidenschaft, der Motor für diese fantastischen Pioniertaten, sich nicht abnutzte während einer so langen Laufbahn.

Reinhold Messner gehört zu ihnen.

Einzelerscheinungen sind schließlich die Alpinisten, die es verstanden haben, ihre Erlebnisse qualitativ gut festzuhalten, in Wort und Bild, und so andere daran teilhaben zu lassen.

Auch zu diesen gehört Reinhold Messner.

Reinhold Messner ist wirklich *der* außergewöhnliche Bergsteiger. Das ist eine Tatsache. Aber diese Feststellung reicht nicht aus. Er ist vor allem ein Mann von Format, ein außergewöhnlicher Mensch.

Henri Sigayret
(Besteiger der Annapurna,
Expeditionsleiter)

12 Dhaulagiri

1960 **8167 m**

Der weiße Berg

**Die wichtigsten Daten
der Erschließungsgeschichte**

Geographische Lage: Nepal Himalaja, Dhaulagiri Himal
28° 42′ n. Br. / 83° 30′ ö. L.

1950–1959 Franzosen, Schweizer, Argentinier und Österreicher starten nacheinander sieben Expeditionen zum Dhaulagiri, von dem seit 1949 erste Luftaufnahmen existieren. Alle Angriffe an der Nordseite scheitern unter der 8000er-Marke. Als besonders schwierig erweist sich die sog. »Birne«. Insgesamt drei Tote.

1960 Einer von Max Eiselin organisierten Schweizer Expedition glückt die erste Gipfelbesteigung über den Nordostgrat. Am 13. und 23. Mai stehen die vier Schweizer E. Forrer, A. Schelbert, M. Vaucher, H. Weber sowie der Österreicher K. Diemberger, der Deutsche P. Diener und die Sherpas Nyima Dorje und Nawang Dorje auf dem Gipfel, den sie »ohne Sauerstoff« erreichen. Mit einem kleinen Flugzeug (»Yeti«) werden Teilnehmer und Ausrüstung auf den Nordostcol geflogen.

1969 Bei einem Wiederholungsversuch durch eine amerikanische Expedition unter B. Everett, die den gefährlichen Südostgrat angeht, sterben fünf Mannschaftsmitglieder und zwei Sherpas an dieser »Selbstmörderroute«.

1970 Auf der Route der Erstbegeher gelingt Japanern unter Führung von T. Otah im Herbst die zweite Besteigung.

1973 Ein amerikanisches Team unter J. Morrissey schafft den dritten Gipfelaufstieg über den Nordostgrat.

1975 Eine japanische Expedition unter Führung von T. Amemiya verliert am Südpfeiler zwei Mitglieder und drei Sherpas durch einen Lawinenunfall.

1978 Einer japanischen Expedition gelingt im Frühjahr die erste Begehung des Südwestpfeilers. Ein Teilnehmer stirbt. – Nach ihrem Gipfelgang über die Südwand und den Südostgrat hat eine andere japanische Nachmonsun-Expedition vier Todesopfer zu beklagen.

1979 Spanier unter J. Pons sind auf dem Normalweg die nächsten Gipfelbesteiger.

1980 Eine polnische Expedition unter Leitung von V. Kurtyka, an der sich auch Briten und Franzosen beteiligen, durchsteigt im Frühjahr erstmals die Ostwand, allerdings nicht zum Gipfel, der einige Tage später über den Nordostgrat erreicht wird.

1980 20 Jahre nach dem Erstbesteigungserfolg startet Max Eiselin eine »offene« Expedition zum Dhaulagiri, bei der von 17 Teilnehmern 14 über den Nordostgrat die Spitze erklettern. Unter ihnen F. Luchsinger, mit 59 Jahren der älteste Achttausender-Mann. Der Sherpa Ang Rita steht dreimal auf dem Gipfel des Dhaulagiri.

1981 Im Rahmen einer japanischen Expedition operiert eine Dreiergruppe im Alpenstil in der Ostwand. H. Kamuro geht allein zum Gipfel. – Im Herbst scheitern Jugoslawen, die durch die Südwand zum Südostgrat aufsteigen, auf etwa 8000 m.

1982 Dem Japaner A. Koizumi gelingt zusammen mit dem Sherpa Wanchu die erste offizielle (nach dem nepalesischen Reglement) Winterbesteigung des Dhaulagiri und damit eines Achttausenders. Sie gehen mit Sauerstoff, der noch vor dem Gipfel zu Ende ist, so daß ihnen der Abstieg nur unter großen Anstrengungen gelingt.

1984 Im Herbst ist eine französische Mannschaft am Südwestpfeiler erfolgreich. – Einer tschechoslowakischen Gruppe glückt die erste Durchsteigung der Westwand. Beim Abstieg stürzt ein Teilnehmer tödlich ab. – Polnische Bergsteiger schaffen eine Winterbegehung am Nordostgrat.

1985 Am 15. Mai steigt R. Messner mit dem Südtiroler H. Kammerlander über den Nordostgrat bei einem starken Gewitter zum Gipfel (20. Besteigung). – Im Winter glückt einer Schweizer Gruppe die Begehung der Ostwand und des Nordostgrats zum höchsten Punkt.

1986 Eine deutsch-österreichische Reisegruppe erreicht über den Normalweg den Gipfel des Dhaulagiri. – Die meisten anderen Expeditionen scheitern.

Der Dhaulagiri ist bergsteigerisch einer der interessantesten Achttausender. Auch heute noch. 1977 scheiterte Reinhold Messner an der Südwand, 1984 am Nordostsporn (Weg der Erstbesteiger, 1960), den er 1985 mit Hans Kammerlander wiederholen konnte.
Ein halbes Dutzend selbständiger Routen und ebenso viele Varianten sind geklettert. Mindestens so viele Möglichkeiten bieten sich für weitere Erstbegehungen an. Da dieser Berg oft schlechtes Wetter hat, gilt er als besonders gefährlich.

Links oben: Das Basislager am Nordfuß des Dhaulagiri.

Links unten: Hans Kammerlander und Reinhold Messner beim Frühstück im Basislager. Nur zwei Nächte verbrachten sie 1985 in diesem Zelt: eine vor dem Aufstieg zum Gipfel, eine nachher.

Vorhergehende Doppelseite:
Der Dhaulagiri von Süden vom Gore-Pani-Paß aus. Rechts der Tuktche Peak. Der linke Pfeiler (Südwestpfeiler) wurde 1978 von Japanern erstmals durchstiegen. Ganz rechts der lange Südostgrat, eine schwierige Route, die ebenfalls japanischen Kletterern gelungen ist (1978).

Jugoslawen erreichten denselben Grat weiter links durch die Südwand (stumpfer Pfeiler rechts der Wandmitte). Den Gipfel konnten sie auch über den Südostgrat nicht erklettern. Die eigentliche Südwand ist undurchstiegen. Reinhold Messner scheiterte an ihr 1977 mit einer internationalen Kleinexpedition.

Oben: Der Dhaulagiri von der Annapurna aus gesehen. Rechts der Nilgiri Peak (angeschnitten).

Oben: 1984 gab Reinhold Messner als Teilnehmer einer Nord-/Südtiroler Expedition am Dhaulagiri-Nordostsporn (Weg der Erstbesteiger, 1960) auf. 1985 stieg er mit Hans Kammerlander in nur drei Tagen zum Gipfel.

Hans Kammerlander bei den letzten Schritten zum höchsten Punkt des Dhaulagiri (15. Mai 1985). Was sich nicht auf den Film bannen ließ, war die Elektrizität in der Luft, eine Spannung, die er und Messner als Knistern und Summen wahrnahmen.

Links: Erstes Biwak von Messner/Kammerlander 1985 am Nordostsporn.

1985

Dhaulagiri
Rekord als Spiel

Es gibt Zeitspannen, man könnte sie mit einer Anzahl Minuten beziffern, wo man in seiner Erkenntnis viel mehr erlebt als in ganzen Jahren.

F. M. Dostojewski

Der menschliche Körper ist etwas ganz Außergewöhnliches, sehr perfektionierbar, sehr widerstandsfähig, und ich glaube, man kann die Leistungsfähigkeit auf allen Gebieten noch viel weiter steigern.

Nicolas Jaeger

Der Dhaulagiri von Süden gesehen. Am ausgeprägten Pfeiler links verläuft die Japaner-Route (1978), an der über weite Strecken noch Fixseile hängen. Die Wand rechts davon, von Reinhold Messner 1977 vergeblich versucht, ist undurchstiegen und eines der lohnendsten Probleme an den Achttausendern. Allerdings ist diese Flanke auch äußerst gefährlich.

Unmittelbar nach der Annapurna-Besteigung 1985 wollte ich, in einer Stimmung von Übermut, ja Besessenheit, zum Dhaulagiri gehen. Ich hatte an der Annapurna gespürt, daß Hans Kammerlander und ich zu mehr fähig sein würden, daß wir noch einen Schritt weitergehen könnten.

Die Kritiker werden nun fragen: Was ist denn dieser »Schritt weiter« am Normalweg des Dhaulagiri? Sie haben recht, wenn sie nur die Schwierigkeit des Berges berücksichtigen. Aber unser Plan war es, in einem Zug, ohne einen einzigen Rasttag, aus dem Kali-Gandaki-Tal bis zum Gipfel zu steigen. Dies hatte vor uns noch niemand gemacht. War es physisch überhaupt möglich, »nonstop« von einer Höhe von 2000 Metern auf den Gipfel des Dhaulagiri zu klettern? Die Ausrüstung zumindest war da; wir brauchten nur die gebrauchten Stücke von der Annapurna-Expedition zu verwenden.

Im Laufe meines Bergsteigerlebens habe ich für derartige Expeditionen zahlreiche neue Ausrüstungsgegenstände entwickelt: Zelte, Schuhe, Steigeisen. Alles möglichst leicht und gleichzeitig stabil. Vieles davon habe ich selbst gezeichnet und dann Herstellern angeboten. Diejenigen, die es produzierten und auf den Markt brachten, wurden meine Vertragspartner.

Natürlich sind nicht alle diese Ausrüstungsgegenstände für jedermann brauchbar. Ein Höhenzelt ist nicht geeignet, um darin bei einem Alpin-Biwak zu schlafen; es ist windsicher und kann in Schneeregionen eingesetzt werden, nicht im Regen. Feuchtigkeit von außen ist im Himalaja in großen Höhen kein Problem.

Die Plastikschuhe, die ich 1978 am Everest benützte, habe ich selbst entwickelt. Damals wurden sie belächelt, heute klettert die gesamte Bergsteigerschaft in Plastikschuhen. Sie sind in großer Höhe schneller trocken als Lederschuhe. Die Innenschuhe, meist nicht so gepreßt wie in herkömmlichen Schu-

hen, haben viele Erfrierungen verhindert. Im Idealfall bestehen sie aus Aveolit, einem Material, das mehr Isolation garantiert als Filz oder Fell.

Natürlich muß der Käufer selbst wissen, was er will. Dem Händler ist kein Vorwurf zu machen, wenn jemand im strömenden Regen im Höhenzelt sitzt und naß wird bis auf die Haut. Es ist der eigenen Dummheit, nicht dem Konstrukteur zuzuschreiben, wenn man in Patagonien Achttausender-Zelte benutzt.

Als wir uns unmittelbar nach der Annapurna dem Dhaulagiri zuwandten, war ich mir im klaren darüber, daß wir ein Risiko eingingen, so schnell nacheinander zwei Achttausender zu besteigen. Es war nicht nur anstrengend, es strapazierte das Glück. Glück hat jeder, aber nur bis zu einem gewissen Punkt. Wenn es verbraucht ist, wird ein Aufstieg gefährlich. Wir konnten möglicherweise jene Reserven nicht mehr mobilisieren, die in Grenzsituationen lebenswichtig sind. Vielleicht waren wir zu müde, zu kaputt, um den Aufstieg durchzuhalten.

Hans Kammerlander war anfangs von meiner Idee nicht so sehr begeistert. Er wollte lieber nach Hause fahren. Das Wetter war nicht gut, und der Monsun rückte immer näher. Ich war aber in den Jahren zuvor schon zweimal am Dhaulagiri gescheitert und wollte mir mit diesem Versuch einen neuerlichen, dritten Anmarsch ersparen. Wir standen unmittelbar am Fuße des Berges.

1977, beim ersten Versuch in der Südwand, mit Otto Wiedemann, Peter Habeler und Michael Covington, kamen wir nicht viel höher als 6000 Meter. Ein ungemein gefährliches und schwieriges Unterfangen. Wir hatten uns, bei unserer damaligen Erfahrung, mit dieser konkaven Riesenwand wohl übernommen. Sie ist fast täglich von Lawinen bestrichen. Wir waren anfangs nicht bereit, den Aufstieg links oder rechts am Rande der Wand zu versuchen. Wir wollten sie in ihrem Mittelteil durchsteigen. Dann war es zu spät für eine Änderung der Route.

Wir schafften es nicht. Diese Flanke ist bis heute niemandem gelungen.

Zwischen Einstieg und Gipfel liegen hier etwa 3000 Meter Wand. Der Fels ist steiler, gefährlicher und lockerer als in der Eiger-Nordwand, die nur knapp halb so hoch ist. »Unmöglich«, urteilten Fachleute. Gerade deshalb war die Dhaulagiri-Südwand für mich so faszinierend, herausfordernd. »Fast unmöglich«, sagte ich mir, bevor ich im Frühjahr 1977 aufbrach, um diese Wand zu versuchen. Als ich sie zum ersten Mal gesehen hatte, wollte ich sie sofort angehen: eine Aufstiegslinie finden, eine Mannschaft hinführen – hinaufklettern.

Dabei war mir der Gipfel – wie schon bei allen anderen Achttausender-Unternehmungen vorher – weniger wichtig als der Versuch. Es ging um die Wand, eine der höchsten noch undurchstiegenen Fels- und Eisfluchten der Welt. Sie ist formvollendet in den Linien. Wie entrückt ragt sie über die schwarz-blau schimmernden Dschungelwälder Nepals in die glasklare, sauerstoffarme Luft der Todeszone über 8000 Meter Meereshöhe.

Nicht immer ist die Luft dort oben klar, und nicht immer steht sie still. Am Dhaulagiri gibt es viel schlechtes Wetter. Die Stürme von Norden, von Tibet her, jagen oft mit mehr als 200 Stundenkilometern über den Gipfel und hängen kilometerlange Schneefahnen an seine Grate. Bei Abendrot ist es oft, als ob der Berg brenne. Er steht dann da wie ein ausbrechender Vulkan.

Ja, der Dhaulagiri ist wie ein Vulkan. Das wußte ich erst, nachdem ich vier Wochen lang an seiner Südwand gehangen hatte. Zuerst mit den Augen, dann selbst. Es kamen so viele Lawinen aus der Gipfelwand herab, daß wir das Fürchten lernten. Wir vier, alles selbstbewußte Kletterer, die ausgezogen waren, eines der letzten Berg-Abenteuer zu bestehen.

Wir wußten, daß sich die feuchten Dünste des nepalesischen Hügellandes gerade in der konkaven und eisstarren Riesenwand des Dhaulagiri fangen. Daß sie sich da oben verdichten und die Wand innerhalb von Minuten zur Hölle werden lassen. Wir wußten aber nicht, daß wir von vier Wochen nur zwei brauchbare Klettertage haben sollten. Das wollten wir lange nicht glauben.

Und so versuchten wir die Wand immer wieder. Die Entscheidung, die Expedition abzubrechen, kam, nachdem uns eine Lawine beinahe aus der Wand geblasen hätte. Der Luftdruck allein hätte schon genügt, um uns zu vertreiben. Die Lawine selbst hätte uns wohl begraben, wäre sie auf uns gestürzt. Und das für immer.

Wir hatten bald begriffen, daß die ursprünglich geplante Aufstiegsroute im Zentralteil der Wand zu gefährlich war. Gemeinsam erwogen wir den Aufstieg über den Südpfeiler, der zwar noch steiler, aber sicherer schien. Zwischen Pfeiler und Wand kletternd gaben wir unsere Versuche auf.

Daß diese Wand für uns unmöglich bleiben sollte, wollten viele unserer Fans, die Geldgeber, ja sogar die Kameramänner, die einen Dokumentarfilm über das Unternehmen Dhaulagiri-Südwand drehen sollten, nicht wahrhaben. Und hinterher kam Kritik auf. Leute, die selbst nie auf einen Achttausender geklettert waren, wußten, wie es gemacht hätte werden sollen. Andere hatten immer »gewußt«, daß unser Unternehmen von vornherein der reine Wahnsinn gewesen war. Vom Tal aus und hinterher läßt sich leicht reden.

Das ist mit uns allen so. Nicht nur Außenstehende und beobachtende Kameraleute, selbst Expeditionsteilneh-

◁ Das Basislager am Fuße der Dhaulagiri-Südwand. Während Reinhold Messner zusammengerechnet einige Jahre lang in solchen Basislagern saß und seine Erfahrungen notierte, haben andere Bergsteiger Frust angesammelt, ihren Haß niedergeschrieben, der aus ihrer Untätigkeit wuchs. Sie haben seinen Erfolgen nur Worte entgegenzusetzen, er ihnen Taten und in der Auseinandersetzung ein Lächeln.

Der linke Teil der Dhaulagiri-Südwand nach einem Neuschneefall.

mer denken in der Wand anders als im sicheren Basislager. Daheim verstehen wir oft nicht mehr, wie wir im Moment der Gefahr »davonlaufen« konnten. Otto Wiedemann, damals deutscher Heeresbergführer und jüngster Mann im Team, »hatte in den letzten Tagen nasse Angst vor dieser riesigen Wand mit ihren fürchterlichen Lawinen«. Aber schon am Flughafen, nach der Rückkehr, kam er sich »als ein zu wenig harter Bergsteiger vor«, fragte er sich, ob er »zu wenig angegriffen hatte«.

Nein, zu wenig angegriffen hatte er nicht, aber auch nicht zu viel riskiert. Genau den Punkt zwischen erfolgbringendem Einsatz und totaler Selbstaufopferung zu finden, ist eine der Künste beim großen Bergsteigen. Und wenn ich heute noch lebe, so nicht deshalb, weil ich ein tollkühner, sondern eher, weil ich im Grunde ein ängstlicher Bergsteiger bin.

Für mich ist Bergsteigen – »die Eroberung des Unnützen« – eine Sportart mit kreativ-spielerischem Charakter, keine Ersatzreligion und noch weniger Kriegsspiel. Deshalb plane und führe ich meine Unternehmungen auch nicht generalstabsmäßig, noch bestimme ich über den Einsatz der Kameraden. Jeder von uns vier Kletterern hatte am Dhaulagiri dasselbe Stimmrecht, und jeder war damit für den Ausgang der Expedition gleich wie ich verantwortlich.

Ich hatte meinen Kameraden vor dem Aufbruch auch keine Verträge aufgezwungen, die sie zu absolutem Gehorsam und Veröffentlichungsverbot verpflichteten. Ich sah meine Aufgabe darin, den Hauptteil der Gelder für die Expedition aufzutreiben, die Mannschaft mit bestmöglicher Ausrüstung und Verpflegung zu versorgen, sie zum Berg hinzuführen und an den gefährlichsten Passagen selbst an der Spitze zu klettern.

Die Finanzierung war nur mit Presse- und Fernsehverträgen, Unterstützung der brancheninternen Industrie und mit Hilfe einiger privater Gönner möglich. Natürlich leiteten sich daraus Erwartungen ab, Erwartungen allerdings, für die ich niemals allzugroße Hoffnungen geweckt hatte. Die Erfolgschancen waren von vornherein gering, und nur weil wir bereit waren, das »Nahezu-Unmögliche« zu wagen, durfte man von uns keine Todeskommando-Einstellung erwarten. Etwa nach dem Motto »Grab oder Gipfel«.

Wir sind am Dhaulagiri nicht für die Menschheit, nicht für einen TV-Kanal oder irgendeine andere Institution geklettert. Auch nicht für ein Land und für keinen Verein, sondern nur für uns selbst.

Wenn wir über die Massenmedien wie Presse und Fernsehen eine zeitlich und räumlich ferne Zuschauermenge akzeptierten, schloß das nicht mit ein, daß wir die Helden spielten. Wir waren nicht bereit, uns heldenmutig zu opfern.

Ich war und bin nicht gewillt, die Massenmedien mit den üblichen Klischeevorstellungen übers Bergsteigen – Todesverachtung, Tollkühnheit, Männerspiel – zu füttern. Ich denke vielleicht daran, in den nächsten Jahren an die Dhaulagiri-Südwand zurückzukehren. Aber nicht, um ein Heldenspiel zwischen Grab und Gipfel aufzuführen, sondern aus Neugierde. Wenn ich aber nochmals zum Dhaulagiri gehen sollte, dann wieder mit dem Grundsatz der Disziplin des Risikos wie schon beim ersten Mal. Um mich umzubringen, wüßte ich einfachere Methoden und weniger schöne Plätze.

1984 kam ich mit Wolfgang Nairz zum Dhaulagiri zurück. Er leitete eine gemischte Nord-Südtiroler Expedition, der ich mich angeschlossen hatte. Aufgebrochen war ich mit dem Hintergedanken, den Dhaulagiri überschreiten zu können. Wenigstens über den Normalweg würde ich wohl auf den Gipfel kommen.

Aber auch diesmal klappte es nicht. Anfangs nahmen wir die Besteigung zu leicht, dann schneite es fast ununterbrochen. Mehrmals mußten wir wegen Lawinengefahr umkehren. Einmal waren unsere Zelte völlig zugeweht. Zum Schluß, als wir bis in ein letztes Lager stiegen und uns für den Gipfelgang bereit machten, trieb uns wiederum schlechtes Wetter hinab.

Erst beim dritten Anlauf gelang mir ein großer Wurf. Anfang Mai 1985 gingen Hans Kammerlander und ich vom Kali-Gandaki-Tal aus über den Dhampus- und Franzosen-Paß ins Basislager an der Nordseite des Berges. Dort blieben wir nur eine Nacht lang. Am 13., 14. und 15. Mai kletterten wir im Alpenstil über den Nordostgrat hinauf bis zum Gipfel.

Es war nicht einfach, den zerklüfteten Eisbruch zu umgehen, der den Zugang zum Nordostsporn versperrte. Wir hielten uns dabei ganz rechts, zwischen Eis und Fels. Oft mußten wir über senkrechte Felsplatten klettern, und zweimal ließen wir Geländerseile hängen, um den Rückweg offen zu haben. Am Nordostsporn wählten wir den Einstieg viel weiter rechts als im Vorjahr und kamen am ersten Tag bis über 6000 Meter Höhe. Am zweiten Klettertag stiegen wir beharrlich weiter. Am Nachmittag erreichten wir jenen Biwakplatz, auf dem wir fast genau ein Jahr vorher genächtigt hatten. Diesmal hatten wir weniger Mühe, unser Zelt zu plazieren. Es war kleiner, paßte also gerade auf die Plattform, die wir wieder einebneten.

Der letzte Teil dieser Gewalttour war kritisch. Im Gipfelbereich gab es so starke elektrische Entladungen, daß wir förmlich Funken sprühten. In den Pikkeln und Steigeisen summte es. Unsere Haare standen zu Berge. An den Felsen war ein Zischen zu spüren. Es funkte überall zwischen Grat und Himmel, zwischen Jacke und Handschuh, zwischen den Felsen und den Steigeisen.

Wie durch ein Wunder wurden wir nicht vom Blitz erschlagen, als wir uns aufrecht am scharfen Grat bewegten. Aus klettertechnischen Gründen kamen wir oft nur so vorwärts. Nicht immer konnten wir uns niederducken. Auch am Gipfel, zwischen den beiden kleineren Felshörnern, passierte uns nichts. Wir konnten es kaum glauben. Wir hätten in jedem Augenblick tot sein können. Daher das Gefühl der Unverwundbarkeit, nachdem wir vom Blitz stundenlang nicht getroffen worden waren. In die Enge getrieben, gingen wir ganz aus uns heraus. So wie ich im Kali-Gandaki-Tal aufgeblüht war, nachdem ich mich sechs Tage vorher zum Spiel mit diesem »Rekord« am Dhaulagiri entschlossen hatte.

Lager 1 am Dhaulagiri (1984). Es waren diese andauernden Neuschneefälle, die Reinhold Messner und Hans Kammerlander lähmten, den Aufstieg erschwerten.

Blick vom Gipfel des Dhaulagiri nach Westen. »Diese Gipfelerfahrungen sind es, die dich grundlegend verändern, die du immer wieder brauchst.«

Berge sind nicht gerecht oder ungerecht – sie sind gefährlich

Daß wir am Gipfel des Dhaulagiri nicht vom Blitz erschlagen worden sind, überraschte uns selbst. Nachträglich, wenige Monate später, als ich unterwegs in Tibet erfuhr, daß mein Bruder Siegfried vom Blitz getroffen worden war, erlebte ich mein Überlebt-Haben sogar als Schock. Im Nachvollzug erschien es mir ungerecht, daß ich noch lebte und er gestorben war.

Siegfried war Leiter der Bergsteigerschule, die ich in Südtirol aufgebaut hatte. Mit Gästen an den Vajolettürmen unterwegs, schleuderte ihn ein Blitz aus dem Standplatz. Er stürzte aus der Wand und fiel in eine Rinne, wo er bewußtlos liegenblieb. Siegfried konnte zwar noch lebend geborgen werden, im Krankenhaus aber starb er wenige Tage später.

Siegfried war ein guter Bergsteiger gewesen. Er hatte einige Erstbegehungen gemacht, jedoch nie in seinem Leben das Extreme gesucht. Ich dagegen wagte 25 Jahre lang wenigstens einmal im Jahr etwas »Verrücktes«. Ich versuchte mein Bergsteigen bis an die Grenze des Möglichen zu treiben. Immer wieder. Ich ging immer weiter nach vorn, durchstieg anfangs immer schwierigere Wände, kletterte später auf immer höhere Berge. Ich brauchte immer gefährlichere Abenteuer. Siegfried, der dem allen bewußt aus dem Weg gegangen war, war das Gegenteil von mir.

Er strahlte in den Bergen Lebensfreude, Selbstverständnis aus. Ich war nie auf den Gedanken gekommen, daß er verunglücken könnte. Als Bergführer fühlte er sich nicht nur für seine eigene, sondern immer auch für die Sicherheit seiner Mitsteiger verantwortlich. Trotzdem hat *ihn* der Blitz erschlagen, nicht mich. Obwohl ich am Dhaulagiri in den wenigen Stunden im Gipfelbereich vielleicht exponierter war als er in seinem ganzen Leben, kam ich heil davon.

An den Vajolettürmen, an Siegfrieds Platz, wäre vermutlich auch ich verunglückt. Aber ich war in diesem Augenblick nicht dort, ich war damals, als er starb, gerade in Tibet, am Kailash, am heiligsten Berg der Welt.

Ich möchte nun nicht behaupten, daß die Berge den einen mögen und den anderen nicht. Die Berge sind uns weder böse noch gut. Die Berge sind eine lebendige Masse. Für uns Menschen sind sie unberechenbar, wissenschaftlich nicht voll zu erfassen. Sie haben keinen Willen und keine Empfindungen. Sie ziehen uns nicht an, aber sie wollen uns auch nicht abschütteln.

Sie stellen für uns Menschen eine großartige Möglichkeit dar, Erfahrungen zu machen. Und weil sie so unendlich viel größer sind als wir Menschen, bleiben sie über alle Zeiten ein gefährliches Medium.

Wir sind im Vergleich zu ihnen nicht nur winzig klein. Unsere Instinkte sind so wenig entwickelt, unsere Ausdauer währt so kurz, und unsere Kräfte sind so beschränkt, daß große Berge immer ein brauchbares Medium für uns Menschen bleiben werden.

Reinhold Messner am Nordostgrat des Dhaulagiri (1985). Unten links der Franzosen-Paß, dahinter das Hidden Valley (verstecktes Tal), noch weiter hinten links liegt Dolpo, wo Tibeter leben.

Die »Profi-Bergsteiger«

Eine neuere Gilde von Spitzen-Bergsteigern ging mit Erfolg dazu über, die gelungenen Bergfahrten in irgendeiner Form zu vermarkten. Auch diese Tendenz war in anderer Form schon vor einem halben Jahrhundert vorhanden. Damals verschafften sich Bergführer mit Erstbesteigungen und Teilnahme an Expeditionen einen klingenden Namen, der ihnen zahlreiche und gute Kundschaft brachte. Viele Kletterer schrieben Bücher, schossen Fotos, drehten Filme, hielten Vorträge und verschafften sich so einen kleinen Verdienst, vielleicht sogar einen Lohn oder wenigstens einen Beitrag an die Unkosten für zeitlich und finanziell aufwendige Unternehmungen in den Bergen.

Ausnahmeerscheinungen mit Reinhold Messner an der Spitze haben das Bergsteigen mit Erfolg zum Beruf gemacht und in Sachen Kommerzialisierung ihre Vorgänger weit in den Schatten gestellt. Sie haben ein Vermarktungskonzept entwickelt, das sich mit dem Berufssport anderer Sparten vergleichen läßt.

Daß im Zuge derartiger Bestrebungen auch ungewöhnliche Unterfangen wie etwa das »Wettrennen« um den Rekord, als erster Mensch sämtliche Achttausender der Welt bestiegen zu haben, entstehen, widerspricht zweifellos gewissen ethischen Grundsätzen der Bergsteigerei und führt sicherlich zu zusätzlichen Gefahrenmomenten. Aber auch hinter diesen Rekordjagden stehen bewundernswerte Qualitäten technischer und physischer Natur; man kann den »Stars« die Anmarschwege noch so erleichtern: in der entscheidenden Phase sind sie alleine, müssen ungeheure Strapazen erdulden.

Karl Erb
in »Sport-Information«

Wenigstens zweimal bin ich in meinem Leben totgesagt worden. Diesmal wußte niemand außer unseren Sherpas im Basislager, daß wir ausgerechnet bei diesem Gewitter auf dem Gipfel des Dhaulagiri standen.

Ich bin sicher, daß der Blitz im Himalaja viel weniger gefährlich ist als bei uns in Europa. Bei einer derartigen Spannung in der Luft wäre ich in den Alpen nicht einmal aus der Hütte gegangen. Am Dhaulagiri war alles anders. Wir hörten den Donner und die Einschläge, weiter im Süden sahen wir Feuerstrahlen. Bei uns am Berg gab es offensichtlich keine Blitzeinschläge.

Wir stiegen am gleichen Tag ins oberste Biwak zurück, schliefen dort und gingen tags darauf zum Basislager hinunter.

Ich werde oft gefragt, ob solche Besteigungen nicht zur Routine werden. Meine Antwort darauf ist: Es gibt bei den Achttausender-Besteigungen keine Routine. Und die Stimmungen, die Empfindungen am Gipfel? Auch die sind jedesmal verschieden.

Ich muß mir für jedes Ziel einen neuen adäquaten Plan zurechtlegen, wenn ich aufbreche. Ich muß die Taktik Stunde um Stunde umstellen, wenn das Wetter sich ändert, wenn die Kräfte nicht ausreichen.

Die Gefühle, die ich auf Achttausender-Gipfeln erlebt habe, sind so mannigfaltig! Wäre das Obensein immer gleich, ich hätte nur einmal hinaufzusteigen brauchen. Der Pathos vieler Bergsteiger, die behaupten, am Gipfel Gott näher zu sein, am Gipfel glücklich zu sein, geht mir allerdings auf die Nerven.

Ich habe am Gipfel sowohl die vollkommene Ruhe als auch die totale Verzweiflung erlebt. Vor allem ist es dieses Eingetauchtsein im Nichts, das mich stark erschüttert. Meist ist da aber die Sorge, rechtzeitig wieder herunterzukommen. Sie beunruhigt, sie überwiegt. Die Hoffnung verknüpft sich mit der Angst, in dieser ausgesetzten Lage nicht allzulange ausharren zu müssen.

Max Eiselin

Überlebt – auch am Dhaulagiri

Daß Reinhold Messner auch am Dhaulagiri überlebt hat, schreibe ich seiner großen Expeditionserfahrung zu, die er sich bei seinen vorhergehenden Achttausendern geholt hat.

Natürlich ist auch eine tüchtige Portion Glück mit im Spiel, etwa bei seinem ersten Versuch an diesem Berg, als er sich ausgerechnet für die überaus gefährliche Südwand entschieden hatte, in dramatischem Rückzug aber ungeschoren davonkam. Messners Fähigkeit, am Berg auch umkehren zu können, hat er dann sieben Jahre später, bei seinem zweiten Dhaulagiri-Versuch, erneut unter Beweis gestellt, als er wegen extrem schlechten Wetters einen rechtzeitigen Rückzug einem Kampf »à tout prix« vorgezogen hat. Ein harter Entscheid bei all dem nun vergeblichen Zeit- und Kostenaufwand für Vorbereitung, Behördenbürokratie und tagelangem Anmarsch.

Doch Reinhold Messner ist ein zu gewiegter Taktiker und Ökonom, als daß er nicht wüßte, wie wenig lohnend es ist, wochenlang gegen die Übermacht der losgelassenen Elemente anzukämpfen und sich dabei in Sturm und extremer Höhe zu »verheizen«. Er besitzt die Abgeklärtheit, geduldig warten zu können, um dann im richtigen Moment in dem ihm eigenen, blendenden Stil eleganter Schnelligkeit »zuzuschlagen«.

Diesen vielseitigen Fähigkeiten verdankt er schließlich den im dritten Ansturm eingetretenen Gipfelerfolg. Sicher hat Reinhold Messner nicht unrecht, wenn er sagt, »wie durch ein Wunder« auf dem exponierten Gipfelgrat nicht vom Blitz erschlagen worden zu sein. Doch zu diesem »Wunder« mußte er auch selbst beitragen, indem das erfolgreiche Entrinnen, sein Überleben – nebst allem Bergsteigerglück, ohne das im Alpinismus eben nichts »geht« –, auch seiner auf außerordentlicher Kondition beruhenden Schnelligkeit zu verdanken ist.

Reinhold Messner hatte stets die innere Ruhe und Sicherheit, genau zu wissen, daß er Zeit hat und fähig ist, eines Tages – vielleicht nach Jahren – wieder an die Stelle eines Rückzugs zurückzukehren. Denn er ist nicht nur ein brillanter Bergsteiger, sondern auch ein glänzender Organisator. Mit demselben Fleiß und der gleich harten Disziplin, die ihm größte bergsteigerische Taten ermöglichten, hat er durch ebenso harte kommerzielle und publizistische Arbeit die für seine Expeditionstätigkeit erforderliche wirtschaftliche Grundlage geschaffen, um die ihn so viele beneiden.

Auch für das Erreichen seiner wirtschaftlichen Ziele braucht sich Reinhold Messner nicht zu schämen. Es wurde ihm nichts geschenkt, nur harte Arbeit und eiserne Disziplin führten zu seinem verdienten Erfolg.

Max Eiselin
(Leiter der Dhaulagiri-Expedition 1960)

13 1955 Makalu 8463 m

Der große Schwarze

**Die wichtigsten Daten
der Erschließungsgeschichte**

Geographische Lage: Nepal Himalaja,
Mahalangur Himal
27° 53′ n. Br. / 87° 05′ ö. L.

1954 Obwohl bereits früher schon von anderen Expeditionen beobachtet und fotografiert, geht erst jetzt die erste Expedition zum Makalu. Amerikaner unter Leitung von W. Siri wollen den Südostgipfel besteigen, kommen jedoch nur bis auf 7056 m. – Neuseeländer unter E. Hillary müssen von vornherein auf den Gipfel verzichten, weil Siri und seine Leute dafür die Genehmigung haben. Dafür werden 25 andere Gipfel erstiegen, die alle über 6000 m hoch sind, und die Nordseite des Makalu erkundet. Hillary und McFarlane ziehen sich bei einem Spaltensturz erhebliche Verletzungen zu. – In der Nachmonsunzeit geht eine französische Expedition unter J. Franco zur Nordwestseite und erreicht am Nordgrat eine Höhe von etwa 7880 m.

1955 Aufbauend auf seinem Erfolg im Vorjahr kommt J. Franco im Frühling erneut zum Makalu. Dabei gelingt ein schöner Erfolg: Alle neun Teilnehmer sowie der Sirdar erreichen in drei Gruppen am 15., 16. und 17. Mai die Spitze. Die Expedition verläuft ohne Unfall.

1961 Eine britisch-amerikanische Expedition unter E. Hillary versucht auf dem Franzosen-Weg eine zweite Besteigung des Makalu. Im Rahmen eines höhenphysiologischen Experiments wird ohne Sauerstoff aufgestiegen, was den Beteiligten fast das Leben kostet.

Zwei Teilnehmer kommen bis etwa 120 m unter den Gipfel.

1970 Eine starke japanische Mannschaft geht den Berg über den Südostgrat an. Dabei wird erstmals der Südostgipfel, 8010 m, bestiegen. Zwei Teilnehmer gehen mit nur geringen Sauerstoffreserven bis 180 m unter den Hauptgipfel und von dort aus ohne Maske weiter zum Hauptgipfel.

1971 Schlechte Wetterbedingungen herrschen, als im Frühjahr eine französische Expedition unter R. Paragot zum Makalu aufbricht. Bei Schneesturm und großer Kälte wird der äußerst schwierige Westpfeiler bezwungen und somit die dritte Makalu-Besteigung in der »Direttissima« vollzogen. Die Gipfelgänger sind B. Mellet und Y. Seigneur.

1974 W. Nairz scheitert mit einer österreichischen Expedition in der Südwand.

1975 Im Herbst kommt A. Kunaver ein zweites Mal mit einer jugoslawischen Mannschaft zum Makalu. Über die Südwand-Route wird in vier Anstiegen der Gipfel erreicht. Vier Bergsteiger werden verletzt.

1976 Im Rahmen der tschechoslowakischen Expedition unter J. Červinka wird erstmals der Pfeiler unter dem Südostgipfel erklettert. Zwei CSSR-Männer sowie ein Spanier erreichen den Hauptgipfel. Beim Abstieg stirbt ein Tscheche, andere erleiden schon vorher schwere Erfrierungen.

1978 Eine internationale Expedition unter Leitung des Deutschen H. Warth, der drei Sherpas als gleichberechtigte

Teilnehmer angehören, muß zwar auf die geplante Überschreitung verzichten, erreicht aber in drei Mannschaften über die Franzosen-Route den Hauptgipfel.

1980 J. Roskelly führt im Frühjahr eine amerikanische Vierergruppe zum Makalu. Sie steigt ohne Hochträger auf der Franzosen-Route von 1971 auf. Roskelly klettert allein den schwierigen Westpfeiler (2. Begehung).

1982 Im Rahmen einer polnisch-brasilianischen Expedition erreicht A. Czok im Alleingang durch die Westwand und über den Nordwestgrat den Gipfel.

1984 Nachdem der Makalu in diesem Jahr bereits Kanadier, Amerikaner und Briten abgewiesen hat, gelangt eine spanische Expedition unter M. Abregos von Nordwesten auf den Gipfel.

1986 Zu Beginn des Jahres scheitert R. Messner beim Versuch einer Winterbesteigung des Makalu. Im Herbst geht er den Berg von neuem an. Zusammen mit den Südtirolern H. Kammerlander und F. Mutschlechner erreicht er den Gipfel am 26. September über die Franzosen-Route (17. Besteigung).

Am Makalu war Reinhold Messner viermal. 1974 scheiterte er an der Südwand, die ein Jahr später (Jugoslawen-Route, 1975) erstbegangen werden konnte. 1981 kam es am Südostgrat gar nicht zum Versuch. Im Winter 85/86 scheiterte er am Normalweg (1955), über den er den Berg 1986 mit Friedl Mutschlechner und Hans Kammerlander schließlich besteigen konnte. Nachdem fünf eigenständige Routen erstbegangen worden sind, dazu vier Varianten, bietet der Makalu vor allem an der Westwand sowie an der Nordost- und Nordflanke (Tibet) faszinierende Erstbegehungsmöglichkeiten. Neben dem Lhotse ein »Achttausender mit Zukunft«.

Links oben: Der Makalu von Süden. Links Makalu II (Kuppe). Knapp rechts des Hauptgipfels zieht der Südwestpfeiler (Franzosen-Route, 1971) schräg nach links unten. Er teilt die Westwand (nur im linken Teil durchstiegen; Polen, 1982) von der Südwand, die 1975 von jugoslawischen Bergsteigern erstbegangen wurde. Rechts über den abgerundeten Pfeiler führt die CSSR-Route (1976), die auf den Südostgrat leitet (von Japanern 1970 erstbegangen).

Rechts oben: Am Rande des Toteisgletschers geht der Weg einen Tagesmarsch weit von den letzten Hochalmen bis ins Basislager unter der Westflanke des Makalu. Im Hintergrund Baruntse (im Nebel links), Nuptse, Lhotse und Lhotse Shar, der Mount Everest ganz rechts vor den Felsen.

Links: Träger auf dem Weg ins Makalu-Basislager.

Rechts: Trägerinnen und Träger nach Abgabe ihrer Lasten beim Lagerfeuer.

Vorhergehende Doppelseite:
1974 (Bild) brach Reinhold Messner ein erstes Mal zum Makalu auf. Mit Bergsteigern aus Österreich wollte er die Südwand erstmals durchsteigen. Die Expedition scheiterte. Nach zwei weiteren Anläufen gelang ihm erst 1986 der Aufstieg bis zum Gipfel.

Links: Tiefblick vom Gipfelgrat zum Makalu-La. Friedl Mutschlechner und Reinhold Messner in der steilen Rinne rechts (im Sinne des Aufstiegs) des Gipfels.

Rechts oben: Reinhold Messner und Hans Kammerlander auf dem Makalu-Gipfel (26. September 1986). Ganz rechts der Gipfel des Mount Everest.

Rechts unten: Reinhold Messner auf dem Gipfelgrat des Makalu, wenig unterhalb des höchsten Punktes.

Links unten: Blick vom Mount Everest zum Chomolönzo, Makalu II, Makalu-La und Makalu I (1980).

1986

Makalu
Ruhigen Fußes zum Ziel

*Was soll nicht alles meine Sache sein!
Nur meine Sache soll niemals meine
Sache sein – denn pfui dem Egoisten,
der nur an sich denkt!*

Max Stirner

*Der Makalu ist ohne Zweifel eine der
schwierigsten Aufgaben.*

Edmund Hillary

*Der Run auf die Achttausender
nimmt nur ein Ende, wenn Messner
endlich den letzten schafft.*

Erhard Loretan

Der Makalu von Süden mit dem Basislager 1974. Reinhold Messner lagerte dreimal an dieser Stelle. 1974, 1981 mit Doug Scott, in der Hoffnung, den Berg mit ihm von Osten nach Westen überschreiten zu können, 1986 im Winter. Alle drei Expeditionen brachten keinen Gipfelerfolg. Im Herbst 1986 schlug die Messner-Expedition ihr Basislager einen Marschtag höher oben auf.

Wenn ich bei einer Expedition scheiterte, fuhr ich meist mit dem Vorsatz nach Hause, den Berg wieder zu versuchen. Am Makalu bin ich gleich dreimal gescheitert.

1974 unternahm ich zusammen mit Wolfgang Nairz und anderen österreichischen Bergsteigern einen Versuch in der Makalu-Südwand. Wir kamen bis auf etwa 7500 Meter, dann mußten wir aufgeben. Wir waren nicht stark genug, und unsere Taktik hatte versagt. Wir hatten uns bei den Vorbereitungsarbeiten in der Wand nicht schnell genug abgewechselt. Wir waren auch nicht rechtzeitig auf eine leichtere Route ausgewichen.

Es tut mir heute noch leid, daß ich die Makalu-Südwand nicht erstmals durchklettern konnte. Eine so formschöne Wand! Eine so klare Linie! Ein Jahr später ist die Durchsteigung einem jugoslawischen Team gelungen. Eine faszinierende Route, eine ideale Anstiegslinie war gefunden. Trotzdem, aufgeregt habe ich mich damals wegen unseres Scheiterns nicht. Wir hatten nur eine Möglichkeit verspielt.

1981 kehrte ich zum Makalu zurück. Zusammen mit Doug Scott wollte ich den Berg von Südosten nach Nordwesten hin überschreiten. Das wäre eine völlig neue Möglichkeit des Exponiertseins gewesen: zu zweit im Alpenstil von der Basis dieses hohen Achttausenders bis zum Gipfel und auf der anderen Seite wieder bis nach unten zu steigen.

Aber auch daraus wurde nichts. Nach der Besteigung des Chamlang-Mittelgipfels, den wir als Akklimatisationstour vor die Makalu-Überschreitung gesetzt hatten, erfuhr ich, daß in Kathmandu meine Tochter Láyla geboren worden war. Sie lag im Brutkasten. Hals über Kopf entschied ich mich, den Makalu aufzugeben und im Laufschritt in die Hauptstadt Nepals, nach Kathmandu, zurückzukehren. Zwei Tage später war ich dort. Mir tat es zwar leid für Doug Scott, der damit keinen Partner mehr hatte, aber ich war zu unruhig geworden. In diesem Augenblick war mir mein Kind wichtiger als alle Achttausender zusammen.

Beim dritten Anlauf – es war im Winter 1985/86, wenige Monate nach dem Tod meines Bruders Siegfried – wollten Hans Kammerlander und ich die erste Winterbesteigung des Makalu versuchen. Bis dahin war noch keiner der fünf großen Achttausender im Winter und ohne Maske geklettert worden. Zu zweit wollten wir diesmal über die Nordwestseite des Berges, auf dem Franzosen-Weg von 1955, zum Gipfel und wieder zurück gehen.

Aber wir scheiterten wenig oberhalb des Makalu-La, des Passes zwischen Makalu I und Makalu II, einem Nebengipfel, der dem Massiv im Norden vorgelagert ist. Nur 7500 Meter hoch waren wir gekommen.

Wenige Monate vor dieser Expedition hatte ich in Tibet vom Tode meines Bruders Siegfried erfahren. Diese Nachricht hatte mich nicht so sehr getroffen wie der Tod meines Bruders Günther, der 15 Jahre vorher am Nanga Parbat verunglückt war. Damals war ich noch sehr jung, das Leben schien mir endlos zu sein. Der Tod hatte darin noch keinen Platz, nicht einmal in meinen Gedanken. Die Realität war ein so großer Schock für mich, daß ich Jahre brauchte, sie zu akzeptieren.

Als ich 1985 in Tibet, in diesem Land, wo der Tod zum Leben gehört, erfuhr, daß Siegfried tot war, nahm ich die Nachricht gelassener auf, akzeptierte das Unfaßbare als etwas Selbstverständliches, wenngleich ich Schmerz darüber empfand.

Meine Mutter, die nun schon zwei Söhne am Berg verloren hatte, versuchte trotzdem nicht, mich von weiteren Expeditionen abzuhalten. Sie bat mich nur um das Versprechen, mit den Achttausendern aufzuhören, sollte ich alle 14 höchsten Berge der Welt bestiegen haben. Anschließend sollte ich auf keinen Achttausender mehr hinaufgehen. So konnte ich im Bewußtsein, daß mich meine Mutter verstand, immer wieder aufbrechen.

Im Herbst 1986 kam ich, diesmal zusammen mit Hans Kammerlander und Friedl Mutschlechner, zum vierten Mal zum Makalu. Für diesen Herbst hatte ich mir vorgenommen, Makalu und Lhotse hintereinander zu besteigen, in einem einzigen Unternehmen. In den zwei Jahren vorher und besonders unmittelbar vor meiner Abreise hatten die Massenmedien den »Wettlauf um die Achttausender«, vor allem den »Vergleichskampf« zwischen Jerzy Kukuczka und mir so hochgespielt, daß viele Außenstehende glaubten, es ginge mir ausschließlich darum, der erste auf allen 14 Achttausendern zu sein. Sogar der Schweizer Marcel Ruedi wurde gewollt oder ungewollt in diesem vermeintlichen Endspurt als Konkurrent »mitverkauft«. Immer wieder hieß es, die beiden würden in meinem Schatten auf die großen Berge steigen.

Diesen Konkurrenzkampf, wie er sich in Zeitungsspalten und Schlagzeilen aufbauschen ließ, wie ihn folglich viele Laien empfanden, gab es zumindest für mich nicht. Zugegeben, ich hatte den Ehrgeiz, der erste auf allen 14 Achttausendern zu sein, aber ohne dabei an einen Vergleichskampf zu denken. Ich suche Primate. Als die Verwirklichung von Ideen, nie aber im Wettlauf mit anderen. Das liegt mir nicht. Ich hatte ja die Idee bereits geschöpft gehabt, als die anderen noch keine »Konkurrenz« für mich waren.

Noch etwas: Wenn von anderen Bergsteigern behauptet wird, sie ständen in meinem Schatten, ist dies grundsätzlich falsch. Ich möchte den Spieß einmal umdrehen und sagen, vielleicht stehen sie in meinem Licht. Durch das Interesse der Medien an den Achttausendern, nicht zuletzt auch durch die Reibung der Öffentlichkeit an meiner Person ist das Bergsteigen für eine breite Bevölkerungsschicht viel interessanter geworden. Heute können auch weniger bekannte Alpinisten ihre Unternehmungen aus der freien Wirtschaft finanzieren. Vielleicht dank einer jahrelangen Öffentlichkeitsarbeit meinerseits. Und wer vergleicht nicht seine Taten mit den meinen, nur um mehr Aufmerksamkeit in den Massenmedien zu finden. Und dies nicht nur in Italien, Deutschland oder Japan, auch in Polen, in der UdSSR, in Spanien und Frankreich.

Ich sehe das mit einem lachenden und einem weinenden Auge. Nicht wegen des angenehm-unangenehmen Starrummels, vielmehr weil unser Tun heute viel oberflächlicher und oft zu einseitig betrachtet wird.

Ich war ein Träumer und bin ein Träumer geblieben. Dieses Gefühl, wenn eine Idee durch meinen Körper ging, war wie ein spontaner Kraftzuwachs. Es ist Jahr für Jahr stärker geworden. Die Erleichterung dabei konnte ich bis in die Zehenspitzen spüren, die Befreiung meiner Brust, obwohl ich mich in Gefahr begab, war wie tiefes Luftholen. Mit einer neuen Idee im Kopf wurde ich zum Besessenen. Von dieser Idee gelenkt, getragen, getrieben. Von Freiheit keine Spur mehr.

Leute, die behaupten, ich hätte meine Abenteuer aus purer Berechnung geplant, kennen dieses Gefühl der seelischen Explosion nicht. Rechner sind meist kleinmütig, selten zu Grenzgängen fähig. Spieler, die den Kopf verloren haben, interessieren mich mehr. Der Mensch wird nicht als Ulysses geboren; er läßt sich auf seine Spur locken. Aus Neugierde oder auch vom Ehrgeiz, nicht jedoch vom Geld und noch weniger vom Neid.

Warum war vor 1986 niemand in einer Saison auf zwei hohe Achttausender gestiegen? Wir waren schließlich nicht die ersten, die dies versuchten. Warum waren die anderen gescheitert? Wir wollten es schaffen! Zwei der fünf höchsten Berge der Welt wollten wir innerhalb von zwei Monaten und ohne Maske erklettern. Es war vor allem Energie dafür notwendig. Energie, die nur aus Begeisterung wächst. An den Säulen des Her-

Friedl Mutschlechner und Reinhold Messner am Gipfel des Makalu. »Es ist ein gutes Gefühl, mit einem Freund ganz oben zu stehen, Vertrauen gibt soviel Ruhe.«

kules kann schließlich kein Heckenschütze rütteln!

In diesem Sommer 1986, wenige Wochen vor meinem Erfolg am Makalu, haben Erhard Loretan und Jean Troillet den Everest von Norden in 43 Stunden bestiegen, den Abstieg mit eingerechnet. Sie sind vom Gipfel auf dem Hosenboden abgerutscht. Diese Pioniertat, die in den Medien kaum gewürdigt worden ist, zählt für mich viel mehr als ein Dutzend Achttausender zusammen.

Im Herbst 1986 waren wir im Basislager am Makalu anfangs allein. Das uns begleitende Fernsehteam und die dafür notwendigen Organisatoren von »Trekking International« arbeiteten mit uns in einer einzigen Expedition. Es gab ein harmonisches Miteinander.

Zehn Tage später aber rückte ein halbes Dutzend weiterer Expeditionen an. Sie hatten zwar alle eine Genehmigung, jedoch für andere Routen oder den Makalu II. Trotzdem gingen sie fast ausnahmslos über den von uns mit Fixseilen vorbereiteten Weg Richtung Makalu-La.

Die Tatsache, daß sich die Expeditionen überlappen, hat in den letzten Jahren das Bergsteigen an den Achttausendern radikal verändert. In Nepal, Pakistan und China werden fast unbegrenzt Expeditionsgenehmigungen für die Achttausender ausgegeben. Meist für ein und denselben Weg, zur selben Zeit. Das hat einen großen Qualitätsverlust mit sich gebracht.

Dreimal mußten Hans Kammerlander, Friedl Mutschlechner und ich zu einem Versuch ansetzen, um endlich den Makalu-Gipfel zu erreichen. Beim ersten Aufstieg kamen wir hinauf bis zum Makalu-La, den wir schon im Winter zuvor erreicht hatten. Ein bißchen höher oben mußten wir aber feststellen, daß zuviel Schnee lag, um bis zum Gipfel zu gelangen. Die Schneeverhältnisse waren prohibitiv. Wir waren noch nicht voll akklimatisiert, aber trotzdem wären wir imstande gewesen, den höchsten Punkt zu erreichen, wenn wir wie im Winter am Gipfelplateau harten Schnee oder Eis vorgefunden hätten. So gingen wir zurück bis ins Basislager.

Beim zweiten Versuch stiegen Hans und ich bis auf etwa 8000 Meter Meereshöhe hinauf. Friedl hatte sich nicht wohlgefühlt und war wenig oberhalb unseres dritten Lagers wieder zurückgegangen. Am Beginn des großen Plateaus unter dem Gipfelzahn blieben wir im Neuschnee stecken.

Erst beim dritten Anlauf gelang es uns, ruhigen Fußes zum Ziel zu gelangen. »Kallipe« sagen die Tibeter, ruhigen Fußes; und ich habe auch dies von ihnen gelernt: Nur wer bedächtig geht, kann da oben nicht stolpern.

Friedl, Hans und ich hatten in zwei Tagen über die von uns vorher eingerichteten Lager auf 7800 Meter Meereshöhe ein letztes Biwak bezogen. Von dort stiegen wir dann am 26. September bei gutem Wetter das letzte Stück zum Gipfel hinauf. Wir erreichten ihn am Vor-

Reinhold Messner hat Wanda Rutkiewicz 1972 am Noshag im Hindukush erstmals getroffen. Sie sind sich immer wieder begegnet, auch am Makalu im Herbst 1986.

mittag außer Atem, aber ruhigen Fußes.

Wir hatten viel Zeit zum Schauen und Fotografieren. Wir genossen es, da oben zu stehen, ohne uns ganz ausgepumpt zu fühlen, ohne Eile. Auch spürten wir, daß wir noch genügend Energiereserven für den Abstieg hatten.

Dieses Schauspiel, als die Nebel unter uns zu kochen schienen; diese Stille, als keine Kamera mehr klickte! Hans hatte sich oben mit einer Cola-Dose fotografieren lassen, was später so manchen Moralapostel auf die Palme bringen sollte. Dabei war sie leer – ein Spaß, den nur wenige verstanden.

Nachdem Hans ins oberste Lager zurückgekehrt war, fuhr er am gleichen Tag noch mit den Ski ab. Das letzte Stück bis ins Basislager hinunter ging er zu Fuß, wo er am Abend ankam. Friedl und ich räumten inzwischen das letzte Lager und säuberten den Weg bis zum Makalu-La. Zusammen mit den Sherpas stiegen wir am nächsten Tag nach dem Gipfelgang ins Basislager ab. Wir zogen weiter.

Die übrigen Expeditionen aber blieben am Makalu. Eine polnische Gruppe, eine italienische, eine französische, alle versuchten sie, den Berg nun über den Normalweg zu besteigen, obwohl sie zum Teil keine Genehmigung dafür hatten.

Bei den Polen war auch Wanda Rutkiewicz, die mit Nanga Parbat, dem K2 und dem Everest als einzige Frau drei Achttausender bestiegen hat. Schade, daß sie später am Makalu scheiterte. Ist sie doch der lebendige Beweis dafür, daß Frauen in großer Höhe zu Leistungen fähig sind, von denen viele Männer nur träumen. Es wird kein Jahrzehnt mehr dauern, und auch eine Frau wird das magische Ziel erreicht haben, auf allen 14 Achttausendern dieser Erde gestanden zu haben.

Am Makalu gab es für mich 1986 keinen kritischen Moment. Zwei der Expeditionsteilnehmer aber haben ihren Versuch, den Gipfel zu erreichen, nur mit viel Glück überlebt. Unser Kameramann Denis Ducroz und der Arzt Giugliano de Marchi hatten sich vorgenommen, unbedingt zum Gipfel zu gehen. Ich wollte ihnen dies nicht verwehren. Obwohl die beiden im Rahmen der Expedition für andere Aufgaben zuständig waren, wollten sie unsere Rasttage nützen, um über die präparierte Route die Spitze zu erreichen. Ich verstand ihr Anliegen und unterstützte sie in ihrem Vorhaben.

Giugliano mußte nach der Makalu-Expedition sofort nach Hause. Er hatte es also eilig. Denis und er brachen relativ spät vom letzten Lager auf. Sie gingen in unserer Spur bis auf etwa 8000 Meter. Darüber mußten sie selbst spuren, was eine höllische Schinderei war. Sie folgten in etwa der Franzosen-Route von 1955, aber knapp unterm Gipfel blieben sie stecken, weil es inzwischen Nacht geworden war. Der Schnee am Grat war weich, sie hätten mit ihm abrutschen können. Die beiden konnten sich nicht

Die Genehmigung (Herbst 1986) für den Makalu. Reinhold Messner hatte im Herbst 1986 für Makalu und Lhotse jeweils zwei Permits: die Normalwege und die Südseiten.

Hans Kammerlander in der Querung oberhalb des dritten Lagers am Makalu. Im Hintergrund Lhotse und Everest von Osten. Über diese verschneiten Felsplatten war Marcel Ruedi noch sicher abgestiegen.

mehr genau orientieren und drehten um. Im Mondlicht stiegen sie ins oberste Lager zurück.

Wir befanden uns gerade im Lager 1, im Aufstieg, als sie herunter kamen. Bei ihrem Anblick erschrak ich. Nicht nur, weil sich Giugliano Erfrierungen zugezogen hatte, sondern vor allem, weil ich in ihren Gesichtern lesen konnte, was hinter ihnen lag.

Nur ein Fachmann kann begreifen, was es bedeutet, auf 8400 Meter Meereshöhe tiefen Schnee niederzutreten, eine Wühlspur zu graben. Nur ein Fachmann kann begreifen, was es heißt, auf 8400 Meter, knapp unter dem Gipfel eines Achttausenders, umzukehren, nachts auf einem überwächteten Schneegrat zu stehen. Nur ein Fachmann kann begreifen, was es heißt, nachts beim Mondschein über verschneite Felsplatten zurückzuklettern.

Wie sie ins Lager kamen, über steile Abbrüche, durch Lawinenrinnen, über endlose Schneehänge, ist auch für mich kaum nachvollziehbar. Glücklicherweise hatten die zwei Ruhe bewahrt. Sie bewiesen sehr viel Ausdauer. Hätten sie sich in den Schnee gesetzt, sie wären sicherlich gestorben. Wir hätten die beiden höchstens noch suchen können, weitergemacht hätten wir nicht.

Weitergemacht aber haben wir einige Tage später, als Hans, Friedl und ich auf dem Weg zum Gipfel feststellten, daß Marcel Ruedi beim Abstieg verunglückt war. Er hatte mit dem Makalu seinen zehnten Achttausender erklettert.

Wir hatten vom Makalu-La aus beobachtet, wie dieser Marcel Ruedi, der berühmteste Schweizer Höhenbergsteiger, abstieg. Der Pole Wielicki, der einige Stunden vor ihm am Gipfel gewesen war, konnte noch vor Dunkelheit bis ins oberste Biwak zurückkehren, das etwas unterhalb unserer Zelte lag. Dort wartete er die ganze Nacht über auf Marcel Ruedi, der offensichtlich erst am späten Abend auf den Gipfel gekommen war. Warum kam dieser nicht? War er abgestürzt? Wielicki wartete vergeblich.

In der Sorge, Ruedi sei womöglich vom Gipfel heruntergefallen, verließ Wielicki am Morgen sein Zelt und kam zu unserem Lager am Makalu-La. Er ging mit hängendem Kopf. Wir sahen, daß er verzweifelt war. Als er etwa 10 Meter von unserem Lager entfernt war, riefen wir ihm zu, daß Ruedi komme. Wir sahen diesen jetzt knapp unterhalb des Gipfels absteigen. Da warf sich Wielicki in den Schnee, streifte den Rucksack ab und brüllte vor Freude. Ihm war ein Stein vom Herzen gefallen.

Wir konnten Ruedi beobachten, wie er zwischen 8200 und 8000 Metern herunterkam. Langsam, immer wieder anhaltend, aber scheinbar sicher. Dann verschwand die kleine Gestalt hinter einem Schneerücken. Wir warteten und warteten, hielten Tee und Essen für ihn bereit. Aber er kam nicht.

Als wir weiter aufstiegen, sahen wir Ruedi knapp unterhalb seines Lagers im Schnee sitzen. Er war tot. Das letzte Stück unter dem Lager war er abgerutscht, wie die Spur verriet. Niemand weiß, wie er gestorben ist. Wir konnten nur sehen, daß er verunfallt war. Ob er gestürzt oder an Erschöpfung gestorben war, was zählte das noch. Wir wissen nur, daß er vom Tod, den er am Berg nie hatte wahrhaben wollen, überrascht worden war, als er sich anschickte, in einem gewaltigen Endspurt alle 14 Achttausender zu besteigen.

HIS MAJESTY'S GOVERNMENT

MINISTRY OF TOURISM

MOUNTAINEERING SECTION

His Majesty's Government
MINISTRY OF TOURISM
NEPAL
2037

EXPEDITION-PERMIT

No. Exp 3-1-Makalu (1986 Autumn) S.No. 3 Date:—1986/8/15

It is hereby notified that His Majesty's Government of Nepal has granted permission to the undermentioned expedition party to carry out the expedition on the peak mentioned below during ~~pre~~/post monsoon/~~winter~~ Season of the year 1986

1. Name of the expedition party Messner Makalu Expedition
2. Country of origin Italy
3. Name and height of the peak permitted to scale Makalu I (8463m)
4. Caravan route Kathmandu-Tumlingtar-Khadbari-Seduwa-Arun Khola-Barun Valley- Base Camp.
5. Climbing route South West Side

Subarna Jung Rana
Joint Secretary

Marcel Ruedi war wieder ein prominentes Opfer des Bergsteigens in großen Höhen. Es war nicht der erste und wird nicht der letzte bleiben. Leider sind es immer wieder die Erfolgreichsten, die nicht zurückkommen.

Innerhalb von nur zwei Jahren, zwischen 1982 und 1984, sind acht der tüchtigsten Alpinisten der Welt an den großen Bergen umgekommen. Reinhard Karl im Mai 1982 am Cho Oyu. Er galt als *der* Allroundbergsteiger Deutschlands. Peter Boardman und Joe Tasker starben wenig später am Mount Everest. Sie waren eine der erfolgreichsten Seilschaften im modernen Höhenbergsteigen. Alex McIntyre wurde im Herbst 1982 in der Südwand der Annapurna von einem Stein tödlich getroffen. Niemand war den modernen Stil in schwierigen Achttausenderwänden konsequenter gegangen als er. Wieder am Mount Everest blieb im Dezember 1982 Yasuo Kato verschollen, der Mann, der den höchsten Berg der Welt gleich dreimal bestiegen hatte, im Frühling, im Herbst und im Winter. Von diesem letzten Gipfelgang kam der wohl explosivste japanische Bergsteiger nicht mehr zurück.

Im Frühling 1983 wurde Nejc Zaplotnik, ein jugoslawischer Ausnahmebergsteiger, am Fuße der Manaslu-Südwand von einer Eislawine erschlagen. Mit den Erstbegehungen der Makalu-Südwand, des Hidden-Peak-Westgrats und des gesamten Westgrats am Mount Everest hatte er weltweit Bewunderer. Im Herbst 1983 starb Hironobu Kamuro am Mount Everest, ein Mann, der allein auf den Dhaulagiri gestiegen war. Seit Februar 1984 ist Naomi Uemura am Mount McKinley verschollen. Der Japaner, der Hunderte großer Berge allein bestiegen hatte, der allein im Hundeschlitten bis zum Nordpol vorgedrungen war, verschwand nach einer Winterbesteigung des höchsten Berges Nordamerikas spurlos.

Alle diese Männer gehörten zum Dutzend jener Bergsteiger, die mehr Erfolge und Erfahrung auf ihre Person vereinten als alle anderen ihrer Generation. Sie gehörten zu den »top ten« des großen Alpinismus oder zu den ersten zwanzig. Gerade deshalb muß ihr Tod wie ein Schock wirken. Oder wie eine Mahnung. Hat sich das große klassische Bergsteigen schon so weit gesteigert, daß das Risiko dabei nicht mehr abschätzbar ist? Ist der Spielraum zwischen Hinaufkommen und Umkommen so schmal geworden für die, die neue Dimensionen suchen, daß nur noch das Glück entscheidet? Nach dem Motto: Nur jeder zweite oder dritte überlebt.

In diesem Fall wäre dieses unser Tun nicht nur »Wahnsinn«, es wäre nicht mehr zu verantworten.

Keinem von uns geht es darum, der Beste zu sein. Es gibt ihn nicht, den besten Bergsteiger der Welt, auch nicht den schnellsten oder den bescheidensten. Diese Attitüden haben nur Journalisten oder Verleger erfunden. Vielleicht hat sich ein junger, pubertierender Kletterer einmal selbst dieses Superlativ umgehängt, weil er wußte, daß es beim großen Bergsteigen keine Goldmedaillen oder Weltmeistertitel zu gewinnen gibt. Nur die Persönlichkeit zählt und das Überleben in immer diffizileren Grenzbereichen. Bergsteigen ist nicht meßbar nach Punkten und Sekunden, nur begrenzt abschätzbar nach Höhenmetern und Schwierigkeitsgraden – es ist ausdrückbar durch die Disziplin des Risikos.

Je größer das Risiko, desto schwieriger ist es, das Richtige zu tun. Und richtig ist, was uns überleben läßt. Heil wiederkommen ist alles. Hier nochmals die Frage: Sind unsere Möglichkeiten – jenes Produkt aus Bergflanken, Erfahrung, Ausrüstung, Wissen – so großartig geworden, daß wir blind in eine Falle laufen? Sind wir als Menschen zu menschlich mit unseren Sehnsüchten und unserem Ehrgeiz?

Das Bergsteigen, das aus einer Idee und dem großen Berg lebt, entwickelt eine Eigendynamik. Es ist nur verantwortbar, wenn wir haltmachen, wo die Disziplin des Risikos aufhört. Wer sich Gefahren aussetzt, denen er nicht ausweichen kann, ist ein Narr oder ein Selbstmörder. Aber kein verantwortungsbewußter Bergsteiger. Dies zu sein, habe ich mich immer bemüht. Mehr bemüht, als um alle Gipfel dieser Welt.

Grußkarte von Marcel Ruedi an Reinhold Messner.

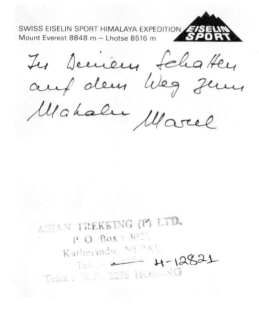

14mal überlebt

Viele Leute haben gedacht, daß Messner alle 14 Achttausender besteigen würde, daß dieser Erfolg in der Luft liege. Auch ich. Trotzdem war ich – als ein Alpinist, der von Reinhold Messner beeinflußt ist – von einem großen Gefühl ergriffen, als er es schaffte.

Jetzt, beim Versuch, seinen Weg nachzuzeichnen, wird mir Messners menschliche Größe deutlich. Die Eroberung eines Gipfels über 8000 Metern Meereshöhe in einer kleinen Gruppe oder allein, ohne Sauerstoffausrüstung, im alpinen Stil, über schwierige Routen... Diesen »Messnerschen Bedingungen« unterliegt heute das Tun der Spitzenalpinisten. Sein Versuch, die körperlichen und seelischen Grenzen des Menschen in immer abenteuerlicheren »Spielen« zu erweitern, ohne sich dabei von künstlichen Hilfsmitteln wie Apparaten oder Geräten abhängig zu machen, ist zu einer neuen Bergsteiger-Philosophie geworden.

Als Messner in der Welt der Himalaja-Alpinisten erschien, waren diese Gedanken noch rar. Er erst forderte sich an den Gipfeln der Welt heraus und nicht die Berge. Seine Methoden, mit Romantik und neuen Ideen erfüllt, waren vormals nicht denkbar. Er hat sie erfunden und vorgemacht. Sein Weg ist deshalb überaus eindrucksvoll und faszinierend. Als ob er die Geschichte des modernen Bergsteigens selbst wäre.

Messner war der erste, der ein systematisches Training für sein Tun im Himalaja praktiziert hat: »atemberaubende« Übungen als Vorbereitung für das Klettern unter extremen Bedingungen auf hohen Gipfeln. Er hat so an Körper und Seele eine Zähigkeit und Ausdauer erreicht, die einmalig ist.

Die Besteigung aller 14 Achttausender – Messner hat diese unglaubliche

Takashi Ozaki mit seinem Sohn Makoto.

Leistung geschafft. Es muß für ihn ein schwerer Weg gewesen sein. Seine 29 Achttausender-Expeditionen in 16 Jahren erzählen wenig davon. Von der unermeßlichen Energie, die ihr Ziel und ihren Kampfgeist über so lange Zeiträume fest im Griff hatte. Von überwundenen Selbstzweifeln. Von seinen vielen Rückzügen. Sie vor allem beweisen sein vollkommenes Gleichgewicht von Körper und Seele, das auf Messners eigener Philosophie beruht.

Beim Bergsteigen auf hohem Niveau, das in äußerster Höhe unter schwierigen Bedingungen stattfindet, erwartet einen der sichere Tod, wenn man auch nur in einem einzigen Punkt versagt. Ob man die Anforderungen gefahrlos durchstehen kann oder nicht, hängt von der Selbststeuerungsfähigkeit des Alpinisten ab. Das heißt, das Haben oder Nichthaben instinktiver, praktischer und geistiger Fähigkeiten scheidet das Leben vom Tod. Messner »kletterte über die Gefahren hinweg«, die tausendfach auf ihn zukamen. Das war und ist seine Kunst. Eine Kunst, genährt von der scharfen Einsicht, Gefahren präzise abschätzen zu müssen, und der Freude an Entscheidungen. Die Erfahrungen dafür hat er aus seinen zahlreichen Erlebnissen in hohen Höhen gewonnen. Das große Abenteuer, das ohne extreme Gefahr nicht existent ist, und dabei zu überleben, sind zwei gegensätzliche Probleme. Messner hat nachgewiesen, daß man lebend zurückkehren kann. Auch aus der »Hölle«.

Bei denjenigen Expeditionen, bei denen Messner keinen Erfolg als Kletterer hatte, habe ich seine klare und demütige Haltung bewundert. Nichtkalkulierbarer Gefahr kehrte er den Rücken. Immer wieder. Messner muß dem Unbekannten mit dem Drang des reinen, kindlichen Herzens begegnet sein. Er hat versucht, dieses in sich selbst zu erforschen. Und dabei förderte er seine eigenen Möglichkeiten. Dadurch hat Messner viele wundervolle »Spielmöglichkeiten« des Menschen aufgedeckt, mit seinen eigenen Händen, Füßen und seinem Herzen eine geheimnisvolle Welt in uns nachgewiesen. Die 14 Achttausender, der »Rekord« selbst, den er erreicht hat, ist wichtig. Das Wichtigste aber, was er getan hat, ist, daß er in vielen Menschen auf dieser Welt Träume, Hoffnungen und Abenteuergeist geweckt hat.

Takashi Ozaki
(Besteiger von sechs Achttausendern)

14 1956 Lhotse 8516 m

Der Trabant des Mount Everest

**Die wichtigsten Daten
der Erschließungsgeschichte**

Geographische Lage: Nepal Himalaja,
Mahalangur Himal
27° 58′ n. Br. / 86° 56′ ö. L.

1955 Nach ersten Erkundungen im
Zusammenhang mit früheren Everest-
Expeditionen – der Lhotse liegt nur 3 km
südlich vom Mount Everest, von dem er
durch den Südsattel abgetrennt und somit als eigener Gipfel zu werten ist –
erfolgt durch eine internationale Expedition unter Leitung von N. Dyhrenfurth
ein erster Besteigungsversuch. In der
Vormonsunzeit werden auf der Südseite
Erkundungen durchgeführt. E. Schneider arbeitet an einer topographischen
Karte. Nach dem Monsun wird die
Lhotse-Flanke vom Khumbu-Gletscher
aus angegangen und im September der
ganze Eisfall mit Kurzski befahren. Ein
Gipfelanstieg aus dem Westbecken
(E. Senn) scheitert auf etwa 8100 m.
Ende Oktober treiben die Herbststürme
die Männer zurück.

1956 Im Frühjahr gelingt der Schweizer Everest-Expedition unter Leitung
von A. Eggler am 18. Mai auch der erste
Gipfelaufstieg zum Lhotse. F. Luchsinger und E. Reiß erreichen die Spitze. Sie
steigen durch die Westwand zum höchsten Punkt auf.

1970 Eine österreichische Mannschaft unter S. Aeberli besteigt den
Lhotse Shar (Ostgipfel, 8400 m) über
den Süd-/Südostgrat zum ersten Mal.
S. Mayerl und R. Walter erreichen den
Gipfel. Da das Permit auf den Lhotse
lautet, gilt die Expedition offiziell als

gescheitert. Der Lhotse Shar war bereits
1960 von dem Australier N. Hardie versucht worden, der auf eine Höhe von
etwa 6700 m kam. 1965 mußten Japaner
auf der gleichen Route bei etwa 8150 m
aufgeben.

1973 Japaner versuchen erstmals,
die Südflanke des Lhotse zu klettern,
bleiben jedoch erfolglos.

1975 Im Frühjahr geht eine starke
italienische Mannschaft unter Leitung
von R. Cassin, der auch R. Messner ange-
hört, zum Lhotse. Man will einen Durchstieg in der Südwand finden. Etwa
1000 m unter dem Gipfel und weit links
muß das Unternehmen abgebrochen
werden.

1977 Deutsche Bergsteiger unter Leitung von G. Schmatz und Sirdar Urkien
erklettern den Lhotse aus dem Westbek-
ken. Ein Teilnehmer stirbt.

1979 Österreicher unter E. Vanis steigen im Frühjahr über die Route der Erstbegeher zum Hauptgipfel auf. – Den gleichen Weg nehmen auch Polen, die im
Herbst mit zwei Viergruppen den
höchsten Punkt erreichen.

1980 Der Franzose N. Jaeger hat
große Pläne. Er möchte den Lhotse
überschreiten und anschließend zum
Mount Everest überwechseln. Er scheitert bei etwa 6000 m in der Südwand.
Beim Versuch, den Hauptgipfel über den
Lhotse Shar zu erreichen, bleibt Jaeger
am Berg verschollen.

1981 Unter A. Kunaver gelangen im
Mai jugoslawische Bergsteiger in der
Lhotse-Südwand bis auf etwa 8000 m –
eine großartige Leistung! – Kurz vorher

steigen Bulgaren über den Normalweg
zum Gipfel auf.

1983 Im Herbst bringt eine japanische Expedition drei Mannschaften –
sieben Teilnehmer, darunter T. Ozaki
und Sherpa Dawa Norbu – auf den Gipfel des Lhotse.

1984 Einer tschechoslowakischen Ex-
pedition unter I. Gálfy gelingt die erste
Durchsteigung der Südwand des Lhotse
Shar.

1985 Polen brechen nach einem To-
desfall ihren Versuch in der Lhotse-Südwand auf etwa 8100 m ab. – Desgleichen
verläuft der Versuch einer französischen Südwand-Gruppe erfolglos.

1986 Im Frühjahr steigen Japaner auf
dem Normalweg zum Hauptgipfel auf. –
Im Herbst erklettert R. Messner zusammen mit dem Südtiroler H. Kammerlander den Lhotse. Am 16. Oktober steht er
auf seinem 14. Achttausender (8. Besteigung).

Am Lhotse stiegen Hans Kammerlander und
Reinhold Messner 1986 auf der von der Everest-
Expedition vorbereiteten Route zum Gipfel.
(Unterer Teil wie am Everest, siehe Kapitel 4.)
Das Lager 3 (C_2) der Eiselin-Gruppe diente
ihnen als zweites Lager, von wo sie den Gipfel
erreichten. 1975, bei einem Versuch an der Südwand (linke Rampe), gab er mit den Italienern
oberhalb eines dritten Lagers (C_3) auf.
Der Lhotse ist wenig erschlossen und bietet
faszinierende Möglichkeiten für die Zukunft.

Oben: 1975 zerstörten zwei Lawinen am Fuße der Lhotse-Südwand das Basislager der italienischen Expedition, der auch Reinhold Messner als Teilnehmer angehörte. Fausto Lorenzi und Mario Cunis graben im Vordergrund ihr Zelt wieder aus, während Riccardo Cassin (Expeditionsleiter, Bildmitte) die Katastrophenmeldung über Funk an die Bergsteiger in den oberen Lagern durchgibt.

Rechts: Zerdrücktes Zelt am Rande der Lawinenbahn sowie Lagerzelt und Sauerstoffvorräte nach der Katastrophe. Nach dieser schwerfälligen Expedition erkannte Messner die Notwendigkeit der Leichtexpedition und entschloß sich, niemals Sauerstoffgeräte einzusetzen.

Rechts oben: Verletzter Sherpa nach der Lawinennacht.

Rechts unten: Seinen zweiten und dritten Versuch, den Lhotse zu besteigen, unternahm Reinhold Messner von diesem West-Basislager aus: 1980 in einem Alleingang parallel zu einer italienischen Everest-Expedition durch das Western Cwm, 1986 mit Friedl Mutschlechner und Hans Kammerlander nach einer internationalen Eiselin-Gruppe an derselben Route.

Links: Der Khumbu-Eisbruch ist das gefährlichste Stück der ganzen Lhotse-Besteigung. 1978 half Reinhold Messner im Rahmen der österreichischen Everest-Expedition beim Erkunden und Absichern dieser sich ständig verändernden Kletterstrecke. 1980 ließ ihn der Expeditionsleiter Santon trotz Widerspruch in der eigenen Mannschaft passieren. 1986 hatte er mit Max Eiselin eine vertragliche

Abmachung, mit seiner Gruppe nach der Makalu-Expedition dem Weg (Fixseile, Leitern, Spur) der Eiselin-Gruppe, die von Freddy Graf geführt wurde, zu folgen.

Oben: Wenige Wochen nach der Besteigung des Makalu war Reinhold Messner schon am Lhotse. Durch die Vorarbeit der Expedition, die seit zwei Monaten dort operierte, konnten Messner und Kammerlander den Gipfel in drei Tagen erreichen (unter den Wolken im Hintergrund, 16. Oktober 1986). Erstmals ist es einem Team gelungen, zwei große Achttausender-Gipfel in einer Saison zu besteigen.

Nächste Doppelseite:
Reinhold Messner und Hans Kammerlander nähern sich dem Basislager. Kammerlander hat sieben, Messner alle 14 Achttausender bestiegen, vier davon sogar zweimal. Die Gefahr liegt bald hinter ihnen – noch eine halbe Stunde Abstieg über den Eisbruch, und sie haben es geschafft. Vor allem haben sie überlebt.

1986

Lhotse
Gezwungen, frei zu sein

Du magst vom gesegneten Berg gehört haben; es ist der höchste Berg in unserer Welt. Solltest Du den Gipfel erreichen, so hättest du nur ein Verlangen, und zwar: herabzusteigen und mit denen zu sein, die im Tal wohnen. Deshalb nennt man ihn den gesegneten Berg.

Khalil Gibran

Die meisten Kritiken an bekannten Bergsteigern sind auf Neid zurückzuführen. Kritik ist nur dann angebracht, wenn sich Bergsteiger der Übertreibung, des fortgesetzten Sich-zur-Schau-Stellens in den Medien oder des Lügens durch Verschweigen »versündigen«. Nur wenige von uns haben sich in »ihrer Bergsteiger-Karriere« in diesem Sinne nicht schuldig gemacht.

Doug Scott
in »Mountain«

Der Lhotse im letzten Abendlicht von Süden. Diese Wand, bisher ein halbes dutzendmal versucht, ist eines der faszinierendsten Probleme im Himalaja. Die logischen Routen erreichen von links (jugoslawischer Versuch, 1981) die Rinne, die zentral vom Gipfel abbricht. Die polnische Route (Versuch 1985) müßte dieselbe Rinne von rechts her erreichen. Bisher gibt es nur einen Weg auf den Lhotse-Hauptgipfel, also haben alle Lhotse-Besteiger auf dem Rücken parallel verlaufender Everest-Expeditionen operiert, wie Reinhold Messner bei seiner Besteigung 1986.

Mit dem Erfolg am Makalu und der Genehmigung in der Tasche, den Lhotse gleich anschließend im Herbst 1986 zu versuchen, wußte ich, daß ich eine Chance hatte, mein Ziel, eines von vielen, endlich zu erreichen. Wahrscheinlich war es mir damit nicht mehr möglich, einen der 14 Achttausender im Winter zu besteigen. Ich wollte mich nämlich, sollte ich wirklich den Lhotse noch schaffen und damit alle 14 höchsten Berge der Welt bestiegen haben, an das Versprechen halten, das ich meiner Mutter gegeben hatte, künftig zu keinem Achttausender mehr aufzubrechen. Wenigstens nicht selbst bis zum Gipfel zu gehen.

Ich habe an den Achttausendern fast alles gemacht: große Expeditionen, kleine Expeditionen, Alleingänge; ich habe sie im Frühling, im Sommer und im Herbst bestiegen; ich habe sie auf Normalwegen und über schwierigste Routen erklettert; ich habe sie überschritten; ich bin als Teilnehmer unter zahlreichen Seilschaften geklettert, aber nie im Winter bis zum Gipfel gekommen. Ich bin an den Achttausendern oft umgekehrt, habe »verlieren« gelernt, nicht jedoch aufgeben. Dies hat mir das Leben gerettet.

Ich bin nicht traurig darüber, daß ich keinen Achttausender im Winter erstiegen habe. Obwohl ich mir einmal vorgenommen hatte, zu allen Jahreszeiten auf einem der 14 Gipfel zu stehen. Ich bin auch nicht traurig darüber, daß mir das französische Ehepaar Maurice und Liliane Barrard, das im Sommer 1986 am K2 abgestürzt ist, jene Tat vorweggenommen hat, die ich als vages Ziel nach dem Nanga-Parbat-Alleingang angestrebt hatte, eine Achttausender-Besteigung als Paar durchzuführen. Die beiden haben meine Idee »ein Mann, eine Frau und ein Achttausender« verwirklicht, bevor ich eine ideale Partnerin dafür gefunden hatte.

Heute frage ich mich oft selbst, woher ich die Kraft und die Motivation genommen habe, immer wieder von neuem

anzufangen, nach Erfolgen und nach Mißerfolgen weiterzumachen. Geistige, seelische und körperliche Disziplin zusammen nur haben eine solche Dauerleistung möglich gemacht. Nicht ausschließlich der Ehrgeiz. Möglichkeit zur Finanzierung und Auswertung waren nur Hilfe, Anreiz waren sie mir nicht.

Als wir nach dem Makalu zum Lhotse kamen, hatten wir einen langen Umweg hinter uns. Ursprünglich hatte ich vorgehabt, vom Makalu-Basislager über zwei 6000 Meter hohe Pässe – Sherpani- und Westcol – südlich um Baruntse und Lhotse herum ins Basislager des Mount Everest zu marschieren, das ja gleichzeitig das Basislager für den Normalweg am Lhotse ist. Nachdem wir am Makalu soviel Zeit verloren hatten, und das Wetter relativ schlecht war, entschloß ich mich, mit Hans Kammerlander und Friedl Mutschlechner ganz ins Tal abzusteigen. Wir mußten uns deakklimatisieren. In den tiefen Lagen würde sich unser Blut verdünnen. Wir mußten auch wieder etwas »Fleisch ansetzen«. Am Makalu hatten wir einen Teil unserer Muskelmasse verloren. Von Sedoa, einem Dorf am Arun, flogen wir im Hubschrauber nach Lukla und stiegen von dort zu Fuß bis zum Lhotse hinauf.

Am Lhotse und Everest operierten in diesem Herbst 1986 Schweizer, Franzosen, ein Argentinier, ein Belgier, ein Kanadier. Max Eiselin, der Expeditionsorganisator aus Luzern, hatte eine internationale Commercial-Expedition zusammengestellt, an der 25 Männer und eine Frau beteiligt waren. Freddy Graf leitete sie. Ihr hatte sich Eric Escoffier, einer der schnellsten Alpenkletterer, mit einer eigenständigen Expedition angeschlossen. Escoffier wollte in diesem Jahr gleich sechs Achttausender besteigen. Ihm ging es vor allem darum, am Everest eine neue Rekordzeit aufzustellen, was ihm nicht gelingen sollte.

Als Friedl, Hans und ich im Oktober zu dieser Expedition stießen, merkten wir sofort, daß es Spannungen in der internationalen Mannschaft gab. Der

233

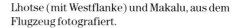
Lhotse (mit Westflanke) und Makalu, aus dem Flugzeug fotografiert.

ausgeglichene Freddy Graf versuchte, alle zufriedenzustellen. Er hatte nicht nur einen Großteil des Weges präpariert, er war der ruhende Pol in dieser zusammengewürfelten Gruppe. Er wollte, 30 Jahre nach der ersten Besteigung durch die Schweizer Seilschaft Luchsinger/Reiß, gleichzeitig mit dem Everest den Gipfel des Lhotse erklettern.

Zur Expeditionsmannschaft zählten sehr gute Alpinisten, die ihr Unternehmen an Presse und Industrie »verkauft« hatten, um ihren Beitrag finanzieren zu können. Es waren aber auch »Sonntagsbergsteiger« dabei, die von vornherein keine Chance gehabt hätten, die beiden Gipfel zu erreichen. Trotzdem sich Freddy Graf, meist an der Spitze kletternd, zwei Monate lang voll eingesetzt hatte, blieb er mit seinem Versuch am Südgipfel des Mount Everest im tiefen Schnee stecken. Obwohl in Gipfelnähe, kehrte er aus Sicherheitsgründen um.

Mir imponiert, wie souverän er in seinem Alter auf die höchsten Berge steigt. Er ist mir zum Vorbild geworden. Ich muß das Bergsteigen heute, mit 42 Jahren, noch nicht aufgeben. Mit Intensität kann ich es weiterhin steigern.

Einige Tage warteten Friedl, Hans und ich im Basislager ab, weil starker Wind aufgekommen war und weil wir uns erst an den Berg gewöhnen mußten. Als wir dann aufbrachen, wußten wir, daß wir kaum mehr als eine Erfolgschance von 50:50 hatten. Zuviel Wind.

Im oberen Bereich des Mount Everest und Lhotse wütete bereits der Nordweststurm. Er wirbelte den Schnee auf und hatte die Schweizer gestoppt. Auch Escoffier sollte an ihm scheitern. Im unteren Bereich begann der Eisbruch »lebendiger« zu werden. Täglich taten sich neue Spalten auf.

Zu dritt, immer noch begleitet vom Kamerateam, das auch unsere Makalu-Expedition gefilmt hatte, stiegen wir über den von den Schweizern versicherten Eisbruch hinauf ins Western Cwm. Dort stand das Lager der Schweizer wenigstens teilweise noch. Wir konnten es mitbenützen. Bereits im Sommer hatten wir ein Abkommen mit Max Eiselien getroffen, der uns für eine bescheidene Kostenbeteiligung zugesagt hatte, im Eisbruch einen Teil seiner Expeditionsausrüstung verwenden zu dürfen. Wir konnten so ohne Hemmungen über die Lhotse-Flanke an der Nordseite des Berges aufsteigen.

All jenen, die jetzt denken, wir hätten den Gipfel des Lhotse gewissermaßen auf den Schultern der Schweizer erreicht, muß ich sagen: So ist es. Dies stört mich auch nicht. Die Genehmigung für die Lhotse-Südwand ließ ich fallen, als ich im Winter am Makalu gescheitert war. Makalu und Lhotse-Südwand in einer Saison zu versuchen, wäre nicht nur vermessen, es wäre dumm gewesen. Und ich wollte, um endlich frei für andere Ziele zu sein, die Achttausender im Herbst 1986 abschließen.

Bisher hat noch jede Lhotse-Expedition auf einer parallelen Everest-Expedition aufgebaut.

Ich hatte schon zwei Expeditionen am Lhotse hinter mir, bevor ich ihn endlich besteigen konnte. Im Frühling 1975 hatte ich im Rahmen einer italienischen Gruppe die Südwand versucht. Es war meine einzige nationale Expedition gewesen, die ich mitgemacht hatte. Ausgerichtet von CAI, dem italienischen Alpenverein, und unter der Leitung von Riccardo Cassin, dem gewiß erfolgreichsten Bergsteiger der dreißiger Jahre, waren wir großzügig ausgerüstet gewesen. Wir blieben aber trotzdem erfolglos.

Dabei gab es einige kritische Momente. Als eine Eislawine unser Basislager wegfegte, glaubte ich, ersticken zu müssen. Höher oben in der Wand, als wir über eine mächtige, lawinenschwangere Rampe stiegen, hätte die Schneeschicht in jedem Augenblick mit uns abgehen können. Sie hielt. Unter großen Gefah-

Überlebt – die Lawinenkatastrophe

Gegen Mitternacht hörte ich lautes Getöse und einen Knall, gefolgt von starkem Wind. Jemand ruft. Ich knipse die Taschenlampe an und sehe das eingestürzte Zelt. Als ich es schüttle, spüre ich die schwere Schneelast darauf. Ich gehe hinaus und sehe Messner halb angezogen und ganz weiß. Der Luftdruck und das Schneegestöber einer von der Lhotse-Wand heruntergestürzten Lawine haben unsere Zelte umgerissen und das der Sherpas beschädigt.

Messner findet im Zelt von Mariolino Unterschlupf, und ich krieche in meins zurück, obwohl der Stützstab für das Zeltdach kaputt ist. Ich nehme mir vor, ihn am Morgen zu reparieren.

Um 6 Uhr etwa stehe ich auf. Es ist schon hell. Ich schaue mich um und sehe das Zelt von Reinhold am Boden liegen und die ganze Verwüstung, die die Lawine angerichtet hat. Dann untersuche ich die Wand, um herauszufinden, von wo sich die Lawine gelöst hat. Aber ich kann es nicht genau erkennen, da es leicht schneit.

Ich gehe zum Zelt zurück, um mich noch ein wenig auszuruhen. Ich weiß nicht, wieviel Zeit verstrichen ist, als ich im Halbschlaf erneut sehr starkes Getöse, einen Knall und das Aufbrausen des Windes höre, der alles einhüllt. Auf mir lastet ein schweres Gewicht, das sich schnell vorwärtsbewegt. Mühsam versuche ich, die Arme über den Kopf zu halten, um mich instinktiv zu schützen. Ich probiere aufzustehen, werde aber schnell mitgerissen.

Nach einer Weile des Infernos wird es endlich wieder ruhig, und ich schaffe es mit großer Mühe, auf allen vieren aus dem Zelt zu kriechen. Vor meinen Augen ein schrecklicher Anblick: Nichts ist mehr von unserem Lager zu sehen, alles ist verwüstet. Es scheint, als habe eine riesige Dampfwalze alles dem Boden gleichgemacht. Und über dem Ganzen liegt eine dicke Schneeschicht.

Riccardo Cassin

Die ersten, die ich sehe, sind Messner und Conti, beide von Kopf bis Fuß weiß bestäubt. Mit ihnen zusammen gehe ich zu den Zelten der Sherpas, von wo wir Klagen hören. Mit Eispickeln und Messern befreien wir die Eingeschlossenen. Einer kann nur mit Mühe atmen, einige sind verletzt, zum Glück nicht schwer. Es gelingt uns, sie mit Servietten ein wenig abzutrocknen. Voller Schnee und durchnäßt wie sie sind, könnten sie an Unterkühlung sterben. Wir versuchen auch, so schnell wie möglich einige Schlafsäcke wiederzufinden, um sie wenigstens ein bißchen zuzudecken, denn es ist sehr kalt.

Die Kisten mit unseren Sachen, die 30-Kilo-Gasflaschen sind in einem Umkreis von über 1 Kilometer vom ursprünglichen Basislager verstreut.

Ich versuche, mit den Freunden vom Lager 1 und 2 Kontakt aufzunehmen, aber bis 7.30 Uhr, der vereinbarten Zeit für den Nachrichtenaustausch, kann ich mich nicht bemerkbar machen.

Als sie sich schließlich melden, verstehe ich ihr Erstaunen. Sie haben nichts bemerkt, auch im Lager 1 nicht, von wo aus man normalerweise mit bloßem Auge das Basislager erkennen kann. Durch den leichten Schneefall erschien ihnen von da oben aus alles ganz weiß und unverändert. Ich bitte sie, schnell zu uns zu kommen, um uns zu helfen.

Inzwischen ist die Sonne durchgekommen, und die Temperatur steigt. Jeder versucht, seine Sachen zusammenzufinden. Drei Tage lang werden wir unsere Kleidung und persönlichen Dinge suchen, die auf dem Gletscher verstreut liegen. Zu unserem Glück waren wir bei dieser Lawinenkatastrophe im Basislager nur fünf Bergsteiger und ungefähr 15 Sherpas, Köche und Helfer, sonst wären die Folgen sicher noch schlimmer gewesen.

Gegen 9.30 Uhr kommen die Freunde vom Lager 1. Wir fragen die Sherpas, ob sie die Expedition fortsetzen wollen oder nicht. Da die Antwort positiv zu sein scheint, versammeln wir uns, um uns zu einigen, ob wir weitermachen oder abbrechen, nach Italien zurückkehren sollen. Es fehlen noch die vier vom Lager 2, die noch nicht eingetroffen sind...

Riccardo Cassin
in seinem Buch »Cinquant'Anni di Alpinismo«,
Verlag dall Oglio, Mailand
(1975 Expeditionsleiter am Lhotse)

Gebete – zum Überleben

Unterhalb des Mount Everest, auf der Südseite, versperrt der Khumbu-Eisbruch den Weg hinauf in das Western Cwm, auch Tal des Schweigens genannt. Es war geplant, daß Dati – Dawa Tensing Sherpa – mit mir durch den Eisbruch gehen sollte. Aber bevor ich mit ihm den Aufstieg durch diesen Trümmerhaufen beginnen konnte, kam Datis Frau ins Basislager, um ihn zu bitten, nicht zu gehen. Sie drohte, daß sie ihn verlassen würde, wenn er es gegen ihren Willen doch täte.

Auch Datis Mutter hatte ihren Sohn in einem Brief, den sie einige Tage zuvor zum Basislager gesandt hatte, angefleht, nicht aufzusteigen. In dem Brief stand, daß sie den obersten Lama besucht und er ihr gesagt hätte, dieses Mal sähe die Konstellation des Schicksals schlecht für Dati aus. Der Lama-Priester spürte, daß eine Gefahr für Dati heraufzog. Er solle also besser im Basislager des Lhotse bleiben. Dort wäre er sicher. Stiege er aber höher hinauf, so würde irgend etwas passieren, schwere Erfrierungen, vielleicht der Tod.

Der Lama versprach der besorgten Mutter, Shouga zu besorgen, das sind mit Garn umwickelte Gebete, die von Sherpas und tibetischen Buddhisten um den Hals getragen werden.

Diese stofflichen Gebete sollte Datis Frau ihrem Mann zum Schutz mitbringen. Es kostete jedoch viel Zeit, sie anzufertigen. Trotzdem wurde Dati gewarnt, nicht weiter aufzusteigen.

Dati war 1981 gerade 26 Jahre alt. Nach tibetischer Auffassung sind 26 und 32 Jahre schlecht für Männer, 25 und 31 Jahre schlecht für Frauen. In diesem Alter müssen sie sich einmal zurückziehen, um sich für zwei, drei Tage dem Gebet hinzugeben. Sie müssen mit einigen Lamas auf die Spitze eines Hügels oder Bergkammes gehen und dort einen kleinen Tschorten aufstellen.

Als Dati 26 Jahre alt wurde, war er gerade in Europa, und als er nach Nepal zurückkehrte, begann er sofort mit dieser Expedition. Er hatte keine Zeit gehabt, dieses Gebetsritual zu vollziehen, was er aber tun hätte müssen, bevor er sich mit mir in irgendeine gefährliche Situation begab.

Dati (rechts) mit dem Begleitoffizier am Lhotse.

ren kletterten wir Richtung Gipfelgrat, wußten aber schon, daß alles vergeblich war. Hinten, in der Nordflanke, wären wir ohne großen Umweg nicht mehr weit gekommen.

Auch am Lhotse-Normalweg war ich schon einmal gescheitert. Und zwar 1980, als ich versuchte, allein zum Gipfel zu gehen. Nachdem mein einziger Sherpa Dati sich geweigert hatte, mit mir aufzusteigen, versuchte ich es allein. Er blieb im Basislager und erklärte mir, daß er sich aus religiösen Motiven nicht in der Lage sah, mich zu begleiten. Ich verstand und drängte ihn nicht, mir zu helfen.

Diesmal, beim dritten Versuch, wollte ich eine Entscheidung. Nachdem Hans Kammerlander, Friedl Mutschlechner und ich im Lager 2 der Schweizer geschlafen hatten, kehrte Friedl, der schon seit einiger Zeit an Zahnschmerzen litt, ins Basislager zurück. Durch den geringen Partialdruck der Luft hatten sich seine Schmerzen, ausgelöst von einer Luftblase unter einer Krone, von Stunde zu Stunde gesteigert. Er mußte auf diesen Achttausendergipfel verzichten, den er in seiner ansonsten guten Verfassung sicher geschafft hätte.

Hans und ich verließen das Lager erst in den späten Vormittagsstunden. Oben herrschte zu starker Wind. Erst als es dämmerte, kamen wir hinauf ins Lager 3 in der Mitte der Lhotse-Flanke, 7500 Meter hoch. Wir legten uns in die halb zerstörten, eingeknickten Zelte der Schweizer. In dieser Nacht taten wir kein Auge zu. Wir wollten am nächsten Tag weiter, befürchteten jedoch, daß bei einem solchen Sturm ein Aufstieg unmöglich sein würde.

Trotzdem krochen wir am Morgen des 16. Oktobers aus dem Zelt. Wir zogen uns so warm an wie möglich, dann die Steigeisen und fingen an, gegen den Sturm nach oben zu gehen. Die Fixseile, die die Schweizer am Gelben Band und darüber angebracht hatten, waren locker oder vom Wind weggerissen worden. So kletterten wir alles ohne Seil-

Hans Kammerlander, Wolfgang Thomaseth und Friedl Mutschlechner am oberen Ende des Khumbu-Eisbruchs.

hilfe, nur auf unsere Pickel gestützt und unserem Gleichgewichtssinn vertrauend.

Die Schneeverhältnisse waren so gut, daß wir zügig vorankamen. Trotz allem. Kritisch wurde es nur einmal, knapp unter der enger werdenden Lhotse-Rinne, die von links unten nach rechts oben zum Gipfel zieht. Dort lag der Schnee mancherorts knietief. Wir konnten uns nur mit Mühe und dementsprechend langsam vorwärts bewegen. Einmal im oberen Teil der Rinne, im schmalen Spalt zwischen zwei steilen Felswänden, wurden wir förmlich nach oben getrieben. Mit einer unheimlichen Kraft fiel uns der Wind von hinten an. Er zerrte, er schob, er preßte uns nach oben.

Wie oft schon hatte ich mir bei Expeditionen einen Lift gewünscht, der mich das letzte Stück nach oben ziehen würde. Jetzt erlebten wir so etwas ähnliches. Die starke Schubkraft des Windes bewirkte, daß wir streckenweise 20 bis 30 Schritte weit nur die Füße voreinander setzen mußten, ansonsten wurden wir hinaufgehoben. Natürlich mußten wir zwischendurch kurz rasten, denn auch das Gleichgewicht zu halten kostete Kraft. Öfter wurden wir sogar aus dem Stand nach oben gehoben. Wohl nie zuvor hatte ich die letzten 200 Meter zum Gipfel so schnell zurücklegen können wie hier am Lhotse.

Ich habe einmal darüber nachgedacht, wenige Meter unterm letzten Achttausender-Gipfel stehen zu bleiben. Es sollte eine Geste des Respekts sein. Jetzt, in diesem Sturm, gebeutelt und getragen zugleich, tat ich es nicht mehr. Allein meine Hilflosigkeit war Unterwerfung genug. Ein Held wollte ich nie sein, auch nicht der Antiheld. Also ging ich weiter hinter Hans her.

Am Ende der Rinne, in einer kleinen Scharte, blieben wir stehen. Wir hielten uns an den Pickeln fest, die wir in den Schnee gerammt hatten, und verschnauften. Wir spürten, daß wir vor allem beim Aufstieg auf diesen letzten Fels- und Eiszahn nicht den kleinsten Fehler machen durften. Die linke der beiden Gipfelpyramiden, unser Ziel, konnte nur unter äußerster Konzentration erklettert werden. Wir mußten auf eine Sturmpause warten, wollten wir nicht »fliegen« lernen.

Jetzt kletterten wir nicht mehr in einer Rinne, wo ein Umkippen nicht tödlich gewesen wäre. Jetzt traf uns der Wind im steilen Gelände. Wir mußten uns krampfhaft an die Pickel klammern, damit uns der Sturm nicht wegblies. Wir hatten nicht einmal die Hände frei, um zu fotografieren. Im übrigen hatten wir schon eine halbe Stunde vorher, in der Mitte der Rinne, gemerkt, daß unsere beiden Kameras eingefroren waren. Als wir einer nach dem anderen den Gipfel erreichten, ergriffen wir sofort wieder die Flucht.

Auf dem Gipfel bist du, wenn es nicht mehr aufwärts geht. Nicht, wenn du müde bist, Angst hast oder nicht mehr weitersteigen willst.

Da stehst du nun ganz oben und willst nur noch hinunter. Hinunter auf den flachen Boden, dorthin, wo es warm ist; dorthin, wo du ausruhen kannst; dorthin, wo die Freunde sind. Auf Dauer hält es in diesem fast luftleeren Raum niemand aus. Da oben ist nicht nur zu wenig Sauerstoff. Da ist auch zu wenig menschliche Wärme, zu wenig Rationalität, zu wenig Liebe.

Da stand ich vornübergebeugt, wie ein Kranker, der nicht mehr kann. Der Schnee unter meinen Füßen war hart und weit weg. Weit weg von mir. Dabei waren nur die Steigeisen dazwischen. In den Sturmböen schloß ich die Augen und kauerte mich noch fester zusammen. Nur der Mund blieb weit offen. Wenn dieses laute Krachen aufhörte, sah ich ein Stück Himmel, wie Milchglas. Dahinter war das All wohl schwarz. Die Windfahnen schossen senkrecht in die Höhe. Luft als Kraft, nicht nur als Stoff. Wo ich war, wußte ich instinktiv, so wie ein Tier, das Orte nicht benennt. Ich war da. Um mich die »Hölle«, die noch intensiver da war: Sturm, Kälte, der Abgrund.

Aufgerieben bist du da oben schnell. Also nichts wie hinunter. Diese wenigen Minuten ganz oben waren so nur auszuhalten, weil ich jetzt wußte, daß nur

237

unten jenes »Glück« lag, das ich vorher wochenlang und immer wieder, 16 Jahre lang, hier oben gesucht hatte.

Am Lhotse wagten wir den Aufstieg in einem Sturm, wie ich ihn früher höchstens bei Abstiegen erlebt hatte. Bei keiner meiner vorangegangenen Achttausender-Expeditionen wäre ich bei einem derartigen Schlechtwetter aufgebrochen.

Warum wir diesmal mehr eingesetzt hatten als sonst? Ich weiß es nicht. Ich kann nur sagen, daß Hans und ich uns beim Aufstieg sicher fühlten. Erst als wir zwischen den beiden Gipfelhörnern des Lhotse standen, zögerten wir einen Augenblick lang. Wir witterten die Gefahr. Aber die Gipfelnähe stärkte unsere Selbstsicherheit. Weiterzugehen bedeutete Abschluß.

Am Gipfel war diesmal keine Zeit für Freude, nur die Angst, wieder herunterzukommen. Auch beim Abstieg mußten wir uns voll konzentrieren. Erst am nächsten Tag, als wir den Eisbruch überwunden hatten und uns dem Basislager näherten, kam in mir so etwas wie Lebensfreude auf. Nicht in der Art: »Hurra, wir leben noch!«, vielmehr die Freude, überhaupt am Leben zu sein. Das Gefühl auch, nun frei zu sein für andere Dinge.

Nach den 14 Achttausendern kam ich mir weder wie ein Sieger noch wie ein Held vor. Ich hatte die Genugtuung, eine komplexe Idee, ein Ziel, das ich mir gestellt hatte, realisiert zu haben.

Den Anspruch, alle Achttausender ohne Maske und in einem möglichst fairen Stil zu besteigen, habe ich an *mich* gestellt. Niemand hat mir Regeln oder Zahlen vorgegeben, ausgenommen die Natur. Weil ich diesem Anspruch einigermaßen gerecht geworden bin, bin ich mit mir selbst zufrieden. Wenigstens in diesem Punkt. Trotzdem weiß ich, daß es nicht nur »eine Tragödie ist, wenn man sein Ziel nicht erreicht«. Es ist vielleicht die größere Tragödie, wenn man sein Ziel erreicht.

Vorerst mache ich mir keine Sorgen um meine Zukunft. Ich habe neue Ideen,

neue Ziele. Die Achttausender sind bis ins Bewußtsein der Massen gedrungen. Sie interessieren mich nicht mehr so sehr. Nicht nur die Alpinisten, Millionen von Laien beginnen diese Achttausender ernst zu nehmen, wo sie gar nicht mehr ernst zu nehmen sind. Nun, da ich alle 14 Besteigungen überlebt habe, hat sich auch diese Wirklichkeit überlebt. Wenigstens für mich. Diese Art des Abenteuers hat sich überlebt. Sie ist Institution, eine Art Gewohnheit und damit rückständig geworden.

Von vorne werde ich irgendwo anfangen müssen, wenn ich weiterkommen will. Ich muß es wieder lernen. Auf einem anderen Gebiet will ich das bisher Erreichte beherrschen, um einen Schritt weitergehen zu können als alle anderen vor mir. Mein Weg nimmt eine andere Richtung. So lange mich sowohl die älteren als auch die jüngeren Bergsteiger kritisieren, bin ich beruhigt, weiß ich, daß ich auf dem richtigen Weg bin.

Es ist heute leicht für mich geworden, meine Expeditionen zu finanzieren. Darauf bin ich ebenso stolz wie auf andere Erfolge. Ich habe zwar noch keinen wahren Sponsor gefunden, jemanden, der mir ohne Gegenleistung für meine Unternehmungen Geld gibt. Aber ich habe soviele Kontakte geknüpft, soviele Tantiemen aus meinen Büchern geschöpft, daß ich mir die verrücktesten Ideen »leisten« kann.

Die praktische Seite meines Lebens habe ich dabei ebenso von meinen Vorgängern abgeschaut, wie ich viele bergsteigerische Ziele aus der Geschichte heraus entwickelt habe. Ich wußte, daß ich nur dann etwas Neues machen kann, wenn ich weiß, was vor mir alles gemacht worden ist.

Ich orientierte mich an Walter Bonatti, Hermann Buhl, Paul Preuß. Auch wenn es darum ging, neue Stile zu entwickeln, Vortragshonorare auszuhandeln oder Werbeverträge abzuschließen. Alle drei haben nicht nur mit ihren bergsteigerischen Taten vorbildliche »Arbeit« geleistet, alle drei stehen auch

Die Achttausender, der »Yeti« und die Presse

»Man muß zugestehen, daß die Besteigung der 14 Achttausender insgesamt ein schöner Rekord ist. Wir beklatschen ihn alle. Aber all dies könnte noch schöner und bedeutsamer sein und hätte uns auch noch mehr überzeugt, wenn rund um Messner nicht jenes große Geschäft, die Sponsoren und die Werbung wären, die wir kennen.«

Das und das Zitat unten stammt von Walter Bonatti, dem erfolgreichsten Bergsteiger zwischen 1950 und 1965, veröffentlicht in der italienischen Tageszeitung »La Repubblica«. Ich möchte ihm hier nicht den eigenen Spiegel vorhalten, ich will nur noch einmal auf das verlogene Geschwätz vieler Bergsteiger hinweisen, das ich im letzten Kapitel meines jüngsten Buches »Wettlauf zum Gipfel« gegeißelt habe. Ich war nicht erstaunt, daß es »verrissen« wurde. Anders können sich »Spießer« nicht wehren.

Mit Walter Bonatti würde ich gerne reden. So, wie ich mit jedem rede, wenn er sich stellt: offen, selbstkritisch, aggressiv. Ich bin es gewohnt zu sagen, was ich denke. Ja, ich bin subjektiv. Ausgewogenes »Gerede« gibt es sonst genug. Obwohl ich weiß, daß es unbeliebt macht, seine Wahrheit zu sagen, sage ich die meine. Immer noch und immer wieder. Ich habe mich nie einem Journalisten angebiedert, ich habe ein Erwachsenenleben lang meinen Egoismus verteidigt. Held wollte ich keiner sein, jede Art von Heroismus ist mir zuwider.

Die Slogans haben andere erfunden, ich bin meinen Weg gegangen, auch wenn er Walter Bonatti nicht gefällt: »Adel verpflichtet«, hieß es einmal. Heute hingegen scheinen wir nur in der Zeit der personalisierten Slogans zu leben.

»Dank Messner leben wir länger, lautet eine dieser werblichen Botschaften. Mittlerweile scheint das Bild unseres Helden seit Jahren nur mehr in Verbindung mit irgendeinem in den Handel gebrachten Produkt zu stehen. Wenn man von ihm spricht, läuft man sogar Gefahr, seine eigenen Worte in den Dienst dessen zu stellen, der die Aussage als Werbeträger verwendet und Nutzen daraus zieht.«

Walter Bonatti schätze ich wegen seiner Leistungen, nicht weil ich ihn brauche.

Auch den »Yeti« brauchte ich nicht. Die Geschichten dazu haben Reporter erfunden; ich werde meine Antworten geben, wie immer.

In Sulden am Ortler haben Freunde von mir ein Fest veranstaltet zum Gelingen der 14 Achttausender. Alle Lebenden, die je mit mir auf einen dieser Gipfel gestiegen waren, sind auf meinen Wunsch hin dazu eingeladen worden. Auch Michl Dacher und Peter Habeler. Es tat mir leid, daß Walter Bonatti nicht kommen konnte.

Meine Großzügigkeit hat mir etwas von meinem Stolz genommen, den ich mir in den Bergen immer wieder geholt habe. Also muß ich künftig mehr an mich denken.

Reinhold Messner 1986 nach dem Lhotse-Gipfel: »Freier als je zuvor.«

als Beispiel dafür, wie man ein Leben als freier Abenteurer organisieren kann. Sie haben mir neben den wenigen Freunden, die ich habe, praktisch am meisten geholfen. Allein habe ich nichts erreicht.

Die anderen, die mich getragen haben, die Leser meiner Bücher, die Vortragshörer, auch die Fans, waren wie der Wind am Lhotse. Ohne ihre Anerkennung wäre ich seelisch verhungert, irgendwo auf der Strecke geblieben. Ohne das Vertrauen meiner Vertragspartner wäre ich praktisch nicht so weit gekommen. Jedenfalls nicht »bis zum Gipfel«.

Wenn ich nicht genug Antwort gegeben habe, sucht sie nicht weiter bei mir. Geht in die Berge! Wir Menschen geben zu viele Antworten und jeden Tag eine andere. Die Berge geben jedem seine Antwort.

Anhang

Liste aller Bergsteiger mit vier oder mehr Achttausendern

(Reihung nach den ersten vier; Stichtag 16. Oktober 1986.)

Zusammengestellt von Elizabeth Hawley, Kathmandu

1. **Reinhold Messner** (Jg. 44)   Italien

Nanga Parbat 27. 6. 70; 9. 8. 78 solo
Manaslu 25. 4. 72
Hidden Peak 10. 8. 75; 28. 6. 84
Mount Everest 8. 5. 78; 20. 8. 80 solo
K2 12. 7. 79
Shisha Pangma 28. 5. 81
Kangchendzönga 6. 5. 82
Gasherbrum II 24. 7. 82; 25. 6. 84
Broad Peak 2. 8. 82
Cho Oyu 5. 5. 83
Annapurna 24. 4. 85
Dhaulagiri 15. 5. 85
Makalu 26. 9. 86
Lhotse 16. 10. 86

2. **Kurt Diemberger** (Jg. 32)   Österreich

Broad Peak 9. 6. 57; 18. 7. 84
Dhaulagiri 13. 5. 60
Makalu 21. 5. 78
Mount Everest 15. 10. 78
Gasherbrum II 4. 8. 79
K2 4. 8. 86

3. **Hans v. Kaenel** (Jg. 40)   Schweiz

Lhotse 8. 5. 77
Makalu 10. 5. 78
Mount Everest 1. 10. 79
Dhaulagiri 13. 5. 80
Manaslu 7. 5. 81

4. **Robert Schauer** (Jg. 53)   Österreich

Hidden Peak 11. 5. 75
Nanga Parbat 11. 8. 76
Mount Everest 3. 5. 78
Makalu 25. 4. 81
Broad Peak 8. 8. 84

5. **Michel Dacher** (Jg. 33)   Deutschland

Lhotse 11. 5. 77
K2 12. 7. 79
Shisha Pangma 7. 5. 80
Hidden Peak 22. 7. 82
Cho Oyu 5. 5. 83
Manaslu 4. 5. 84
Nanga Parbat 12. 7. 85
Broad Peak 16. 8. 86

6. **Siegfried Hupfauer** (Jg. 41)   Deutschland

Manaslu 22. 4. 73
Mount Everest 16. 10. 78
Shisha Pangma 11. 5. 80
Hidden Peak 22. 7. 82
Broad Peak 16. 8. 86

7. **Jerzy Kukuczka** (Jg. 48)   Polen

Lhotse 4. 10. 79
Mount Everest 19. 5. 80
Makalu 15. 10. 81 solo
Broad Peak 30. 7. 82; 17. 7. 84
Gasherbrum II 1. 7. 83
Hidden Peak 23. 7. 83
Dhaulagiri 21. 1. 85
Cho Oyu 15. 2. 85
Nanga Parbat 13. 7. 85
Kangchendzönga 11. 1. 86
K2 8. 7. 86

Jerzy Kukuczka

8. **Doug Scott** (Jg. 41)   Großbritannien

Mount Everest 24. 9. 75
Kangchendzönga 16. 5. 79
Shisha Pangma 28. 5. 82
Broad Peak 27. 6. 83

9. **Freddy Graf** (Jg. 36)   Schweiz

Dhaulagiri 17. 5. 80
Manaslu 9. 5. 81
Gasherbrum II 15. 6. 83
Broad Peak 30. 6. 83

Erhard Loretan

10. **Erhard Loretan** (Jg. 59)   Schweiz

Nanga Parbat 10. 6. 82
Gasherbrum II 15. 6. 83
Hidden Peak 23. 6. 83
Broad Peak 30. 6. 83
Manaslu 30. 4. 84
Annapurna 24. 10. 84
K2 6. 7. 85
Dhaulagiri 8. 12. 85
Mount Everest 30. 8. 86

11. **Marcel Ruedi** (1938–1986)   Schweiz

Dhaulagiri 17. 5. 80
Gasherbrum II 15. 6. 83
Hidden Peak 23. 6. 83
Broad Peak 30. 6. 83
Manaslu 30. 4. 84
Nanga Parbat 3. 6. 84
K2 19. 6. 85
Shisha Pangma 14. 9. 85
Cho Oyu 5. 5. 86
Makalu 24. 9. 86

12. **Voytek Kurtyka** (Jg. 47)   Polen

Dhaulagiri 18. 5. 80
Broad Peak 30. 7. 82; 17. 7. 84
Gasherbrum II 1. 7. 83
Hidden Peak 23. 7. 83

13. Takashi Ozaki (Jg. 52) Japan

Broad Peak 8. 8. 77
Mount Everest 10. 5. 80; 16. 12. 83
Manaslu 12. 10. 81
Lhotse 9. 10. 83
Kangchendzönga 19. 5. 84
Shisha Pangma 10. 9. 86

14. Ang Dorje, Sherpa (1949–1984) Nepal

Mount Everest 16. 10. 78; 23. 5. 84
Annapurna 6. 5. 80
Kangchendzönga 1. 5. 82
Manaslu 22. 10. 83

15. Noboru Yamada (Jg. 50) Japan

Dhaulagiri 21. 10. 78; 18. 10. 82
Kangchendzönga 9. 5. 81
Lhotse 9. 10. 83
Mount Everest 16. 12. 83; 30. 10. 85
K2 24. 7. 85
Manaslu 14. 12. 85

16. Günter Sturm (Jg. 40) Deutschland

Lhotse 9. 5. 77
Shisha Pangma 7. 5. 80
Hidden Peak 22. 7. 82
Manaslu 11. 5. 84

17. Andrzej Czok (1948–1986) Polen

Lhotse 4. 10. 79
Mount Everest 19. 5. 80
Makalu 10. 10. 82
Dhaulagiri 21. 1. 85

18. Hans Kammerlander (Jg. 56) Italien

Cho Oyu 5. 5. 83
Gasherbrum II 25. 6. 84
Hidden Peak 28. 6. 84
Annapurna 24. 4. 85
Dhaulagiri 15. 5. 85
Makalu 26. 9. 86
Lhotse 16. 10. 86

19. Norbert Joos (Jg. 60) Schweiz

Nanga Parbat 10. 6. 82
Manaslu 11. 5. 84
Annapurna 24. 10. 84
K2 19. 6. 85

20. Krzysztof Wielicki (Jg. 50) Polen

Mount Everest 17. 2. 80
Broad Peak 14. 7. 84
Manaslu 20. 10. 84
Kangchendzönga 11. 1. 86
Makalu 24. 9. 86

21. Hanns Schell (Jg. 38) Österreich

Hidden Peak 11. 8. 75
Nanga Parbat 11. 8. 76
Gasherbrum II 4. 8. 79
Shisha Pangma 19. 5. 85

22. Peter Habeler (Jg. 42) Österreich

Hidden Peak 10. 8. 75
Mount Everest 8. 5. 78
Nanga Parbat 12. 7. 85
Cho Oyu 5. 5. 86

23. Maurice Barrard (1942–1986) Frankreich

Hidden Peak 15. 7. 80
Gasherbrum II 12. 6. 82
Nanga Parbat 27. 6. 84
K2 23. 6. 86

24. Eric Escoffier (Jg. 60) Frankreich

Gasherbrum II 15. 6. 85
Hidden Peak 22. 6. 85
K2 6. 7. 85
Shisha Pangma 10. 9. 86

25. Peter Wörgötter (Jg. 41) Österreich

Lhotse 11. 5. 77
Manaslu 19. 5. 81
Shisha Pangma 10. 5. 85
Broad Peak 21. 6. 86

26. Viktor Groselj (Jg. 52) Jugoslawien

Makalu 10. 10. 75
Manaslu 4. 5. 84
Broad Peak 28. 7. 86
Gasherbrum II 4. 8. 86

27. Andrej Stremfelj (Jg. 56) Jugoslawien

Hidden Peak 8. 7. 77
Mount Everest 13. 5. 79
Broad Peak 29. 7. 86
Gasherbrum II 4. 8. 86

28. Fausto Destefani (Jg. 52) Italien

K2 4. 8. 83
Makalu 1. 10. 85
Nanga Parbat 15. 8. 86
Annapurna 21. 9. 86

29. Sergio Martini (Jg. 49) Italien

K2 4. 8. 83
Makalu 1. 10. 85
Nanga Parbat 15. 8. 86
Annapurna 21. 9. 86

30. Gianni Calcagno Italien

Broad Peak 27. 6. 84; 13. 7. 86
Gasherbrum II 6. 6. 85
Hidden Peak 19. 6. 85
K2 5. 7. 86

31. Benoit Chamoux Frankreich

Gasherbrum II 15. 6. 85
Hidden Peak 22. 6. 85
Broad Peak 20. 6. 86
K2 5. 7. 86

32. Gerhard Schmatz (Jg. 29) Deutschland

Manaslu 22. 4. 73
Mount Everest 1. 10. 79
Shisha Pangma 29. 4. 83
Hidden Peak 18. 8. 86

33. Turio Vidoni Italien

Broad Peak 27. 6. 84; 13. 7. 84
Gasherbrum II 6. 6. 85
Hidden Peak 19. 6. 85
K2 5. 7. 86

34. Ang Rita, Sherpa Nepal

Dhaulagiri 12. 5. 79; 13. 5. 80; 19. 5. 80;
    5. 5. 82
Mount Everest 7. 5. 83; 15. 10. 84;
    29. 4. 85
Cho Oyu 13. 5. 84
Kangchendzönga 24. 10. 86

Erfolg und Tod an den Achttausendern

Von John Town, Mountain Data.

Erstveröffentlichung in der Zeitschrift »Mountain«, Nr. 110, Juli 1986.

Abb. 1: Achttausender-Expeditionen

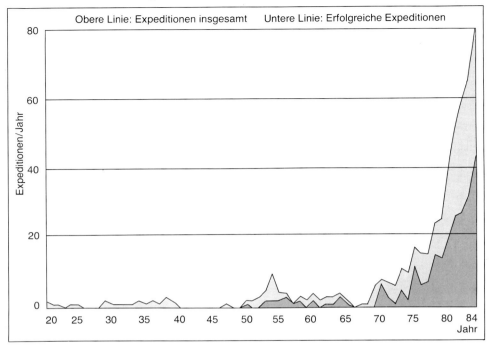

Abb. 2: Expeditionen zu den einzelnen Achttausendern

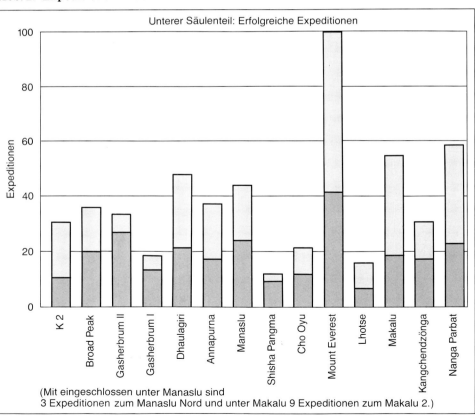

(Mit eingeschlossen unter Manaslu sind 3 Expeditionen zum Manaslu Nord und unter Makalu 9 Expeditionen zum Makalu 2.)

Explosionsartige Entwicklung der Himalaja-Expeditionen (Abb. 1 und 2)

Bis zum Ende der Wintersaison 1984 wurden 524 Expeditionen zu den Achttausender-Gipfeln gezählt. Das allein mag nicht allzu sehr überraschen; beunruhigender ist vielmehr die Tatsache, daß in den vier Jahren von 1980–1984 mehr Expeditionen zu diesen Bergen gingen als in den vergangenen 60 Jahren. Abbildung 1 gibt diese jüngste explosionsartige Entwicklung grafisch wieder.

Abbildung 2 zeigt, wie sich die Gesamtzahl auf die einzelnen Gipfel verteilt. Die Auswirkungen auf die einheimische Kultur und die Umwelt können bei einem derart massiven Ansturm nur als verhängnisvoll bezeichnet werden.

Erfolgsrate der Achttausender-Expeditionen (Abb. 3 und 4)

Manche der Achttausender sind mehr, manche weniger beliebt. An erster Stelle liegt der Mount Everest, dahinter folgen Nanga Parbat, Makalu, Dhaulagiri und Manaslu. *Abbildung 3* zeigt die Erfolgsrate der jeweiligen Berge in Prozenten.

Es ist schwer, die Popularität der genannten fünf Gipfel mit der wahrscheinlichen Erfolgschance des Erfolgs zu erklären. Die durchschnittliche Erfolgsrate für Expeditionen zu allen Achttausendern beträgt 47%. Nanga Parbat (38%) und Makalu (35%) lockten viele Expeditionen an, aber nur wenige hatten bisher Glück. Mit Gasherbrum I und Shisha Pangma kann man beides: dem Ansturm der Massen entgehen und eine Erfolgschance von mehr als 70% haben.

Das »schwarze Schaf«, entlarvt durch diese Analyse, ist der Lhotse. Er ist kein Gipfel, der einem sofort ins Auge springt, aber im Verhältnis scheitern hier mehr Menschen als an einem anderen Achttausender.

Schließlich ist noch der K2 zu nennen. Bis vor kurzem hat er nur eine winzige Anzahl von Gruppen angezogen, denn alle außer den stärksten haben weniger gefährliche Alternativen gewählt. Es bedurfte fünf Versuche, um den zweiten Aufstieg zu schaffen, eine beispiellose Situation. Es entbehrt nicht einer gewissen Ironie, daß Reinhold Messner 1979 kritisiert wurde, weil er die Normalroute wählte und damit abwich von seinem bis dahin praktizierten Alpenstil. Diese Route wurde in den 25 Jahren vorher nur zweimal begangen, und sein Team war nur halb so groß wie die drei erfolgreichen Gruppen vor ihm.

Simple Erfolgsquoten und Expeditionszahlen allein sagen nicht alles aus. Der Karakorum war 14 Jahre lang Sperrgebiet, so daß die Gesamtzahl der Expeditionen keinen gerechten Vergleich der Aktivitäten zuläßt. Dies ist auch beim Shisha Pangma und beim Cho Oyu der Fall. Die Gesamterfolgsrate für einen Gipfel ist die Summe der Daten mehrerer Routen. Die Gesamterfolgsquote für den Everest beträgt 41%. Das ist überraschend niedrig, wenn man bedenkt, daß die Mehrzahl der Expeditionen auf der Südostroute erfolgreich war.

Abbildung 4, die eine Aufgliederung nach Routen darstellt, läßt erkennen, daß die Nordcol-Route und der Westgrat trotz ihrer frühen Erstbesteigungen vier von fünf Expeditionen vereiteln.

Abb. 3: Erfolgsrate pro Gipfel

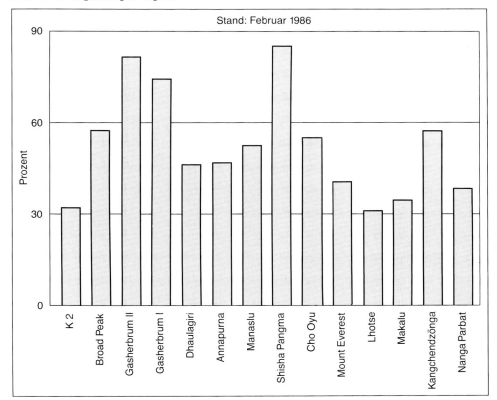

Abb. 4: Erfolgsrate der Everest-Routen

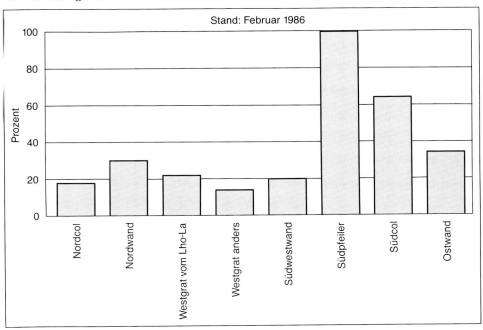

Nationalitäten   (Abb. 5)

Abbildung 5 zeigt die Aufgliederung der Expeditionen nach Nationalität, Gemeinschaftsexpeditionen (51) oder internationale Unternehmungen (21) ausgenommen. Die Japaner beherrschen die Szene, gefolgt von Franzosen, Deutschen, Amerikanern, Briten und Italienern.

Macht man sich die Mühe und zählt die Gemeinschaftsexpeditionen dazu (hier nicht gezeigt), so bleibt die Reihenfolge der ersten sechs die gleiche, aber die Österreicher liegen zusammen mit den Italienern auf Platz 6. Die Deutschen (12) und die Österreicher (10) waren am häufigsten an Gemeinschaftsexpeditionen beteiligt, wenn auch meistens gemeinsam. Ordnet man Expeditionen nach Nationalitäten, so wird dies zwangsläufig zu einem willkürlichen Vorgang.

Heutzutage ist es eher die Ausnahme als die Regel, ein Team ohne irgendeinen multinationalen Aspekt zu finden. Im eigentlichen Sinne sind alle Expeditionen, die Sherpas einsetzen, Gemeinschaftsunternehmungen, aber um ein Chaos zu vermeiden, betrachtet man die Sherpas lediglich als Nepalesen, falls sie offiziell als solche erwähnt werden.

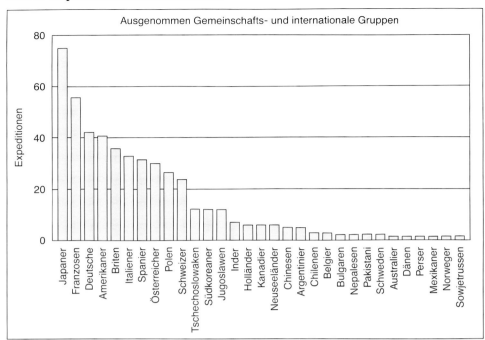

Abb. 5: Expeditionen nach Nationalität

Todesopfer   (Abb. 6)

Bis Februar 1986 haben 280 Menschen ihr Leben an den Achttausendern verloren. 60% der Unfälle wurden durch objektive Gefahren verursacht, das heißt durch solche, die außerhalb der Kontrolle des Bergsteigers liegen. Bezogen auf die Achttausender-Gipfel könnte man sagen, daß die Reduzierung der objektiven Gefahren die größte Kunst ist, die ein Bergsteiger entwickeln kann.

Bei dieser Form der Analyse ist eine Unklarheit zwischen den einzelnen Gruppen unvermeidlich: Ausgesetztsein, Erschöpfung und Krankheit stehen in Berichten über die Ereignisse in unterschiedlichen Verhältnissen zueinander. Berichte über Lawinen sind nicht immer genau. Es ist ein Unterschied, ob es sich dabei um herabstürzenden Schnee handelte oder um Séracs, wobei das Endergebnis in beiden Fällen das gleiche ist. Tatsache ist, daß Stürme im Himalaja, ohne Einwirkung anderer Faktoren, eine große Anzahl von Bergsteigern töten, entweder indem sie sie zu Boden schleudern oder sie buchstäblich vom Berg hinunterblasen. Vielleicht ist es die traurigste Erkenntnis, daß über 30 Bergsteiger verschwunden oder aufgrund unbekannter Ursachen umgekommen sind.

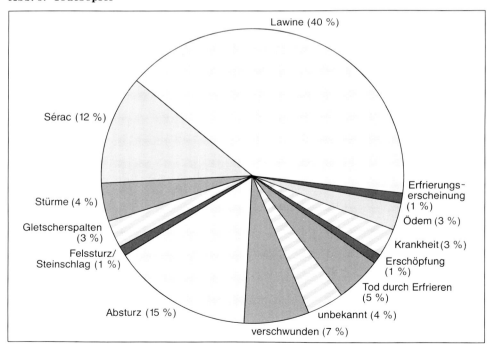

Abb. 6: Todesopfer

244

Todesquote (Abb. 7 und 8)

Die Frage, die alles ins Rollen brachte: In welchem Verhältnis stehen jene, die zu den Achttausendern gehen, zu denen, die nicht wiederkommen? Über tödliche Unfälle wird ausnahmslos berichtet, aber die Zahl derer, die aufbrechen, war nur zu 86% der erwähnten Expeditionen erhältlich. Diese 481 Gruppen setzten sich zusammen aus insgesamt 4967 Mitgliedern (das sind durchschnittlich 10 Teilnehmer pro Gruppe) und erlitten 168 tödliche Unfälle, Sherpas ausgenommen. Die Todesquote beträgt somit 3,4%. Das bedeutet, daß einer von 30 Bergsteigern nicht von den Achttausendern zurückkehrt – eine Erkenntnis, die zu denken gibt. Für jene, die immer wieder zurückkommen, ist das Risiko deutlich höher.

Es hat den Anschein, daß Unterschiede in nationalen Verhaltensweisen oder Erfahrungen bei Expeditionen bestimmter Länder ein höheres Unfallniveau bewirken. Etwa bei den Japanern. *Abbildung 7* sagt jedoch deutlich aus, daß die Größe und Häufigkeit der japanischen Expeditionen zwangsläufig die Gefahr von mehr Unfällen heraufbeschwören als bei anderen Nationalitäten. Aber Mann für Mann genommen haben sie weniger Tote zu beklagen als britische oder amerikanische Unternehmungen.

Abbildung 8 schließlich zeigt die Anzahl der Todesfälle an den Achttausendern auf.

Abb. 7: Todesquote nach Nationalität

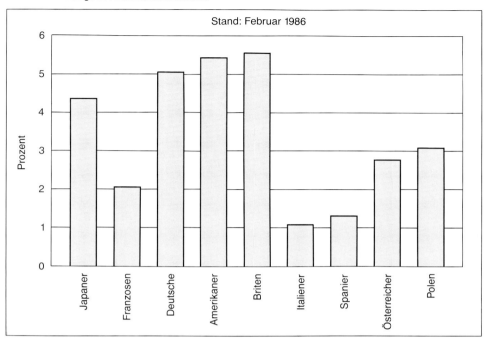

Abb. 8: Todesopfer auf den Achttausendern

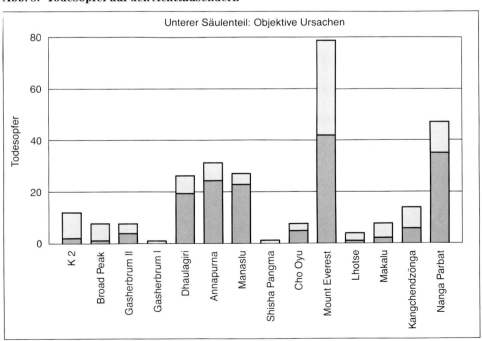

245

Register

Abelein, M. 96
Abregos, M. 208
Abruzzi-Gletscher 57 f., 141
Abruzzi-Grat 80, 87, 90 f.
Aeberli, S. 112, 224
Ageta, Y. 155
Aimone di Savoia-Aosta 80
Alt, Dr. 96
Amedeo 80
Anemiya, T. 192
Ang Dorje 75, 117 ff., 123 ff., 158, 241
Ang Phu 75
Ang Rita 192, 241
Ang Tsering 64
Angelus 86, 89
Anglada, J.-M. 155, 176
Annapurna 11 f., 41, 75, 155, 176 ff., 197, 201 f., 242 f., 245
Arun 233
Aschenbrenner, P. 16
Aufschnaiter, P. 16

Bachler, J. 112
Baltoro-Gletscher 58, 89, 121, 133, 149
Baltoro, Mustag 48, 80, 128, 144
Band, G. 112, 155
Barrard, L. 128, 233
Barrard, M. 128, 233, 241
Baruntse 213, 233
Bauer, P. 16, 28, 112
Bauer, W. 22, 31
Baur, G. 25 f., 103, 105, 110
Baxter-Jones 96
Bazhin-Mulde 16
Beberka, M. 155
Beghin, P. 32, 112
Bergmann, H. 75
Bettembourg, G. 144
Bhaktapur 175
Bishop 64
Boardman, P. 64, 112, 121, 222
Bonatti, W. 25, 57, 61, 91, 138, 238 f.
Bonington, Ch. 12, 64, 74, 79 f., 176, 190
Bourdillon, T. 64, 155
Brahmaputra 12
Braldo-Schlucht 82
Branski, W. 155
Bregar, D. 48
Broad Peak 11, 13, 15, 48, 57 f., 60, 121, 127, 137, 144 ff., 155, 242 f., 245
Brown, J. 112, 155
Brunton, P. 46
Bubendorfer, Th. 185
Bühler, U. 16, 155
Buhl, H. 12, 15 f., 28, 60, 137, 144, 150, 153, 155, 159
Bunshah, K. 160
Burke, M. 64

Calcagno, G. 241
Casarotto, R. 82, 89 f., 94, 144
Cassin, R. 224, 226, 234 f.
Červinka, J. 208
Chamlang 217

Chamoux, B. 241
Chengdu 105
Chevalley, G. 64
Chinesischer Bergsteigerverband 13, 105
Chobrak, E. 155
Chogolisa 87, 128, 137, 144, 159
Chomolönzo 214
Cho Oyu 11, 58 ff., 153, 155, 160 ff., 222, 242 f., 245
Chogori 11, 13, 58, 60, 75, 80 ff., 107, 121, 148, 150, 153 ff., 158 f., 219, 233, 242 f., 245
Chomolungma 11 ff., 46, 64 ff., 92, 95, 106, 108, 110 f., 143, 153, 155, 158, 169, 190, 213 f., 218 f., 222, 224, 227 f., 233 f., 242 f., 245
Civis, E. 155
Clinch, N. 48
Clough, I. 176
Compagnoni, A. 80, 155
Concordia 58, 82, 148 f.
Conti 235
Conway, M. 48, 80, 144
Couzy, J. 155
Covington, M. 201
Cunis, M. 226
Czerwinska, A. 144
Czok, A. 208, 241

Dacher, M. 48, 80, 82, 86, 89 ff., 160, 166, 171, 173, 240
Dalai Lama 107
Dassu 158
Dati 236
Daumal, R. 73
Dawa Norbu 224
Demeter, U. 107
Desmaison, R. 57
Destefani, F. 241
Deutsche Himalaja-Stiftung 16, 27 f.
Dhampus-Paß 204
Dhaulagiri 11, 57, 92, 94, 153, 155, 169, 176, 185, 192 ff., 222, 242 f., 245
Dhaulagiri Himal 192
Diamir-Schlucht 20 f.
Diamir-Tal 12, 16, 20, 30
Diamir-Wand 16, 22 f., 25 ff., 30 f.
Dickinson, L. 74
Diemberger, K. 15, 57, 60, 128, 144, 150, 153 ff., 159, 192, 240
Diener, P. 192
Dolpo 206
Drexel, A. 16
Ducroz, D. 219
Dyhrenfurth, G. O. 48, 112, 121, 128
Dyhrenfurth, N. 12, 64, 224

Eckenstein, O. 80
Eggler, A. 64, 224
Eiselin, M. 32, 192, 207, 224, 227 ff., 233 f.
Eisendle, H. P. 172
Erb, K. 206
Ertl, H. 16, 48
Escartin, J. 48
Escoffier, E. 96, 233, 241
Estcourt, N. 80

Evans, Ch. 64, 112, 155
Everest, Sir George 13
Everett, B. 192

Falchen Kangri 11, 13, 15, 48, 57 f., 60, 121, 127, 137, 144 ff., 155, 242 f., 245
Fang 182
Fankhauser, H. 39, 41 ff., 47
Fereński, J. 144
Forrer, E. 192
Franco, J. 208
Franzosen-Paß 204, 206
Frauenberger, W. 16
Frésafond, J.-P. 128
Freshfield 112
Furtner, A. 160, 172

Gálfy, J. 16, 224
Gasherbrum I 11, 14 f., 48 ff., 92, 128, 133 f., 137, 140, 142 f., 155, 222, 242 f., 245
Gasherbrum II 11, 14, 48, 54, 60 ff., 121, 127, 153 ff., 158, 242 f., 245
Gasherbrum III 60, 128, 133
Gasherbrum IV 138
Gasherbrum-La 54 f., 62
Gasherbrum-Tal 58 f., 62, 128, 133, 137, 141, 143
Gasser, H. 42, 45
Gilkey, A. 80
Glazek, K. 155
Godwin-Austen, H. 48, 80
Godwin-Austen-Gletscher 80, 89, 148
Gogna, A. 86, 89, 91 ff.
Gokyo-Tal 169
Gombu 64
Gore-Pani-Paß 185, 197
Graf, F. 128, 144, 229, 233 f., 240
Grandes, J. 143
Groselj, V. 241
Gunten, v. 64
Gunza 121, 123
Gurkha Himal 32
Gyaltsen, Norbu 32, 155
Gyatso, S. 160

Habeler, P. 25, 48, 58 ff., 62 ff., 70, 73 ff., 79, 95, 111, 201, 241
Härter, G. 32
Hanny, P. 172
Hara, M. 96
Hardie, N. 112, 224
Haston, D. 12, 64, 176
Heim, W. 25
Heinrich, Z. 155
Herrligkofer, K. M. 16, 25, 144
Herzog, M. 12, 155, 176, 185, 190
Herzog, W. 62
Heuberger, H. 175
Hidden Peak 11, 14 f., 48 ff., 92, 128, 133 f., 137, 140, 142 f., 155, 222
Hidden Valley 206
Higeta, M. 32
Hillary, Sir E. 12, 64, 74, 155, 160, 208
Hisano, E. 64
Hochfilzer, H. 41 f.
Hoelzgen, J. 86 f.
Hofer, H. 41 f.

Hòlguin, N. 70, 77, 111, 122, 127
Hornbein 64
Houston, Ch. 80
Huber, G. 160
Hunt, J. 64
Hupfauer, S. 32, 48, 96, 240

Imanishi, T. 32, 155
Imitzer, A. 22, 31
In-Jung, L. 32
Island Peak 121, 169
Itten, M. 96

Jäger, F. 32, 39, 41 ff., 47
Jaeger, N. 224
Janbu 32
Jerstad 64
Jöchler, S. 59, 155, 160, 175
Jones, E. 75
Joos, N. 176, 185, 241
Judmaier, G. 41
Jung-Sup, K. 32

K2 11, 13, 58, 60, 75, 80 ff., 107, 121, 148, 150, 153 ff., 158 f., 219, 233, 242 f., 245
Kaenel, H. v. 32, 240
Kailash 205
Kali Gandaki 176, 178
Kali-Gandaki-Tal 185, 201, 204
Kammerlander, H. 11, 14, 48, 54 f., 60 ff., 128, 133 f., 138, 140 f f., 160, 162, 166, 169 f., 172 f., 176, 178, 182, 185 ff., 192, 196, 199, 201, 204, 208, 214, 217 ff., 224, 227, 229, 233 f., 236 f., 241
Kamuro, H. 192, 222
Kangchendzönga 11, 13, 41, 112 ff., 137, 143, 155, 158, 242 f., 245
Karki 34
Karl, R. 64, 73, 128, 160, 170, 222
Kathmandu 137, 185, 217
Kato, Y. 32, 64, 222
Kauffmann, A. 48, 155
Keşicki, M. 155
Khakbiz, M. 32
Khan, S. 128, 137, 144, 148, 153, 158
Khumbu-Eisbruch 67, 70, 224, 228 f., 234, 236 ff.
Khumbu-Himal 64
Khumjung 41
Kinshofer, T. 12, 16
Klasmann, »Bubu« 62
Knoll, J. 41 f., 67
Kobayashi, T. 64
Koblmüller, E. 160, 172
Kogan, C. 160
Koizumi, A. 192
Komarkova, V. 160
Konishi, M. 112
Korniszewski, L. 32
Kuen, F. 16, 26
Kukuczka, J. 15, 32, 48, 57, 87, 128, 133, 144, 153 f., 160, 218, 240
Kulis, J. 155

Kumar, N. 112
Kunaver, A. 32, 208, 224
Kurtyka, V. 48, 57, 128, 133, 144, 153, 172, 192, 240

Lacedelli, L. 80, 155
Lachenal, L. 12, 155, 176, 185, 190
Ladakh 137
Lambert, R. 160
Laner, B. 169
Larch, S. 128, 155
Làyla 95, 121 f., 127, 217
Lhasa 105
Lhotse 11, 13 f f., 58, 70, 78, 93 f., 143, 155, 169, 208, 213, 218, 220, 224 ff., 242 f., 245
Lhotse-Flanke 64, 76, 224
Lhotse Shar 155, 213, 224
»Little Karim« 137
Lorenzi, F. 226
Loretan, E. 15, 48, 64, 128, 144, 160, 176, 185, 218, 240
Löw, S. 12, 16
Lowe, W. 160
Luchsinger, F. 96, 155, 192, 224, 234
Lukla 233

»Magic Line« 80, 87, 89 ff., 93 f.
Mahalangur Himal 64, 160, 208, 224
Makalu 11, 14, 94, 121, 143, 155, 185, 208 ff., 229, 233 f., 242 f., 245
Makalu II 213 f., 217, 219
Makalu-La 214, 217, 219
Maki, Y. 32
Mallory, G. L. 73, 78
Manaslu 11, 15, 32 ff., 57 f., 73, 89, 110, 143, 155, 222, 242 f., 245
Mannhardt, A. 12, 16
Marchi, G. de 219 f.
Mariolino 235
Marmet 64
Marsiandi 176
Marsyandi-Khola 34
Marsyandi-Tal 34
Martini, S. 241
Matusuda, T. 155
Mauri, C. 138
Mautner, H. 96
Mayerl, S. 25, 155, 224
Mazeno-Kamm 20
McFarlane 208
McIntyre, A. 96, 176, 222
Meier, R. 160
Mellet, B. 208
Merkl, W. 16
Messner, G. 12, 16, 25 ff., 47, 127, 171, 217
Messner, S. 205, 217
Meyer, A. 128
Mhadi 91
Millinger, J. 32
Mingma 75
Mitre Peak 82
Montgomerie, T. G. 80
Morand, P. 144
Moravec, F. 128, 155

Mori, M. 32
Morin, Y. 176
Moro, R. 11
Morrissey, J. 192
Mount Everest 11 ff., 46, 64 ff., 92, 95, 106, 108, 110 f., 143, 153, 155, 158, 169, 190, 213 f., 218 f., 222, 224, 227 f., 233 f., 242 f., 245
Mummery, A. F. 11, 16
Murphy, J. 96
Mustagh-Paß 80
Mutschlechner, F. 11, 86 f., 89, 91, 96, 100 f., 103, 105, 107 ff., 116, 118 f., 121 f., 137, 153, 171, 208, 214, 218 ff., 227, 233 f., 236 f.

Nairz, W. 32, 39, 41 ff., 46 f., 73, 75, 160, 170, 204, 208, 217
Nakaseko, N. 32
Namche Barwa 12
Namche Bazar 163, 171
Nanga Parbat 11 f., 14 ff., 41, 47, 79, 89, 92, 95, 110, 127, 137, 143, 153, 155, 185, 190, 217, 219, 233, 242 f., 245
Nangpa-Gletscher 171
Nangpa-La 160, 162, 166, 171, 173 f.
Nangpai Gosum 171
Nawang Dorje 155, 192
Negrotto-Gletscher 89 f.
Nepal Himalaja 32, 160, 176, 192, 208, 224
Nilgiri Peak 197
Norton, E. F. 73
Norton-Couloir 78
Noshag 219
Nowaczyk, B. 155
Nuptse 67, 78, 213
Nyima Dorje 192

Odout, Dr. 176
Oelz, O. (»Bulle«) 41, 44, 67, 73, 101, 103, 105, 107 f., 110 f., 160, 171
Oelz, V. 103, 107
Olech, K. 155
Onyszkiewicz, J. 128
Orts, J. G. 32
Ostrongbuk-Gletscher 64
Otah, T. 192
Ozaki, T. 15, 121 ff., 155, 241

Palmowska, K. 144
Pargot, R. 208
Pasang Dawa Lama 59, 155, 160, 175
Patscheider, R. 178, 185, 186, 188 f.
Peking 105, 108
Pertemba 64
Phantog 64
Piotrowski, T. 87
Pokhara 185
Pons, J. 155, 192
Porzak, G. 96
Prescott 96
Preuß, P. 238
Probulski, B. 155
Punjab-Himalaja 16

Raab, E. 25
Rakhiot Peak 16
Rakhiot-Tal 16
Rawalpindi 89 f., 137
Rebitsch, M. 28
Reiß, E. 155, 224, 234
Reist 64
Roch, A. 48
Rongbuk 77
Rosi Ali 137, 148
Roskelly, J. 208
Rott, R. 160

Ruedi, M. 48, 128, 144, 218, 220, 222, 240
Rupal-Tal 20
Rupal-Wand 12, 16, 20, 25 ff., 41, 185
Rutkiewicz, W. 16, 60, 80, 128, 219

Sabir, N. 128, 137 ff., 144, 148, 150, 153, 155, 158
Santon 228
Saudan, S. 48
Savoia-Gletscher 89
Schaller, H. 112
Schauer, R. 48, 75, 89, 91, 240
Schelbert, A. 155, 192
Schell, H. 16, 48, 128, 241
Schiestl, R. 178, 182 f., 185 f., 188
Schlagintweit, A. 80
Schlick, A. 32, 39, 41 ff., 47
Schmatz, G. 32, 224, 241
Schmied 64
Schmuck, M. 60, 96, 144, 150, 153
Schmude, H. 155
Schneider, E. 16, 224
Schoening, P. 48, 155
Scholz, P. 16, 26
Scott, D. 64, 75, 96, 112, 121, 124, 158, 217
Sedoa 233
Ségogne, H. de 48
Seigneur, Y. 144, 208
Sella, V. 112, 128, 144
Sella-Paß 128
Senn, E. 224
Shegar Dzong 106
Sherpani-Paß 233
Shigaze 105
Shipton, E. 160
Shisha Pangma 11, 96 ff., 155, 242 f., 245

Sia Kangri 141
Sigayret, H. 182, 190 f.
Sikorski, A. 155
Siri, W. 208
Skardu 58, 89, 137
Solo Khumbu 41, 74, 162 f., 171
Sonnenwyl, J. 48, 128, 144
Stammberger, F. 160
Stecher, L. 156, 169
Stehle, S. 11, 63
Steiner, P. 160, 176
Streather, T. 112
Stremfelj, A. 48, 241
Sturm, G. 15, 48, 96, 112, 137, 241
Swami Prem Darshano 178, 185 f., 188
Szafirskis, R. 176

Tabei, J. 64, 96, 105
Tahir, M. 89
Takahasi, A. 32
Tamm, J. 64
Tanaka, M. 155
Taschilumpo 105
Tasker, J. 64, 112, 121, 222
Tensing Norgay 12, 64, 74, 155
Terray, L. 155
Thame 163, 171
Thomaseth, W. 237
Thulagi-Gletscher 34
Thulo Begin 178, 185
Thurmayr, A. 160
Tichy, H. 59 f., 155, 160, 175
Tingri 105
Tokyo Metropolitan Mountaineering Federation 32
Trekking International 218
Troillet, J. 64, 176, 218
Tuktche Peak 197
Tullis, J. 159

Uchida, M. 32
Uemura, N. 222
Unsoeld 64
Urdok-Kamm 48
Urkien, S. 41 f., 224
Urkien, T. 32

Vanis, E. 224
Vaucher, M. 192
Vidoni, T. 241
Vogler, P. 25

Walter, R. 155, 224
Wanchu 192
Warth, H. 208
Weber, H. 192
Welzenbach, W. 16
Westcol 233
Whillans, D. 12, 176
Whittaker, J. 64, 80, 95
Wiedemann, O. 201, 203
Wiedmann, O. 25
Wieland, U. 16
Wielicki, K. 144, 220, 241
Wiessner, F. 80
Willenpart, H. 128, 155
Wintersteller, F. 60, 144, 150, 153, 155
Wörgötter, P. 32, 241
Wörner, S. 128, 144
Wroz, W. 155
Wyss-Dunant, E. 64

Yalung Kang 112, 116, 155
Yamada, N. 241
Yeti 238
Yoshino, H. 176
Yoshizawa, J. 80
Younghusband, F. 48

Zaplotnik, N. 48, 222
Zefferer, H. 48

CIP-Kurztitelaufnahme
der Deutschen Bibliothek

Messner, Reinhold:
Überlebt: alle 14 Achttausender /
Reinhold Messner – 2. Aufl. –
München; Wien; Zürich:
BLV Verlagsgesellschaft 1987
ISBN 3-405-13416-1

Zweite Auflage

© 1987 BLV Verlagsgesellschaft mbH, München
8000 München 40

Das Werk einschließlich aller seiner Teile ist urheberrechtlich geschützt. Jede Verwertung außerhalb der engen Grenzen des Urheberrechtsgesetzes ist ohne Zustimmung des Verlags unzulässig und strafbar. Das gilt insbesondere für Vervielfältigungen, Übersetzungen, Mikroverfilmungen und die Einspeicherung und Verarbeitung in elektronischen Systemen.

Lektorat: Marianne Faiss-Heilmannseder
Gestaltung: Norbert Dinkel

Satz: Filmsatz Schröter GmbH, München
Reproduktionen: Repro Ludwig, Zell a. See
Druck: Appl, Wemding
Bindung: R. Oldenbourg, München

Printed in Germany · ISBN 3-405-13416-1

Alle Bilder stammen von Reinhold Messner und seinen Expeditionskameraden (Michl Dacher, Ang Dorje, Horst Fankhauser, Ursula Grether, Peter Habeler, Nena Hòlguin, Hans Kammerlander, Friedl Mutschlechner, Oswald Oelz, Reinhard Patscheider, Reinhard Schiestl, Doug Scott), der Deutschen Himalaja-Stiftung und dem Vittorio-Sella-Archiv, die sie ihm zur Verfügung gestellt haben. Autor und Verlag danken den Fotografen und Zitatgebern sowie all jenen, die bereit waren, an dieser Stelle zu den 14 Achttausendern Stellung zu nehmen.

Grafik: Harald und Ruth Bukor.
Die Berge wurden in der Gesamtansicht zum Teil perspektivisch leicht verändert dargestellt, um die Messner-Anstiege so deutlich wie möglich zu veranschaulichen.

Paul Preuß – herausragender Alpinist und bedingungsloser Freikletterer

192 Seiten,
119 Fotos,
11 Zeichnungen

Paul Preuß, vor 100 Jahren geboren, war eine herausragende Bergsteigerpersönlichkeit knapp vor dem 1. Weltkrieg. Nicht nur seine Aktivitäten, vor allem seine Aussagen haben ihn überlebt. Heute, im Aufwind einer neuen Freikletterbewegung, ist er aktueller als je zuvor. Niemand hat klarer als Preuß das »by fair means« vorgeklettert. Er darf als geistiger Vater des »free climbing« angesehen werden. Dieses Buch ist Reinhold Messners Anerkennung an einen Mann, der ihn selbst und das alpine Geschehen geprägt hat wie kein anderer.

Reinhold Messners Bergsteigerschule – alpine Erfahrung aus erster Hand

143 Seiten,
118 Farbfotos,
103 s/w-Fotos,
74 Vignetten,
2 Zeichnungen

Als Bergsteiger wird man nicht geboren. Bergsteigen muß man lernen – und es gibt keinen besseren Lehrmeister als Reinhold Messner. Seine Bergsteigerschule ermöglicht es jedem, Bergsteiger zu werden. Sie ist das einzige Lehrbuch, das die 200jährige alpine Geschichte mit einbezieht. Lernziel ist es, sich in jedem Gelände sicher bewegen zu können. Die Denkanstöße zu richtigem Verhalten im Gebirge gehen weit über technische Informationen hinaus. Reinhold Messners Bergsteigerschule ist die Summe seiner Erfahrungen als Alpinist.

Im Alleingang auf den höchsten Berg der Erde

323 Seiten,
60 Farbfotos,
214 s/w-Fotos,
6 Karten,
1 Zeichnung

Im August 1980 gelang Reinhold Messner die Besteigung des 8848 Meter hohen Mount Everest – von der tibetanischen Nordseite aus, allein und ohne künstlichen Sauerstoff. Dieser packende, dramatische Bericht dokumentiert diese Leistung. Er ist zugleich eine fesselnde Everest-Saga, eine intensive Auseinandersetzung mit dem Mythos »Bergsteigen« und die Beschreibung einer einzigartigen Tibet-Expedition.

Die erste Everest-Besteigung ohne künstlichen Sauerstoff

252 Seiten,
40 Farbfotos,
31 s/w-Fotos,
9 Kartenskizzen,
11 Porträtaufnahmen,
2 Zeichnungen

Über Messners erste Besteigung des Mount Everest ohne künstlichen Sauerstoff im Mai 1978 berichtet diese Dokumentation. Sie wird zum bewegenden »Bekenntnisbuch«, wenn Messner seine Alpträume äußerster Verlorenheit beschreibt, seine Lebensangst in der Todeszone der Himalaja-Berge, seine innersten Empfindungen und Erfahrungen während dieser Expedition zum Endpunkt – zu den »weißen Flecken« seiner menschlichen Existenz.

BLV Verlagsgesellschaft München